ESG 정치경제학

주소 서울특별시 마포구 양화로 1길 83 석우빌 1층
홈페이지 www.ilemonde.com | 전화 02-777-2003

르몽드 디플로마티크 기획
서울대 국제문제연구소 · 경제연구소 엮음

ESG 코디네이터 유다슬
디자인 조한아
커뮤니케이션팀 최승은 박지수
홍보 김유라
교열 김진주
편집장 신성은
편집인 유철호
발행인 성일권

초판 1쇄 발행 2022년 8월 22일
펴낸곳 (주)르몽드코리아
출판등록 2009. 09. 제2014-000119
인쇄처 디프넷
홈페이지 www.ilemonde.com | **이메일** info@ilemonde.com
대표전화 02-777-2003 | **팩스** 02-333-6767

표지 이미지: 〈마니에르 드 부아르〉과학, 거짓과 진실 사이
179호(한국어판 7호)-2022

QR코드를 찍으면 ESG정치경제학 포럼을
동영상으로 만나실 수 있습니다.

ESG정치경제학

차례

차례

왜 ESG 정치경제학인가?

성일권

〈르몽드 디플로마티크〉 한국어판 발행인

코로나19 사태로 선진국의 거대기업과 금융자본이 주도한 ESG 경영 및 투자 활동이 기업 차원의 열풍에서 국가차원의 어젠더로 전이, 발전한 과정은 온당한 것일까? 또한 인류의 탐욕으로 발생한 기후위기에 대응하는 ESG 거버넌스는 과연 사회 구성원들의 합의에 기반하고 있는가?

국무총리 산하 경제인문사회연구회의 주최로, 국제전문지 〈르몽드 디플로마티크〉(이하 '르디플로')와 서울대의 국제문제연구소, 경제연구소 분배정의센터가 지난해 12월 1~3일 개최한 '2022 ESG 글로벌 포럼'에서 20여 명의 학자들이 지구적 정의의 관점에서 환경·사회·거버넌스의 문제를 본격 진단 및 토론한 것은, 기존의 논의와는 확연히 다르다. 지정학적 문제를 심층적으로 다뤄온 국제전문지와, 대학 본연의 비판적 시각을 견지해온 서울대의 두 연구소가 개최한 'ESG 글로벌 포럼'은 최근 국제사회의 화두로 급부상한 ESG를 무엇보다도 정치경제학적 관점에서, 또 총합적 차원에서 거시적이고 미시적으로 진단했다는 점에서 의미를 지닌다.

기업 경영과 정부조직 운영에서 ESG 열풍은 일시적 유행이 아니라 새로운 시대정신이자, 돌이킬 수 없는 변화의 시작으로 인지되고 있다. 주지하듯 ESG는 Environmental(환경적), Social(사회적), Governance(거버넌스)의 머리글자를 딴 것이다. 경제성장 과정에서 심화된 계층 간 불평등, 환경오염, 지구 온난화 등의 문제가 대두되면서 기업은 더 이상 재무적 이익만을 추구할 수 없고, 정부 역시 성장만을 목표로 삼을 수 없게 됐다.

투자자는 지구적인 환경재앙과 사회갈등 앞에서 재무적 성과 외에 기업의 사회적 책임과 지속가능성, 즉 ESG를 고려해야 하고, 소비자들은 사회적 책임을 외면하는 기업들의 제품 구매를 기피하며, 반대로 ESG 성과가 높은 기업의 제품을 선호할 것을 요구받는다. 구매와 불매는 시민이 소비자로서 시장에서 행사하는 본연의 권력인 셈이다. 요즘에는 특정 제품을 선택하고 배제함으로써, 직접적으로 자신의 가치를 실현하는 소비 성향을 보이기도 한다. 소비자들은 여기서 그치지 않는다. 선거 때마다 정권을 선택하는 유권자로서 소비자들은 또한 ESG 가치의 실현 여부와 방식을 놓고 후보를 선택하기도 한다.

이제 ESG는 개별국가 차원에서의 기업의 사회적 책임활동의 범위를 넘어섰다. 현재 글로벌 금융회사, 투자은행, 신용평가회사 등을 중심으로 투자 의사결정과 금융상품개발에 ESG를 가장 중심에 두고 있다. 실제로 많은 기업이 기존 경영방식을 ESG 경영체계로 전환하는 가운데 국가 간 환경규제가 더욱 엄격해지고, 각국 정부에서 ESG법령을 제정하고 촉진정책을 펴면서 ESG가 점점 고도화하는 추세다.

국내에서는 금융위원회가 2021년 1월 '기업공시제도 종합 개선방안'을 발표하면서 ESG에 대한 관심을 본격적으로 표명했다. 금융위원회에 따르면 2025년부터 자산총액 2조 원 이상 코스피 상장사에, 2030년부터는 전체 코스피 상장사에 '지속가능경영보고서'를 의무화한다. ESG와 관련해 신속한 국제적 법제 정비가 이뤄지는 가운데, 국내에서 21대 국회 출범 이후 100건을 상회하는 ESG 관련 법안이 발의됐다.

하지만 ESG에 대한 우리 사회의 인식은 여전히 발전과 성장이 그 중심에 있다. 또한, 접근방식도 지나치게 경제적이거나 정치적이며 분산적이고 단편적이다. 적지 않은 기업들이 그린워싱, ESG워싱 등을 통해 투자자들과 소비자들을 속이는 현실은 기업들이 ESG가 지적하는 환경적 문제, 사회적 문제, 그리고 지배구조(거버넌스)의 문제를 근본적으로 해결할 의지를 가지고 있지 않기 때문이다. ESG의 가치를 기업과 정부 그리고 우리 시민사회에 올곧게 착근시키려면, 단편적인 관점이 아닌 총합적인 관점이 필요하다. 민간부문 및 공공부문, 그리고 일반 시민들의 경제 및 소비, 사회활동, 나아가 시민의식을 아우르는 ESG의 철학과 가치가 곳곳에 깊이 스며들어야 한다.

〈르몽드 디플로마티크〉를 비롯해 경제인문사회연구회, 서울대 국제문제연구소 및 경제연구소가 머리를 맞대고 격론을 벌이며 내놓은『ESG정치경제학』은 위기와 대전환의 국면에서 연구자와 기업인, 정책입안자, 학생 그리고 시민사회가 지속가능한 자본주의를 모색함에 있어 지침서가 되리라 믿어 의심치 않는다. 우후죽순처럼 ESG를 제목에 넣은 글들과 책들이 쏟아지고, 관련 자격증이 10여 종이나 생겼다. 중앙정부와 지자체에서는 서둘러 위원회를 꾸리고 있고, 대학에서는 커리큘럼을 급조하고 있다. 이처럼 ESG에 대한 관심이 이처럼 '메시아적이고 폭발적'인 상황에서 ESG를 총합적이고 비판적으로 분석, 진단해 묵직한 결과물을 책으로 엮게 된 것은 당연히 시대적 당위성을 지닌다.

지난해 말 코로나 19의 위태로운 시기에 어렵사리 학술포럼을 가진 후, 그 연구결과물이 책자로 나오기까지 귀중한 시간을 내주신 여러 전문가님들께 머리 숙여 감사드린다. ESG가 위기에 처한 세상을 당장에 구할 수는 없지만, 머리를 맞대고 그 해결책을 찾는 노력을 한다면, 세상이 조금씩은 나아지지 않을까? 지구의 위기에 대해 고민이 많으신 분들에게 일독을 권해드린다.

글 · 성일권

2022 ESG 르몽드 서울대학교 글로벌 포럼의 성과

유철호 / 신성은

르몽드코리아 기획위원 / 르몽드코리아 선임기자

2021년 12월 1일은 대한민국의 ESG 연구분야에서 의미 있는 날로 기록될 것이다. 르몽드 코리아와 서울대학교가 공동주관한 "2022 ESG 르몽드 서울대학교 글로벌 포럼"이 〈토마토 TV〉에서 3일간 생방송으로 진행됐다. 우리나라에서 국제정치학계가 ESG를 주제로 연구결과를 발표한 것은 처음이다. 물론 그간 ESG 중 'E', 즉 환경적(Environmental) 문제와 관련해, 탄소 이슈를 논의한 "파리기후협약" 등에 대한 많은 연구가 진행돼왔다. 그러나 정작 세계를 뜨겁게 달구고 있는 ESG를 국제정치학 관점에서 직접적인 연구주제로 다룬 것은 이번이 처음이다. "ESG에 대한 관심에 비해 정치학계에서 ESG에 대한 연구는 거의 없다."(이왕휘. 2021. "ESG의 모범기준과 평가기준 국제비교").

그만큼 관심도 높았다. 이번 포럼은 개최 6개월 전에 기획됐다. 처음에는 제 1세션을 주관한 서울대학교 국제문제연구소는 제안을 거절했었다. 새로운 주제에 대한 부담 때문이었다. 그러나 김상배 교수(서울대학교 정치외교학부) 등 포럼 참여 교수들의 열정이 상당했다. 이번 포럼을 기획한 유철호 르몽드코리아 기획위원은 "많은 포럼을 기획했지만 이런 열정을 느껴보긴 처음"이라며 "감동적"이라는 찬사를 아끼지 않았다.

그들은 경영학, 법학, 경제학 등 관련 분야의 연구자들과 수차례 사전 세미나를 진행했으며 연구 분야를 설정하고 수많은 토론을 병행했다. 그들에게는 이번 연구결과가 썩 만족스럽지 않다. 아무래도 첫 연구이기에 아쉬운 점이 많을 것이다. 그러나 김상배 교수는 "이번 연구를 통해 ESG가 국제정치에서 충분히 다룰 만한, 의미 있는 연구과제라는 점이 확인됐다"라며 "향후 연구 분야가 확대되고 참여 연구자가 늘어날 것"이라고 기대를 밝혔다. 이번 포럼이

제2세션 발표자와 토론자. 왼쪽부터 정세은 충남대교수, 백복현 서울대교수, 조성진 서울대교수, 강태호 르몽드코리아 편집위원장, 사회자 어희재 아나운서, 주병기 서울대교수, 유철호 르몽드기획위원, 배종훈 서울대교수, 석승훈 서울대교수, 홍현우 서울대 경제연구소 초빙연구원

ESG 국제정치학의 태동을 알렸으며, 향후 이 분야 연구의 초석이 될 것이라는 전망이다.

그들은 ESG에서 '국가의 역할'에 주목한다. 동시에 미·중 패권경쟁 등 ESG를 둘러싼 협조와 갈등의 구조를 읽어낸다. 나아가, 중견국의 외교를 통한 대한민국 나름의 대처방안을 모색해본다. 또한, 이번 포럼에는 국제정치학계와 경제학, 경영학계, 그리고 현장 전문가들이 함께했다.

제2세션은 서울대학교 경제학과 경제연구소가 주관했다. ESG에 대한 정치경제학적 접근을 포함한 이론적 접근과 경영학적 측면에서 ESG를 둘러싼 기업적 대안과 미래를 통찰했다. ESG에 대한 장기간의 연구와 논쟁이 있었기에 보다 압축적인 논의가 전개됐다.

2~3세션을 기획, 주관한 주병기 서울대학교 경제학과 교수는 ESG 관련 이론적 이슈와 역사적 논쟁을 비판적으로 고찰했다. 이 비판적 고찰을 통해 ESG의 현재와 미래를 관통하는 주요한 주제들을 망라한다. 홍현우 서울대 경제연구소 박사는 그간 전개됐던 ESG 논의를 사회적 가치와 후생경제학적 관점에서 조명한다. 배종훈, 석승훈 서울대 경영대 교수는 ESG의 명분과 목적을 포괄하는 새로운 대안들을 제시했다. 대중에게는 다소 어려운 내용일 수 있으나, 발전적 논의와 새로운 이슈를 제시했다는 점에서 그 의미가 크다.

3세션은 모두가 쉽게 이해할 수 있는 현장의 이해를 중심으로 전개됐다. 3세션 참여 발표자들은 국내 ESG 현장을 주도하는 리더들이다. 류영재 서스틴베스트 대표는 국내 ESG 평가의 선두주자다. 그는 이미 10여 년 전부터 꾸준히 기업 ESG 평가에 집중하며 많은 데이터를 축적해왔다. 원종현 국민연금 수탁자 책임 전문 위원회 위원장은 ESG 현장에서 가장 핫(Hot)한 인물로 꼽힌다. 국내 펀드중 가장 큰 펀드인 국민연금을 대표하기 때문이다. 모두가 이구동성으로 ESG의 발전을 위한 국민연금의 적극적 참여를 촉구한다. 그러나 원위원장은 국민연금은 국민연금의 안전과 수익이 가장 중요한 목적이라는 점을 강조한다. 이 근본 목적과 틀 안에서 다른 공적 목적을 수용할 수 있다는 설명이다.

이어 ESG의 독특한 투자 분야로 꼽히는 임팩트투자(도현명 임팩트 투자 대표), 그리고 국내에서 ESG에 대한 노력을 가장 많이 경주한다는 SK의 김광조 SK 수펙스추구협의회 부사장은 기업 현장을 상세하게 설명했다.

이번 포럼은 국제정치를 포함, 이론과 현장에서 다양한 논제들을 총괄적이고 구조적으로 조망했다는 점에서 다른 포럼과 차별화된다. ESG의 높은 파고는 다양한 연구 분야와 현실을 포괄하고 있다. 또한, 전체를 조망하는 얼개를 제공하고 핵심 이슈들을 뽑아냈으며 비판적 고찰로 새로운 대안적 시각을 제시했다는 점에서 높은 평가를 받았다. "이번 포럼과 같은 노력이 지속돼야 한다"라는, 공감대가 형성됐다는 것만으로도 큰 성과다.

이들이 공통적으로 주장하는 것은, "ESG는 순간의 패션(Fashion)이 아니다"라는 점이다. 2022년 현재, ESG는 전 지구적 최대 관심사 중 하나라 해도 과언이 아니다. 20세기 중반 세계 자본주의 경제학의 핵심 사상 및 이론으로 자리 잡은 밀턴 프리드먼(Milton Friedman)의 신자유주의는, 2008년 미국 금융위기 이후 설 자리를 잃어갔다. 냉전을 승리로 장식한 미국의 자유주의 패권 전략도 점차 약화되고 있다. 이어 20세기 후반 클라우스 슈밥(Klaus Schuwab) 등이 세계경제포럼(WEF, World Economic Forum)을 통해 확산시킨 '이해관계자 자본주의'가 '4차 산업혁명'과 함께 새로운 흐름을 주도하기 시작했다.

이런 흐름 속에 ESG는 탄소기후협약을 둘러싼 환경 및 국제정치, 'RE 100'등 탄소 이슈와 관련한 산업계, 기업의 사회적 공헌과 거버넌스와 밀접한 기업계 등 지구 공동체와 자본주의 미래의 핵심 이슈, 공동과제로 자리매김했다. 지난해 넷플릭스에서 일본 드라마 〈일본 침몰〉이 큰 관심을 끌었다. 이 드라마는 지구 온난화로 인한 환경파괴로 일본 전체가 침몰한다는 내용으로 주목받았다. 드라마 속 주인공은 "이제 세계가 나서야 할 때"라고 강조한다. 이 드라마의 설득력은 환경파괴로 인한 재앙에 대한 공감대에서 나온다.

ESG와 관련된 지구적 공감대는 높다. 한편, 위협요소들도 도처에 산재한다. 도널드 트럼프 대통령처럼 지구 온난화를 매도하는 세력도 적지 않다. 다른 한편으로 선진국, 혹은 다국적기업과 국제 금융세력에 의한 음모론으로 해석되기도 한다. 불평등 문제도 심각하다. ESG는 후진국 입장에서 보면 불평등의 한 축이 될 수 있다. 그간 산업화를 통해 지구 환경을 파괴해온 것은 후진국이 아니기 때문이다. 시진핑의 중국 또한 ESG를 위협하는 요소다. 미국 경제규모의 70% 이상을 달성해 G2의 한 축이 된 중국은, 첨단사업 분야에서 괄목할 성장을 거뒀다. 그럼에도 중국은 여전히 굴뚝산업 비중이 높은 국가다.

불평등엔 힘의 불균형도 존재한다. 중국의 적극적 참여는 무엇으로 담보할 수 있을까? 산업 후진국들에는 "머나먼 이야기"일 수 있다. 대기업과 중소기업의 차이도 크다. 그 차이는 'S'와 'G'로 넘어가면 더 복잡해진다. 주병기 교수는 '주주 자본주의'의 관점에서조차 난제가 산적해있는데, '이해관계자 자본주의'로 넘어가는 것은 정말 어려운 과제라고 지적했다.

그럼에도 이번 포럼 참여자들은 ESG의 긍정적 측면에 대해 높이 평가하고 있다. 참여자들 모두 신자유주의의 파고 속에 당연하게 여겨온 '기업의 이익 우선 경영'에 날카로운 메스가 필요하다는 점에 동의한다. 또한, 지구의 환경위기를 극복하기 위해서는 새롭고 대대적인 전환, '자본주의 대전환'이 필요하다는 점에 공감한다. 무엇보다, 자본주의의 핵심 주체 중 하나이자 이윤추구의 화신으로 꼽히는 기업을 위기극복의 우선적 주체로 설정했다는 점에서 매력적이다.

하지만 모두가 공감하는 전혀 다른 측면이 존재했다. 그것은, ESG의 현실을 보다 비판적으로 고찰해야 한다는 것이다. 비판적 고찰과 발전적 대안을 제안한다는 것은 지식인의 고유한 사명이다. 언제나 비판적인 르몽드의 시선은 ESG에 대해 더욱 날카롭게 비판의 날을 세웠다. 브뤼노 롱바르 경영이사는 농식품 전문 상장 대기업 다논(Danone)의 사례를 들며, 이론과 명분의 극명한 차이를 강조했다. 이런 유럽 언론과 지성의 비판적 시각은 이번 포럼 참여자들과 크게 다르지 않았다. 이번 포럼의 연구결과를 엮은 이 책의 제목을 『ESG정치경제학』이라고 한 것도 이 때문이다. '정치경제학'이라는 용어의 뜻은 다양하다. 스펙트럼도 그렇다. 경제현상을 비롯해 모든 현상을 한층 넓게, 사회적 관점에서 조명할 필요가 있다는 것이다.

굳이 마르크스주의 정치경제학적 시각을 연상할 필요는 없다. 현상의 드러나지 않는 면까지 면밀히 분석해야 한다는 것이다. 역사와 정치경제적 구조속에서(역사와 구조의 이론적 상충 등 어려운 논제는 배제하고) 비판적 고찰이 필요하다는 것이다. 르몽드 ESG 포럼은 계속 발전할 것이다. 비판적 고찰에 그치지 않고 대한민국 사회와 자본주의 발전을 위해 기여할 수 있는 포럼이 되기를 희망한다. 연구 성과를 공유하기 위해 기획한 이 책은, 그런 노력의 일환이다.

글 · 유철호 / 신성은

새로운 ESG 정치경제학,
비판적 고찰 그리고 실천적 모색

정해구

경제인문사회연구회 이사장

여러분 안녕하십니까?

경제·인문사회연구회 이사장 정해구입니다.

'2022 ESG 르몽드 서울대 글로벌 포럼'에 쏟아진 관심을 진심으로 환영합니다. 이번 포럼은 르몽드 디플로마티크와 경제·인문사회연구회, 뉴스토마토가 주최하고 르몽드코리아와 서울대 국제문제연구소 및 경제연구소 분배정의센터가 공동 주관한 공동 학술행사입니다. 저희 경제·인문사회연구회가 이런 뜻깊은 행사에 참여한 것을 매우 기쁘게 생각합니다.

'새로운『ESG의 정치경제학』, 비판적 고찰 그리고 실천적 모색'이라는 주제로 개최된 이번 포럼은 최근 기업경영 환경에서 화두로 떠오르는 ESG를 정치경제학적 시각에서 새롭게 고찰했습니다. 그리고 'ESG와 대전환의 시대 국제정치철학', 'ESG와 지속가능한 자본주의', 'ESG와 한국기업'이라는 3개의 세션으로 진행됐습니다. 생소하게 다가왔던 ESG를 철학적 관점에서 깊이 논의할 수 있었던, 매우 귀중한 자리였다고 생각합니다.

기업경영의 측면에서 ESG는 그간 기업이 평가받는 재무제표에 없는 세 가지 요소인 환경, 사회, 지배구조로 구성돼있습니다. 투명한 경영, '지속가능한 경영'을 의미하는 ESG에 대한 관심이 최근 폭발적으로 증가했는데, 그런 점에서 지난 2021년은 'ESG의 해'라 할 만합니다.

이처럼 ESG 경영이 폭발적인 관심을 끌게 된 데에는 변화된 소비 트랜드와 소비자의 인식 개선이 큰 역할을 했으며, 따라서 장기적인 성장을 도모하는 기업들이라면 이제 ESG 경영은 불가피한 상황이 됐습니다.

2008년 시행된 지속가능발전법의 제1조는 "지속가능한 발전을 이룩하고 지속가능한 발전을 위한 국제사회의 노력에 동참해 현재 세대와 미래 세대가 보다 나은 삶의 질을 누릴 수 있도록 함을 목적"으로 한다고 그 취지를 밝히고 있습니다. 지속가능발전법의 이 취지처럼, 최근 소비자들은 환경을 생각하고 지역사회의 책무를 다하는 기업의 제품을 선택하려는 성향을 보이고 있습니다. 따라서 이제 많은 기업도 '지속가능경영보고서'를 자발적으로 공시하는 모습을 보여주고 있으며, 자본시장에서 혁신적인 가치를 만들어내는 일 또한 기업의 필수적인 선결 과제로 대두되고 있습니다.

그러나, ESG를 한때의 유행이나, 기업경영의 일시적인 환경변화로만 여기는 것은 지양해야 합니다. ESG의 핵심 가치인 지속가능성은 현재 세대가 미래 세대가 사용할 경제·사회·환경 등의 자원을 보존하고, 미래 세대가 살아갈 여건을 악화시키지 않도록 현재 세대와 미래 세대가 조화와 균형을 이루고자 하는, 더 큰 의미를 지니고 있습니다.

대한민국은 경제성장과 민주화 측면에서 놀랄 만한 성과를 보여준 국가입니다. 그러나, 지속가능성 측면에서는 어떨지 의문입니다. 이제 우리는 현재 세대와 미래 세대가 조화와 균형을 이룰 수 있는 지속가능성에 대해 심사숙고해야 하지 않을까 합니다. 아무쪼록 이번 포럼이 그런 계기가 되기를 바랍니다.

글 · 정해구

추천의 글

ESG, 인류의 새로운 도전, 그리고 성공 과제

이광재

국회외교통일위원회 위원장

안녕하십니까, 국회의원 이광재입니다.

저는 프랑스의 〈르몽드 디플로마티크〉, 서울대, 그리고 〈뉴스토마토〉가 만들어 나가는 ESG를 향한 인류의 여정에 함께 하게 됐습니다. 진심으로 감사드립니다.

21세기, 우리 인류는 이제 동일한 시험 문제지를 받았습니다. 첫 번째 문제는 "기후위기를 어떻게 극복할 것인가?"라는 것입니다. 두 번째 문제는 "인간과 디지털의 관계를 어떻게 만들어 나갈 것이냐"라는 것입니다. 세 번째 문제는 그 옛날 스핑크스가 던진, "인간이란 무엇인가"라는 근원적인 질문입니다. 의학의 발전에 따라, 수명 120세 인간이 탄생했습니다. 이제 60~65세에 정년퇴직을 하고 나면 50년 이상이 남는 것입니다. 퇴직 후 50년을 어떻게 살아갈까요? 이런 질문들에 대한 답변, 저는 그것이 바로 ESG라고 생각합니다.

먼저 우리는 기후위기를 근본적으로 극복하기 위해 기나긴 싸움을 치열하게 해나가야 합니다. 물 부족 문제는 당면한 최대 위기라고 할 수 있습니다. 생각해 보시죠. 만약 히말라야의 만년설이 다 녹아버린다면 2억 4,000만 명의 인류가 큰 어려움에 직면하게 됩니다. 이는 이미 벌어지고 있는 위기입니다. 인류의 47%가 더욱 심각한 물 부족에 시달릴 수 있습니다.

또 하나, 코로나로 시작된 질병의 창궐, 팬데믹은 점점 더 거대해질 것입니다. 이제 어떻게 인류가 공동으로 이런 팬데믹에 대응해 나갈 것인가? 이제는 국가를 넘어 전 세계 인류가 함께 노력해야 하는 공동체가 됐습니다. 나아가 우리 인류는 기후위기를 극복해야 하고, 디지털 시대를 선도해야 하며 수명 120세 인간이 안전하고 평안하게 살아갈 수 있는 기반을 구축해야 합니다.

지금과 같은 경쟁상황, 국가들 간의 첨예한 기술경쟁으로는 절대로 희망찬 미래를 열어갈 수 없습니다. 저는 선진국들이 함께 재원도 마련하고 세계 일류 기업들이 펀드를 만들어, 세계적인 기술 경연을 통해 인류의 보편적 문제를 해결해나가야 한다고 주장합니다. 물 부족 등 모든 전 지구적 문제를 해결하는 기술을, 전 세계 인류가 함께 해결해 나간다면 인류를 구할 또 하나의 길이 열릴 것이라고 봅니다. 한 국가가 기술적 측면에서 우위를 차지하려는 노력을 피할 수는 없습니다. 경쟁을 피할 수는 없습니다. 그러나 인류 전체의 자산을 위해, 인류 전체를 위한 백신 개발을 위해, 인류 전체를 위한 기술 개발을 함께하는 경연을 펼쳐야 합니다.

우리는 ESG라는 흐름을 탔습니다. 더욱이 우리 인류, '지구 공동체'는 거대한 위기에 직면해 있습니다. 노아의 방주를 누가 만들 것인가? 저는 그 노아의 방주가 다름 아닌 인류의 '지혜'라고 생각합니다. 그리고 우리가 인류 공동체라는 공감대를 형성하고 함께 노력할 때 노아의 방주는 성공할 것이라고 생각합니다.

이번 포럼을 통해 더 많은 분들의 지혜가 확산되기를 기대합니다.

글 · 이광재

지구의 위기를 극복하는 길

세르주 알리미 Serge Halimi

〈르몽드 디플로마티크〉 프랑스어판 발행인

대한민국의 독자 여러분 안녕하세요.

저는 〈르몽드 디플로마티크〉 한국어판을 발행하는 르몽드코리아가 서울대학교와 공동주관한 ESG 포럼에 참석하지 못한 것을 매우 애석하게 생각합니다. 한편, 포럼에 참여한 여러 관계자님들과 학자님들께 감사의 말씀을 전합니다.

또한 올해로 창간 13주년을 맞이한 〈르몽드 디플로마티크〉 한국어판의 성공을 누구보다 뜨거운 마음으로 축하드립니다. 그리고 서울대학교와 함께 ESG라는 중대한 주제로 포럼을 개최한 것에 대해 진심 어린 감사의 마음을 전합니다.

이번 ESG 포럼에서는 3일에 걸쳐 열띤 토론이 벌어졌습니다. 글로벌 경제와 조직에서 환경 및 사회적 요소가 차지하는 위상에 대해 학계와 언론, 기업의 고위관계자들이 고견을 나눈 것으로 알고 있습니다. 오늘날 지구 온난화, 사회·경제적 양극화 심화 등의 문제들 앞에서, 강대국과 다국적 대기업의 책임은 실로 무겁습니다. 더 이상 공허한 구호나 모호한 일반론 뒤에 숨어 책임을 피할 수는 없을 것입니다.

기업윤리 헌장을 채택하고, 기후 불평등의 최대 피해자인 남반구 개도국들과 연대의 뜻을 밝히는 것만으로는 부족합니다. 2020년 UN 창립 75주년을 맞이해 유엔개발계획(UNDP)은 "하위 20%의 소득은 여전히 약 2%에 그친 반면, 상위 1%의 소득은 1990년 18%에서 2016년 22%로 증가했다"는 사실을 밝혔습니다. 또한, 다음 사실도 지적했습니다. "2008년 글로벌 금융위기 이후, 억만장자의 수는 2배 이상 늘어났다. '크레디 스위스'에 따르면, 2018년 창출된 부의 82%는 상위 1%가 차지했다. 그 중 하위 50%의 몫은 전혀 없었다."[1]

상위1%가 세계 부의 46%를 처지 - 옥스팜

옥스팜은 2021년 1월 25일 발표한 '불평등 바이러스'라는 제목의 보고서에서, 세계 소득 상위 1,000명이 팬데믹 사태 발생 이전의 부를 단 9개월 만에 완전히 회복했다는 사실을 주지시켰습니다. 반면, 수억 명의 가난한 사람들은 팬데믹으로 인한 경제적 여파 극복에 10년 이상 걸릴 것이라는 전망이 지배적입니다.[2] 이런 격차 해소를 위해서는 분석과 해독, 그리고 미래에 대한 성찰이 필요합니다. 더욱이 SARS-CoV-2(코로나바이러스(CoV) 계통의 바이러스로, SARS-CoV의 변종-편집자주)의 집단 감염증 사태는 무역의존도와 시장점령 전술, 특허권을 둘러싼 제약사와 강대국 간의 치열한 경쟁을 그대로 드러냈습니다.

현재 지구촌 곳곳에서는 각종 무역지대와 세력권이 첨예한 갈등을 빚고 있습니다. 사상가들과 학자들, 선의를 지닌 관계자들의 관심이 절실한 상황입니다. 실상 경제 자유주의와 환경보호, 이 둘은 영원히 일치할 수 없는 성격을 가지고 있습니다. 2003년, 역사상 매우 중요한 자유주의 사상가로 꼽히는 밀턴 프리드먼은 "환경은 널리 과대평가된 문제"라며 이렇게 말했습니다. "인간은 숨을 쉬는 순간 환경을 오염시킨다. 하지만 대기 중에 배출된 이산화탄소를 제거하겠다고 공장 문을 닫을 수는 없다. 그러면, 실직으로 많은 사람들이 죽어나갈 테니까!"

그보다 10년 앞서, 시카고학파에 속한 또 다른 자유주의 이론가이자 노벨경제학상 수상자인 게리 베커 역시 "대부분의 선진국에서 노동권과 환경보호는 지나치게 강조됐다"라고 평가했습니다. 이렇듯, 경제자유주의는 포악한 환경파괴자입니다. 국가는 환경계획과 규제를 통해, 이 환경파괴자의 이성을 되살려야 합니다. 이제, 모두가 현지 생산과 직거래, 폐기물 현장 재활용을 예찬하는 시대가 열렸습니다. 하지만 이는 수많은 '가치사슬'이 지배하는 현재의 생산·교환 방식과는 양립하기 어렵습니다. "한 상품을 이루는 수많은 부품들이 3~4회씩 태평양을 건너야만 완성품이 돼 상점 진열대에 놓이는" 방식과는 말이죠.

저희 〈르몽드 디플로마티크〉 본지와 여러 국제판은 매달 이런 글로벌 자본주의의 변화를 해독하는 데 주력하고 있습니다. UN을 비롯한 국제기구들이 환경문제와 사회적 사안에 좀 더 관심을 기울이도록, 또한 그런 방향으로 경제적 제도적 균형을 이룰 수 있도록 하려면 어떤 관계와 연대를 구축해야 할까요? 어떻게 하면 민중과 사회단체, 노동자단체와 비정부기구가 발언권을 확대하고, 사회정의와 환경 정의를 발전시키고, 국제사회의 협력을 강화해나갈 수 있을까요?

우리 앞에 산적한 수많은 중대한 문제들 앞에, 저는 ESG 포럼이 다양한 분야의 학자님들과 각계각층의 관계자님들이 고견을 나누는 매우 특별한 시간, 특별한 장이 될 것이라고 믿습니다. 우리 지구가 겪는 커다란 변화들에 대해, 깊은 토론을 나누는 매우 훌륭한 기회가 될 것이라 확신합니다.

여러분의 열띤 토론을 응원하며, 성공적인 포럼 개최를 진심으로 기원합니다.

감사합니다.

글 · 세르주 알리미 Serge Halimi

1   http://www.un.org/fr/un75/inequality-bridging-divide
2   http://www.oxfamfrance.org/rapports/le-virus-des-inegalites

추천의 글

브뤼노 롱바르 〈르몽드 디플로마티크〉 경영이사

1부 르몽드의 시선 ──────

COP26이 열린 글래스고에 400여 대의 전용기
가 도착했다. 대기오염 억제 노력과는 거리가 먼
교통수단이다. 이 전용기의 승객들과 소유자들 중
에는 기업 회장들과 '슈퍼리치(Super Rich)'들
이 있다. 이들은 "세금은 내지 않지만, 선은 실천
하고 있다."

안세실 로베르

경제파동으로 다논(Danone)의 주가는 곤두박
질쳤다. 배당금 수익에 실망한 투자자들은 에마뉘
엘 파베르의 해임을 요구했다. 자본의 의지는 주
주, 소비자, 직원이 다 함께 참여하는 경영을 추구
한 파베르의 시도를 수포로 만들기 충분했다.

브뤼노 롱바르

글로벌 기후 거버넌스와 ESG

안세실 로베르 Anne-Cécile Robert

르몽드 디플로마티크 국제편집장, 르몽드 디플로마티크 국제이사, 파리8대학 겸임교수, 파리8대학에서 유럽연합법 연구로 박사 학위, 주요 저서로는 『Un totalitarisme tranquille : la démocratie confisquée 은밀한 전체주의: 몰수당한 민주주의』(André Bellon과 공저, 2001년, Editions Syllepse, Paris)

경제 · 사회 · 환경분야에서 유엔(UN)은 '인간 안보(Human Security)', '지속가능발전목표(SDGs, Sustainable Development Goals)', 유엔 기후변화협약(UNFCCC, United Nations Framework Convention on Climate Change)을 중심으로 활동한다. 이 3가지 개념은 '글로벌 기후 거버넌스'의 기초가 되는 3대 축이다. 〈2022 서울 글로벌 ESG 포럼〉처럼 ESG(환경 · 사회 · 지배구조)를 논의하는 고차원급 포럼에서 '글로벌 기후 거버넌스'는 매우 흥미롭고 신선한 지적 자극이다. 사실 이 두 분야는 세계 자본주의와 국제 역학관계의 구조에 같은 의문을 품고 있다.

광범위하고 야심 찬, '서류상 목표'

2015년 만료된 새천년개발목표(MDG, Millennium Development Goals)의 뒤를 잇는 SDGs는 빈곤, 불평등, 기후, 환경파괴, 발전, 평화, 정의 등 인류의 주요 공동과제 해결을 위해 17가지 목표를 수립했다. 2030년 만료 예정인 이 17가지 개별 목표는 서로 긴밀하게 연결되며 통일성을 지닌다. 유엔 기관들은 정례 보고서, 평가, 추적 조사를 통해 SDG 달성을 위한 노력을 논의한다. 그동안 방대한 자료가 수집됐지만, 이를 충분히 활용하지 못했다.

'인간 안보'는 인류의 안녕을 추구하는 '국제사회'의 포부가 요약된 개념이다. 안보는 평화, 군사적 전략 지정학, 힘의 균형에만 그치는 문제가 아니다. 유엔개발계획(UNDP)은 1994년 보고서에서 7가지 인간 안보 분야를 처음 제시했다. 그 중 하나가 오늘날 세계 평화와 인류의

해마다 높아지는 지구온도 - 옥스팜

'두려움 해소'의 관건이 된 보건 분야다. 안토니우 구테흐스 유엔 사무총장은 "팬데믹 또한 세계 평화와 안보 유지에 심각한 위협"이라고 강조했다.

법학자 세르주 쉬르는 "인간 안보의 개념을 적용하면 인도주의적 목적으로 체결된 군비축소 협약들을 들 수 있다. 이 방식은 무엇보다 국가안보에 중점을 두고 과거의 전략적 다자주의에 부합해 군비확충을 전략적으로 제한했던 방식과 대조되며, 민간인과 군인에게 피해를 줄 수 있는 무기들을 완전히 없애는 것이 목표"라고 설명했다.

지속가능한 발전과 인간 안보 구상에서 환경과 기후변화가 차지하는 비중이 점점 더 커지고 있다. 환경보호 문제는 1972년 스톡홀름 선언 이후 제기되기 시작했다. 이후 기후변화라는 주제가 부상하면서 환경문제는 새로운 국면으로 접어들었다. 환경은 인간 안보의 연장선상에 있다. 환경과 기후는 인류의 생활환경을 유지하는 요소이기 때문이다.

1992년 리우 지구 정상회담에서 채택된 UNFCCC의 목표는 인간의 활동, 특히 대기 오염물질 배출을 제한하는 것이다. 1997년 온실가스 배출을 제한한 교토의정서 채택으로 새로운 도약의 발판이 마련됐지만, 이 의정서는 2005년에야 공식 발효됐다. 2015년 파리 기후협약이 체결되고 세계 각국이 동참을 예고하면서 또 한 번 중요한 시기가 열렸다. 파리 기후협약은 UNFCCC 제21차 당사국 총회(COP21)의 결실이다. 올해 11월, 글래스고에서 COP26이 열렸다.

구속력 결여는 약속 불이행으로

COP 참가국들은 선진국과 개발도상국의 '공동의, 그러나 차별화된 책임(CBDR)'을 기후협상의 주요원칙으로 합의했다는 사실에 주목할 필요가 있다. 이 원칙은 모든 국가가 한 배를 타고 있고, 공동책임을 지닌다는 사실을 인정한다. 하지만 동시에 환경문제에 거의, 혹은 전혀 책임이 없는 개발도상국은 발전을 추구할 권리가 있으며, 선진국은 온난화 퇴치를 위해 추가적인 노력을 할 책임이 있다는 사실도 인정한다. 정작 온난화에 책임이 없는 국가들이 온난화로 가장 고통받는 기후위기의 불공정성을 인정하는 한 방편이다. COP26에 화상으로 참여한 투발루 환경부 장관의 수중 연설은, 전 세계의 주목을 받았다. 연설 장소는 원래 육지였으나, 해수면 상승에 따라 바다로 변했다.

원대한 목표들을 세웠지만, 실현 가능성은 이해 당사자들의 선의에 달려있다. 이 '실현' 단계에서도, 고찰단계에서부터 지적되는 문제점이 드러난다. 바로 '구속력 여부'다. ESG는 권장 행동강령에 그치는 경우가 잦다. 구속력이 없다면 관련 수체, 특히 유리한 위치에 있는 주체들의 독주를 막을 길이 없다. 특히 글로벌 기후 거버넌스에서는 국가별 위력과 독단이 눈에 띈다. 도널드 트럼프 대통령은 미국을 파리협약(COP21)에서 탈퇴시켰다. 미국은 앞서 1997년 교토의정서에도 동참하지 않았다. 온실가스 배출 감축 의무를 수치화한 교토의정서가 미국 경제에 해롭다고 판단했기 때문이다. 환경오염에 대한 책임이 가장 큰 국가 중 하나인 중국을 보자. 입으로는 COP에 대한 지지와 참여를 약속하지만, 실제로는 그 어떤 행동도 하지 않고 있다.

세계 각국은 기후 관련 약속 이행을 유예 중이다. 유엔 안전보장이사회(SC)는 공동의 평화와 안보 관련 사안에 대해 구속력을 발휘할 수 있다. 그러나, 기후 분야에서는 SC와 같은 국제 감독기구가 없다. '글로벌 거버넌스'의 개혁이 절실한 이유다. 카를로스 알바라도 코스타리카 대통령은 2019년 유엔 총회에서 SC의 이름을 '인간 안보 이사회'로 바꿀 것을 요청하며, 주요 무기 생산국들이 SC 상임이사국이라는 사실을 개탄했다. 카를로스 알바라도 대통령은 "SC가 뿌리 깊은 내부 분열을 극복하고, 단합을 추진해야 한다"라고 역설했다.

비록 합의문들의 구속력은 약하지만 기후협상은 현 상황의 위험성을 전 세계에 알리고, 저탄소 전환에 국민의 참여를 독려하며, 각계각층이 즉각적이고 구체적인 행동에 나설 필요성을 공유한다. 비정부기구(NGO)들은 보고서를 발표하거나, 글래스고에서처럼 집회를 조직해 압력을 행사한다. 이때 유엔은 유엔헌장 제71조에 의거해 NGO의 의사 표현의 자유를 보장하며 전 세계적인 집회장 역할을 한다. 그러나, 결국 문제해결의 열쇠는 국가가 쥐고 있다.

국제무대에서 정통성을 지닌 주체는 국가다. 문제 해결을 위해서는, 이 국가들이 힘을 합쳐 공공의 이익을 추구해야만 한다. 일부 국가, 특히 후진국은 국민의 목소리를 대변하기도 한다. 그러나, 전 지구적 기후의 운명을 결정짓는 경제·사회 문제들은 '국제사회'의 능력 밖이라는 국제질서의 거대한 모순에 빠진다.

'글로벌 거버넌스'의 치명적 약점

경제·사회 분야에서의 국제활동은 1944년 브레튼우즈 협정으로 창설된 국제금융기구(IFI)인 세계은행(WB)과 국제통화기금(IMF)을 고려해야 한다. IFI는 국가에 자문, 기술지원, 차관을 제공하고 실행계획 수립을 돕는다. 세계 경제의 관행과 급격한 변동으로 IFI는 점차 유엔과 유엔의 전문기구들을 대신해 각 국가가 따라야 할 정책을 처방하는 기관으로 변했다.

그런데 IMF 홈페이지의 설명과는 달리 IFI는 사실 '유엔 체제의 기관'이 아니다. IFI는 유엔 규정에 반하는 경우가 많은 독자적 규정을 갖추고 유엔과는 별개로 운영된다. 특히 IFI의 운영은 '돈', 각국의 경제적 영향력에 달려있다. 가장 부유한 국가들이 가장 큰 권한을 쥐고 있고, 이들이 IFI가 내리는 결정의 방향을 좌우하는 것이다. 2020년 1월, 모리타니를 필두로 한 아프리카 23개국 그룹은 IMF에서 미국 인구보다 약 800만 명 많은 3억 3,900만 인구를 대표했다. 그러나, 표결권은 1.62%밖에 행사하지 못했다. 이는 미국이 보유한 표결권 16.79%의 10%에도 미치지 못하는 수치다. IMF에서 표결권은 돈이 좌우하기 때문이다. IMF 회원국은 세계 경제에서 차지하는 상대적 비중에 근거해 분담금이나 가입금을 내는데, 표결권은 이 금액에 비례한다. 5년마다 경제적 역학관계 변화를 반영해 자본금을 수정하고, 이에 따라 국가별 표결권 할당 비율도 수정한다.

IMF와 WB가 주요 결정을 내릴 때는 85%의 표결권이 필요하다. 그런데, 미국은 표결권을 16.79% 보유하고 있다. 사실상 미국이 거부권을 쥐고 있는 것이다. 2009년 피츠버그 G20 정상회의에서 WB의 '자본금 재구성-재분배' 협약이 채택됐다. 이 협약을 계기로 WB는 자본금을 100억 달러 늘리고 표결권도 재할당했다. 그 결과 표결권이 2.77%에서 4.42%로 확대된 중국이 미국, 일본의 뒤를 이어 WB의 제3대 주주로 부상했다.

2010년 IMF 총회는 회원국의 승인을 조건으로 자본금 증자와 표결권 6.2%의 후진국 이전을 결정했다. 이로써 중국의 분담금은 3.996%에서 6.394%로 증가했다. 이 개혁 전까지만 해도 이탈리아가 중국과 동등한 비율의 표결권을 보유한 시대착오적 상황이 유지됐다. 이후 IMF 내 영향력이 2배로 커진 중국은 자본금의 6% 이상을 분담하며 표결권 순위에서 독일과 프랑스를 앞질러 3위로 올라섰다. 인도와 러시아의 표결권은 2.3%에서 2.6%, 브라질의 표결권은 1.7%에서 2.2%로 확대됐다. 미국은 IMF의 핵심 결정들에 대해 사실상 거부권을 유지하고 있다. IMF의 제도적 구조를 신흥국, 특히 아시아에 유리하게 재조정된 세계적 균형에 맞추기 위한 과정이, 더디지만 진행 중이다.

서구 강대국들, 70년간 WB과 IMF 독점

IFI가 유엔과는 별도의 지위를 가진 이유는 동·서간 이념 전쟁이라는 역사적 사실에서 찾을 수 있다. 하지만 IFI는 출범 당시부터 자율성을 주장했고 미국과 같은 최고 강대국들은 이를 확고히 지지했다. IFI는 항상 상징적으로 유엔 경제사회이사회(ECOSOC)의 권위에 굴복하는 것을 거부했다.[1] WB는 공식적으로 유엔의 전문기구 지위를 갖고 있지만 실제로는 '독립적인 국제기구'로 운영된다. 이 맥락에서 WB는 ECOSOC에 제공할 정보를 스스로 결정할 수 있다. 이는 사실상 유엔헌장 제 17조 3·4항과 제64조 위반이다(제 64조에 의하면 ECOSOC는 전문기구로부터 정기 보고를 받을 권리가 있다). 또한, ECOSOC와 전문기구는 모든 심의에 상호 참여할 것을 규정한 제 70조에도 어긋난다. 그런데 WB와 IMF는 총회를 제외하면, 유엔 대표를 초대하지 않아도 된다는 독자적인 규정을 가지고 있다. 유엔과 IFI 간에는 가교가 존재하지만 IFI는 이념적인 자율성을 유지하며 유엔의 틀 밖에서 운영되고 있다.

IFI의 우위는 본질적으로 시장경제와 무역의 논리를 강요한다. 이 논리는 유엔의 근간인 국제협력의 철학을 유명무실하게 만든다. IFI는 무상원조가 아니라 '조건부' 차관을 제공한다. 즉, 차관 도입국은 IFI가 정한 경제정책을 실행해야한다. IFI에 세계인권선언은 의미 있는 기준이 아니다.[2] 그럼에도 사회적 압력이 성공을 거둔 것일까? IFI는 유엔 고위급조정위원회(CEB)

에 참여하고 있다. 2017년 5월 유엔총회에는 WB 총재가 참여해 SDG 자금지원을 논의했다.

각국 정부는 (2015년 12월 파리 COP21에서 체결된 협약처럼) 눈길을 끄는 협약들은 기꺼이 체결하지만, 국가와 IFI의 금고는 굳게 걸어 잠근다. 큰 인기를 끈 『분노하라(Indignez-vous)』의 저자 스테판 에셀 대사의 제안을 떠올려보자. 에셀 대사는 국제적 합의문 속 현행 위계질서를 전복할 수 있는 고위급 조정 기구 창설을 제안했다.(3) 이는 지금의 유엔 SC 수준의 의결권을 가진 경제·사회 안보 이사회를 말한다. 이런 기구가 창설되면, 선진국과 후진국뿐만 아니라 최대 인구국까지 포함한 확대 G8 형태를 띨 것이다. 이 기구의 사무총장은 약속과 실제 행동 사이의 간극을 감시하고 고발할 수 있다. 정해진 규범 준수를 촉구하고 실행계획을 적용하도록 압력을 가할 수 있는 것이다.

"세금은 내지 않지만, 선은 실천하고 있다"

COP26이 열린 글래스고에 400여 대의 전용기가 도착했다. 대기오염 억제 노력과는 거리가 먼 교통수단이다. 이 전용기의 승객들과 소유자들 중에는 기업 회장들과 '슈퍼리치(Super Rich)'들이 있다. 제프 베이조스 아마존 최고경영자(CEO)는 사헬 지역을 동에서 서로 가로질러 숲 장벽을 건설하는 이른바 '녹색 장벽' 사업과 식량문제 해결에 20억 달러 기부를 발표했다. 일론 머스크 테슬라 CEO는 자신에게 기금운용 감독 권한을 준다면 세계식량계획(WFP) 및 여타 세계 계획에 60억 달러를 기부하겠다고 제안했다.

현재 최대 기부 재단은 마이크로소프트 창업자 빌 게이츠의 빌 앤드 멜린다 게이츠 재단(BMGF)이다. 2021년, BMGF는 세계보건기구(WHO)에 이 기구 예산의 10%에 해당하는 기부금을 내 WHO 최대 민간 기부단체에 등극했다. 2018~2019년 BMGF가 WHO에 낸 기부금은 5억 7,100만 달러다. BMGF는 300억 달러의 기금을 보유하고 있다. 이는 프랑스 교육부 예산의 절반, 유엔 연례 예산의 15배에 해당한다.

현재 전 세계 개인 기부 1위는 제프 베이조스다. 이 어마어마한 기부들은 박애주의와 자본주의 방식이 뒤섞인 '박애 자본주의(Philanthro-Capitalism)'를 보여준다. 갑부, 유명 자본주의자, 기업 회장들은 기부를 통해 스스로에게 선한 이미지를 부여한다. 하지만 이들은 자신들의 우위에 문제를 제기하지 않고 그 어떤 공적인 속박도 받지 않는다. 이들은 특히 환경적 폐해, 기후위기의 불공정, 선진국의 후진국 지배, 사회적 불평등에 대한 반성도 없다.

이 엄청난 기부금은, 정상적으로 과세가 됐다면 이 슈퍼리치들이 세금으로 냈어야 할 금액이다. 대부분의 미국인이 최소 19%의 세금을 냈을 때 일론 머스크는 3.27%의 세금만 냈다. 또한, 박애 자본주의적 논리에 따르면 초고액자산가들은 전 세계적인 논의나 민주적인 기구들의 선택과 상관없이 자신들이 원하는 사업을 선택해 자금을 지원할 수 있다. 초고액자산가들이 마치 신과 같은 지위를 가진 것이다. 빌 게이츠는 초고액자산가 700인에게 세금 부과를 앞둔 조 바이든 대통령에게 자신에게 더 많은 세금을 부과하라고 자발적으로 요청했다.

일론 머스크는 500억 달러의 세금을 내야 하지만, 이를 거부하고 선의에 근거해 자신이 원하는 곳에 102억 달러를 직접 나눠주겠다고 한다(프로퍼블리카 재단). "나는 세금은 내지 않지만, 선은 실천하고 있다"라는 것이다. 이렇게, 박애 자본주의는 지구를 파괴하는 경제·정치 구조를 유지하면서도 선한 이미지는 쌓는, 고난도 묘기를 선보이고 있다.

세계의 균형을 재고하기 위해서는 〈2022 서울 글로벌 ESG 포럼〉과 같은 논의의 장이 매우 중요하다. ESG와 글로벌 기후 거버넌스는 권력을 가진 민간주체 또는 강대국에 대한 규범적 질서와 국제적 규제로 연결된다.

글 · 안세실 로베르 Anne-Cécile Robert

번역 · 김은희

1   Edward S. Mason, Robert E. Asher, 『The World Bank since Bretton Woods』, The Brookings Institution, Washington, 1973.
2   Anne-Cécile Robert, 『L'Afrique au secours de l'Occident, 서구의 구원자로 나선 아프리카』, Alliance des éditeurs indépendants, 2006.
3   〈르몽드 디플로마티크〉 프랑스어판, 2003년 7월호.

"개인의 신념과 행동만으로는 어렵다"

브뤼노 롱바르 Bruno Lombard

〈르몽드 디플로마티크〉 경영이사. ESG 총괄, 르몽드 ESG 경영고문, 파리 9대학 경영관리 전공
1988년 르몽드 입사, 르몽드그룹 재무회계 책임자, 〈르몽드 디플로마티크〉 이사

한 개인의 염원과 변화만으로 자본주의 경제체제를 변화시킬 수 있을까? 일례를 들어본다. 농식품 전문 상장 대기업 다논(Danone)의 CEO 에마뉘엘 파베르는 2016년 6월 10일 파리 고등경영대학원(HEC) 졸업식에서 독창적인 연설로 주목받았다. 1964년생인 에마뉘엘 파베르는 1986년 HEC 졸업 후 글로벌 경영 컨설팅기업 베인앤컴퍼니(Bain & Company)와 베어링스(Barings)은행을 거쳐 르그리산업(Legris Industries)의 사장을 맡는 고속승진 가도를 달렸다. 르그리산업은 다양한 분야의 중견 산업체에 투자해 이들의 성장을 지원하는 기업이다.

학업, 직업교육, 초창기 경험을 통해 세상과 인간, 사회, 환경에 대한 현실에 열린 시각을 얻은 파베르는 부의 왜곡과 지구의 미래에 관심을 가졌다. 그는 휴가를 활용해 라틴아메리카의 빈민촌을 찾아 테레사 수녀의 '죽어가는 이들을 위한 집'에 머물기도 했다.

1997년, 파베르는 재무·전략·정보시스템 이사로 다논에 합류했다. 창업자 앙투안 리부가 오랫동안 사람 중심 경영을 펼친 다논은 꽤 사회적인 기업으로 정평이 나 있었다. 당시는 기업의 사회적 책임(CSR)이 지금처럼 널리 퍼지기 전이었지만 에마뉘엘 파베르는 CSR을 연상시키는 행보를 마음껏 펼칠 수 있었다.

기업의 사회적 책임에 지대한 관심

2005년, 아시아·태평양 총괄 부사장으로 승진한 파베르는 자연스럽게 마이크로크레디트(Microcredit)의 창시자 중 한 명인 무함마드 유누스와 친분을 쌓았다. 다논 그룹과 그라민 은

행이 공동 출자해 방글라데시에 설립한 그라민 다논 푸드(Grameen Danone Foods)는 무함마드 유누스, 에마뉘엘 파베르 그리고 앙투안 리부의 아들이자 후계자인 프랑크 리부의 회동에서 탄생한 사회적 기업이다.

이후 파베르는 프랑스 최초로 '사회적 기업(Social business)' 다논의 시카브(SICAV, 미국의 개방형 뮤추얼펀드와 비슷한 서유럽의 개방형 집합투자기금-역주)를 감독했다. 정치인들도 사회문제에 열린 시각을 가진 파베르에 주목했다. 탈세계화 운동가 치코 휘터커(브라질주교회의 정의평화위원회 소속)는 2009년 벨렝에서 열린 세계사회 포럼(World Social Forum)에 그를 초대했다. 파스칼 캉팽 프랑스 개발부 장관은 2013년 파베르에게 개발원조에 대한 보고서를 위임했다. 2014년, 파베르는 다논의 사장을 거쳐 최고경영자(CEO)의 자리에 올랐다.

여기까지만 보면 에마뉘엘 파베르는 흠결 없는 인물이라 할 수 있다. 그런데, 그의 평판에 첫 흠집을 내는 사건이 발생했다. 2015년, 탄탄한 조사와 취재로 유명한 탐사보도 프로그램 〈현금 수사(Cash Investigation)〉에서 파베르가 인도네시아에서의 분유 판촉활동에 대한 질문에 답변을 거부한 것이다. 식수 공급망이 제대로 갖춰지지 않은 인도네시아에서 분유 소비는 위험성을 안고 있다. 그러나, 이 방송이 파베르의 행보에 제동을 건 것은 아니다.2017년, 화이트웨이브(WhiteWave)를 인수한 다논은 동물성 단백질을 대체하는 식물성 원료 제품과 유기농 제품 시장에서 세계적인 강자로 부상했다. 다논은 건강에 초점을 맞추고 국제화 노력을 지속했다. 그 결과 매출은 2배로 뛰었다. 2018년, 에마뉘엘 파베르는 현장실습생을 위한 일자리 6만 개 창출을 목표로 '더 포괄적인 경제를 위한 기업 연합'을 출범시켰다.

이로써 다논은 상장기업 최초로 '사명감 있는 기업(Entreprise à mission)'의 지위를 획득했다. 사명감 있는 기업이란, 이윤창출이라는 기업의 기본 목표 외에 사회적, 환경적 사명을 동시에 추구하는 기업을 뜻한다. 2020년 11월, 다논은 첫 번째 난관에 봉착했다. 팬데믹으로 인한 봉쇄에 출산율 저하까지 겹치자 다논은 전 세계 10만 개 일자리 중 1,500~2,000개 삭제를 중심으로 한 일자리 조정안 '로컬 퍼스트(Local First)'를 발표했다.

다논의 배당금 수익률 저하, 파베르 해임

주식시장 상장의 대가로 다논에도 투자 펀드가 주요 주주로 등장했다. 이들은 다논의 혁신적이고 '그럴듯한' CSR 구조에 관심을 보였다. 그러나, 경제파동으로 다논의 주가가 곤두박질쳤다. 배당금 수익에 실망한 투자 펀드들은 에마뉘엘 파베르의 해임을 요구했다. 한때 58%까지 상승해 정점을 찍었던 다논의 주가는 에마뉘엘 파베르 임기 동안 23% 하락했다. 자본의 의지는 주주, 소비자, 직원이 다 함께 참여하는 경영을 추구한 파베르의 시도를 수포로 만들기 충분했다. 에마뉘엘 파베르는 다논을 떠난 후에도 그 자신의 사회적 · 환경적 구상을 실현하기 위해 노력할 것이다. 그러나, 그는 과연 금융시장이 모든 상장기업을 좌우하는 자본 소유에 의한 '자본주의적 과정' 자체에 문제를 제기했을까?

2016년, 파베르는 파리 HEC 학생들 앞에서 자신의 개인적, 가족적, 직업적 경험에 근거해 기업의 사회 · 환경적 책임의 절대적 필요성을 역설하는 연설을 했다. 최상의 자본주의적 교육을 받고 경제활동에 입문하는 졸업생들에게 그는 영광, 돈 그리고 권력에 대해 다음과 같은 질문을 던졌다. "여러분 속에 살고 있는 소년, 소녀는 누구인가? 당신은 생각보다 훨씬 더 위대한 존재라고 말하는, 작은 목소리는 무엇인가? 여러분 각자의 선율이 세상의 교향곡을 변화시킬 것이다."

대안으로 떠오른 '사회연대경제 협동체제'

물론 세상의 변화는 개인의 변화에서 시작된다. 하지만 공동체, 사회, 환경의 변화 없이 세상을 변화시킬 수 없다. 환경문제도 마찬가지다. 개인의 변화만으로는 지구를 구할 수 없다. 생산수단의 소유권에 대해 질문을 제기하고 공동소유권을 도입해야 한다. 공공분야가 생산수단을 소유하는 것도 해결책이 될 수 있다. 이는 국가가 시장이 아닌, 국민을 대표할 때 가능하다. 그러나 현재 상황은 그렇지 않다.

사회연대경제(Social and Solidarity Economy), 특히 모든 참가 주체가 동등한 목소리를 내는(1달러당 1표가 아니라 1명당 1표를 행사하는) 협동체제가 진정한 대안이 될 수 있다. 이는 가입자 모두가 연합할 수 있는 체제다. 직원은 물론, 소비자도 힘을 합칠 수 있다. 또한 지역 공동체의 지원까지 합쳐지면, 프랑스의 사회적 협동조합(SCIC)과 같은 지위를 획득할 수도 있다. 협동조합은 일자리를 없애는 경우는 있어도, 해외에 이전하지는 않는다. 또한 생존을 위해 현지에서 해결책을 찾으며, 조합의 요구보다 소비자의 요구에 적응한다. 해외생산이 없으니 주요 오염원인 해외운송을 제한할 수 있다는 것도 협동조합의 장점이다.

그러나, 다수의 협동조합이 창업자의 은퇴로 해체됐다. 공동소유 구조가 구축되지 않았기 때문이다. 장기적인 협업이 중요한 이유다. 프랑스의 식권협동조합 유피-점심식권(UP-Chèque Déjeuner)는 이점을 잘 이해했다. 이 협동조합은 신입사원들이 협동조합의 중요성을 느낄 수 있게 1년 후원제도를 구축했다. 그 결과 신입사원들 스스로 의욕적인 조합원이 됐다. UP는 정관을 수정해 직원들을 모회사의 조합원에 편입시켜 프랑스 국내 자회사들의 자본금 문제를 해결했다.

하지만 해외 지사들은 각기 다른 법제의 적용을 받는 문제가 있다. 세계적으로 가장 큰 협력망을 구축한 스페인의 협동조합 집합체 몬드라곤(Mondragon)은 해외 지사들의 자본금 문제해결에 착수했다. 〈르몽드 디플로마티크〉는 해외 국제판에 자본참여를 하지 않는 방침을 가지고 있다. 본지는 독립적인 발행처들의 협력 네트워크로, 재무 건전성이 높은 국제판과 프랑스 본사가 재정적으로 어려운 발행국을 돕는 탄탄한 재무 체계를 가지고 있다.

결론은, 개인의 신념과 노력만으로는 지배적인 자본주의 체제를 극복할 수 없다는 것이다. 공동체가 상상력을 발휘해야만 한다!

글 · 브뤼노 롱바르 Bruno Lombard

번역 · 김은희

2021년 11월, 지구적 환경문제를 논의하기위해 글라스고에서
제26차 당사국총회(COP26)가 열렸으나 성과없이 끝났다.

2부 ESG와 대전환의 시대 ───
ESG에 대한 국제정치학,
정치 철학적 고찰
ESG와 중견 국가 이니셔티브의 모색

ESG가 '선진국에 의한 글로벌 스탠더드의 부과'
라는 권력정치의 편향을 지닌다면, 선진국 또는
강대국 담론을 넘어서 중견국의 시각에서 ESG
의 표준을 제시할 가능성은 없을까? 다시 말해
미국과 중국 사이에서, 서방 진영과 비서방 진영
사이에서, 또는 선진국과 개도국의 사이에서
양측을 조율하고 균형을 맞추는 중견국의 역할
을 기대해 볼 수는 없을까?

김상배 교수

ESG 국제정치와 중견국 외교: 국제정치학 연구 어젠다의 도출

김상배

서울대학교 정치외교학부 교수, 국제정치이론, 지식 정보, 기술이전의 국제정치
한국 국제정치학회 회장, 인디애나대학교 정치학 박사
서울대학교 외교학과

Ⅰ. ESG와 국제정치학

최근 경제·경영학 분야에서 Environmental(환경적), Social(사회적), Governance(거버넌스) 즉 ESG에 대한 논의가 활발하다. 주주의 이익에만 머물던 협소한 시각에서 벗어나, 이해관계자와의 상생하자는 것이 ESG 경영의 취지다. 기후변화와 지구환경에 관한 관심의 고조가 배경이 됐고, 코로나19 사태로 인한 경제적 난국으로 인해 더욱 시선을 끌었으며, 미·중 패권경쟁의 과정에서 중국 기업을 견제하려는 미국의 의도가 가세한 것으로 해석된다.

이전에도 '기업의 사회적 책임(CSR)'이나 '지속가능한 경영' 등의 형태로 유사한 논의가 진행됐지만. 최근의 ESG에 대한 논의는 그 범위가 넓어지고 내용도 풍부해졌다. ESG의 중요성이 점점 널리 인지되면서 기업 차원의 관심사를 넘어서 국가 차원의 어젠다가 되고 있다. 이런 맥락에서 이 글은 여태까지는 주로 경제·경영학 분야에서 다뤄진 ESG 논의에 국제정치학이 기여할 수 있는 바가 무엇인지를 살펴보는 시도를 펼쳐 봤다.

ESG 국제정치의 연구 어젠다는 대략 세 가지 차원에서 볼 수 있다. 우선 첫 번째는, '기업-정부 관계'의 맥락에서 기업 ESG를 관리하고 규제하는 정부의 정책적 역할이다. 기업의 이윤추구 차원을 넘어, 공익실현의 차원에서 ESG 규범을 부과하기 위해 정부가 무엇을 할 수 있을지가 쟁점이 될 것이다. 두 번째는, 국제정치학의 시각에서 실행주체로서의 국가 자체에 ESG의 논리를 적용하는 문제다. 국가경영의 잣대로, 국력이 아니라 ESG 규범을 변수로 적용

제1세션 발표자와 토론자. 왼쪽부터 이왕휘 아주대교수, 박성우 서울대교수,
김상배 국제정치학회회장(서울대 교수), 신성은 르몽드코리아선임기자, 유철호 르몽드기획위원,
신범식 서울대교수, 사회자 어희재 아나운서, 이승주 중앙대 교수, 이정환 서울대교수, 정헌주 연세대 교수

했을 때 무엇이 다를지가 쟁점이 될 것이다.

마지막으로 세 번째는, 기업이나 국가라는 '행위자 차원'을 넘어서 국제정치의 '시스템 차원'에서 볼 때, ESG에 대한 논의가 어떤 의미를 갖는지의 문제다. ESG로 대변되는 규범적 시각에서 보면, 국가이익 추구의 권력정치로 대변되는 기존의 국제정치 시스템을 넘어서 새로운 구성원리와 작동방식에 기반을 둔 시스템을 창출할 수 있을지가 쟁점이 될 것이다.

최근 국제정치의 전개를 보면, 실제로 이런 ESG 국제정치의 연구 어젠다가 시험대에 오른 듯한 양상이 드러난다. 최근 국가 브랜드와 대중문화, 규범과 기여를 강조하는 공공·문화 외교가 새로운 외교양식으로 자리매김하고 있다. 이른바 MDGs에서 SDGs로의 이행과정에서 강조된 '지속가능성'의 추세는 글로벌 불평등 해소와 국제 개발 협력을 위한 국제사회의 책무를 부각시켰다.

기후변화 대응과 탄소 중립을 향한 지구적 노력은 개별국가의 이익을 넘어서는 인류 공통의 이익을 논하게 했다. 동아시아 및 글로벌 경제위기는 국가신용 지수, 국가경쟁력 지수, 부패 지수 등 '글로벌 스탠더드'의 위력을 실감케 했다. 최근 미·중 패권경쟁 과정에서도 양국의 체제 우월성과 보편규범 및 국제적 책임은 핵심적인 쟁점이다. 이들은 모두 ESG의 부상이라고 하는, 이른바 '규범 세계정치'의 맥락에서 이해되는 현상이라고 할 수 있다.

이런 ESG 국제정치의 과정에서 대한민국은 기업을 넘어 국가 차원에서 무엇을 해야 할까? 특히 이제는 더 이상 개도국이 아닌 중견국의 입장에 선 대한민국이 외교전략을 모색함에 있어, ESG 국제정치에 대한 논의가 주는 시사점은 무엇일까? 이 글은 이런 문제의식에서 출발했다. 그리고 기존에 국내 학계에서 논의된 이론적 논의를 바탕으로, 국제정치학의 시각에서 도출 가능한 ESG의 국제정치와 국가전략에 대한 연구 어젠다를 검토했다.

연구 어젠다는 크게 세 가지, i) 소프트 파워의 세계정치와 매력 국가론의 시각에서 본 ESG, ii) 글로벌 스탠더드 경쟁의 시각에서 본 ESG, 그리고 iii) 중견국 규범 외교의 방향모색과 내용구성이라는 관점에서 본 ESG다. 아울러 이 글은 ESG 국제정치의 대내적 기반을 마련하는 문제의 중요성도 지적했다.

Ⅱ. ESG와 매력 국가론

대부분의 ESG관련 논제는 '소프트 파워'라는 주제를 담고 있다. 1990년대 초반부터 국제 정치학계에서는 하드 파워 기반의 '실력 국가론'을 넘어서는 소프트 파워 기반의 '매력 국가론'에 대한 논의가 이어졌다. 매력 국가론은 ICT, 국가브랜드, 대중문화 콘텐츠, 국가 브랜드, 공공외교, 문화외교 등을 통해 상대의 마음을 얻는 '매력 발산'의 과정에 주목했다. 이런 과정을 뒷받침하는 제도와 거버넌스의 변수도 물론 매력의 중요한 구성요소다. 어떤 국가의 독특한 정책이나 제도 또는 체제 모델 자체가 매력이 될 수 있다는 뜻이다. 예를 들어, 매력적인 첨단제품과 대중문화를 생산하는 기업모델과 정부 정책, 그리고 기타 사회제도 등은 그 국가를 모델로 삼고 싶게 만드는 매력 요소다.

ICT와 대중문화를 넘어서 보편성과 신뢰성을 띈 규범도 매력 국가의 중요한 요소다. 국가의 매력은 윤리적이고 보편적인 규범을 전파하는 힘과 불가분의 관계에 있다. 매력을 구성하는 실력, 기교, 감동 등의 요소들은 궁극적으로 인류가 추구하는 보편적 규범과 가치에 부합해야 한다. 다시 말해, 비윤리적이고 부당한 방식으로는 매력을 발산할 수 없다. 이는 나아가, 우리가 가진 평화에 대한 신념이나 가치를 대외적으로 주창하는 능력과도 연결된다. 이런 매력은 국내적으로는 민주주의의 이념과 제도를 통해, 대외적으로는 국제사회의 발전에 참여하는 기여외교나 봉사외교 등의 형태로 나타난다.

매력 국가론의 기저에는 새로운 국익에 대한 고민이 있다. 이는 주주 중심주의에서 이해관계자주의로 이행하는 ESG의 문제 제기와 일맥상통한다. 즉 일국 중심의 협소한 국익 추구를 넘어, '열린 국익'을 추구하는 문제다. 새로운 국익론은 그 추구의 방법과 원칙 및 목표라는 점에서 볼 때, 세 가지를 핵심으로 한다. 첫째, 종전보다 상대방을 설득하고 유인하고 회유해 끌어당기는, 즉 소프트 파워의 방식으로 한층 '부드럽게' 국익을 추구해야 한다. 둘째, 개별 국가이익의 일방적 추구를 넘어서 인식의 공유와 연대의 형성을 바탕으로 이해당사자들과의 상호이익을 추구할 필요가 있다. 끝으로, 궁극적으로는 이해당사자들의 실리 추구를 넘어서 국제사회와 인류공동체의 보편적 규범과 일반 이익을 추구해야 할 것이다.

이런 맥락에서 보면 ESG의 핵심은 매력과 규범, 그리고 보편성이다. 즉 ESG 자체가 매력 국가론의 논의를 담고 있는 셈이다. 국제정치에서 지구환경 보호와 탄소 중립의 책무 등은 환경(E) 변수에서 파생되는 매력이 아닐 수 없다. 오늘날 환경 변수는, 단순히 기업이 고려해야 할 '부가 변수'의 차원을 넘어서, 기업-국가-사회의 관계를 질적으로 변환시키는 성격을 지니고 있다. 국제정치에서 사회적 책임(S)도 중요한 매력 포인트다. 국제사회에 대한 보편적 기여는 개발 협력 분야에서 지속가능성 담론의 형태로 드러났다.

인간 안보 분야에서는 인권탄압이 자행되는 개도국에 대한 보호의 책무(R2P) 논의가 있다. 코로나19 대응 과정에서도 국제사회에 대한 기여가 논란거리가 됐다. 이와 더불어 거버넌스(G) 변수도 국제정치에서 필수 불가결한 매력 요소로 인식됐다. 본받을 만한 정치체제와 민주국가의 거버넌스 구조를 보유한 국가는 매력과 선망의 대상이다. 이런 기준은 개도국들에도 적용돼 국제 개발 협력 분야에서 이른바 '선한 거버넌스(Good Governance)'에 대한 논의가 진행됐다.

여기서 한 가지 유의할 점이 있다. 다름 아닌 '측정'과 '평가'의 기준이다. 즉, 국가의 매력도를 어떻게 객관적으로 측정하고 평가할 것인가의 문제다. 기존의 ESG 논의에서도 관건으로 제기된 측정과 평가의 문제는, 현재 관심을 끄는 ESG가 이전의 CSR과 차별화되는 지점이기도 하다. 마찬가지로 매력 국가론에서도 각국의 소프트 파워를 측정하고 평가하는 다양한 지수가 개발돼 활용됐다.

그런데 이런 과정에서 항상 제기되는 문제는 그 지수가 얼마나 객관적이고 중립적이냐의 문제다. 지수를 구성하는 지표의 선정 단계에서부터 특정 분야만을 측정하고 평가하는 주관적 편향성이 문제시됐다. 또한 이런 지수의 일반성과 포괄성도 문제가 됐다. 즉, 출제 포인트에 맞춰 공부한 학생만 좋은 점수를 받는 것이 아니냐는 비판이 제기된 것이다. 지수의 세계정치 이면에, 특정한 형태의 권력이 작동할 수 있다는 것이었다.

Ⅲ. ESG와 글로벌 스탠더드 경쟁

ESG의 비대칭성과 주관적 편향성에 대한 지적은, 소프트 파워에 대한 논의를 넘어서, 게임의 규칙, 특히 국제정치의 구조를 짜거나 바꾸는 권력에 대한 논의로 연결된다. 국제정치학에서 이런 권력에 대한 논의는 이른바 '구조적 권력'이라는 이름으로 탐구돼 왔다. 이런 시각에서, ESG의 저변에도 일종의 구조적 권력이 작동하고 있다고 봐야 것이다. ESG의 저변에 깔린 선진국들의 이데올로기가 있고, 이런 이데올로기가 일종의 표준으로서 부과돼, 개도국들이 따르지 않을 수 없게 만드는 구조적 메커니즘이 작동한다는 것이다. 이렇게 보면, ESG의 부상은 객관적 추세라기보다는 선진국들이 표준을 재설정하는 구조적 권력이 행사되는 과정, 즉 '글로벌 스탠더드'가 부과되는 현상이라고 할 수 있다.

국제정치학에서 글로벌 스탠더드 경쟁에 대한 논의는 오래전부터 있었다. 가장 비근한 사례로는 글로벌 패권을 놓고 다투는 미·중 두 강대국의 표준경쟁을 들 수 있다. 양국의 표준경쟁은 협의의 기술표준 경쟁만을 의미하는 것은 아니다. 최근 미·중 갈등의 쟁점은 양국의 정책과 제도, 규범의 표준에까지 확대되고 있다. 일례로 '중국제조 2025'와 같은 중국의 정책도 양국 갈등의 논란거리가 됐다. 중국 내 사회적 감시나 인권탄압 문제도 규범 차원에서 본 표준경쟁의 소재다. 이런 과정에서 CCTV나 안면인식 AI 등과 같은 감시기술이 쟁점이 됐다.

이렇게 넓은 의미의 표준경쟁 시각에서 보면, ESG의 이면에는 서구 기업과는 다른 지배구조를 가진 중국 기업을 길들이기 위한 미국의 속내가 없지 않다. 이에 대해서 중국이 자국 기업들에 대한 ESG의 요구를 순응적으로 수용하는 것만은 아니라는 점에서 글로벌 스탠더드 경쟁이 벌어지는 것이다. ESG 표준권력은 선진국과 개도국 사이에서 더 큰 논란거리다. ESG가 대기업보다는 중소기업에 더욱 부담되는 진입장벽이듯, 선진국보다는 개도국에 더 부담되는 표준이 된다. 서구 자본주의가 추동하는 새로운 형태의 '자본침략'이라는 음모론의 시각에서 ESG를 해석하는 인식도 없지 않다.

엄밀히 보면 ESG는 대기업과 선진국의 담론이다. 사실 ESG는 일정한 성공과 규모가 달성돼야 수행할 수 있는 비대칭 게임이다. 경우에 따라서 중소기업과 개도국이 게임에 진입하는 경로를 가로막는 장벽이 될 수도 있다. 그런데 당하는 것 같지만 따라갈 수밖에 없는, 그렇다고 무작정 쫓아갈 수만도 없는 게임이라는 사실이 문제다. ESG가 또 하나의 '게임 변경'인 동시에 선진국들의 '사다리 걷어차기'라는 말이 나오는 이유다.

글로벌 스탠더드의 시각에서 ESG를 이해할 여지는 매우 많다. 환경(E) 분야에서 기후변화 대응을 위한 탄소 중립의 목표 설정은 글로벌 스탠더드가 부과되는 대표적 사례다. 이런 과정에서 동원되는 '다중이해당사자주의'의 담론도 기본적으로 서구 사회의 구성원리와 작동방식에 기반을 둔 서구식 솔루션이다. 환경분야에서 당장 눈앞에 다가온 글로벌 스탠더드의 압력은 유럽과 북미 국가들이 주도해 10여 년 후로 설정한 내연기관 자동차의 판매 종료 시점이다. 이 기준을 맞추지 못하면 어느 국가도 현지에 자동차를 수출할 수 없게 된다.

사회적 책임(S) 분야의 표준경쟁과 관련해서는 개발 협력 분야의 미·중 경쟁에 주목할 필요가 있다. 이는 거버넌스(G)와 관련해 제도와 규범을 수출하는 경쟁의 성격도 지닌다는 점에서 흥미롭다. 시장경제와 자유민주주의 조합인 '워싱턴 컨센서스'와 시장경제와 권위주의의 조합인 '베이징 컨센서스'의 제도와 규범이 경합을 벌이고 있다.

코로나19 사태는 이런 글로벌 스탠더드 경쟁은 가속화시켰는데, 구체적으로는 미·중 양국의 체제경쟁을 부각시켰다. 중국이 정부 주도로 위로부터의 통제를 강조하는 방식을 취했다면, 미국은 사태가 심각해지기 이전까지는 국가보다는 민간 주도의 대응 방식에 의존했다. 이런 접근방식의 차이가 낳은 결과는 일견 중국의 통제 모델이 더 효과가 있는 것으로 드러났다. 미국은 세계에서 가장 많은 코로나19 확진자와 사망자를 내며 체면을 구겼다.

미국 정부의 코로나19 상황 대처 및 미국민들의 보건의식, 경기침체와 실업률 폭등, 인종차별과 사회 불평등 및 사회 혼란 문제 등을 보면서 미국 체제 전반에 대한 평가가 부정적으로 변화하기도 했다. 이런 과정에서 미·중 모두가 자국체제의 우월성의 이데올로기적 근거로 활용했다. 그야말로 누구의 체제가 절대적으로 우월하기보다는 자국체제를 글로벌 스탠더드로 내세우려는 복합적인 경쟁이 벌어지고 있는 것이다.

Ⅳ. ESG와 중견국 외교론

ESG가 '선진국에 의한 글로벌 스탠더드의 부과'라는 권력정치의 편향을 지닌다면, 선진국 또는 강대국 담론을 넘어서 중견국의 시각에서 ESG의 표준을 제시할 가능성은 없을까? 다시 말해 미국과 중국 사이에서, 서방 진영과 비서방 진영 사이에서, 또는 선진국과 개도국의 사이에서 양측을 조율하고 균형을 맞추는 중견국의 역할을 기대해 볼 수는 없을까?

최근 대한민국의 국가적 위상이 높아지고 외교적 역할도 증대되고 있다. 이에 따라, 중견국 외교에 대한 기대도 확산되는 가운데 던져볼 법한 질문이다. 최근까지 국내 학계에서는 중견국으로서 대한민국이 추구할 다양한 외교전략, 예를 들어 중개외교와 연대외교, 규범 외교 등에 대한 이론적·경험적 논의가 진행돼 왔는데, 그중에서도 이 글이 ESG의 중견국 외교와 관련해서 주목하는 아이템은 중견국 규범 외교에 대한 논의다.

국제정치의 역사에서 규범의 수립은 실상 강대국의 몫이었다. 강대국이 국제정치의 '게임의 규칙'을 정하고 프로그램을 설계했다. 나아가 옳고 그름의 규범까지 정하는 것이 국제정치에서는 다반사였다. 이런 상황에서 중견국이 규범을 내세울 수 있을까? 할 수 있다면, 그 내용은 무엇으로 채울 수 있을까?

강대국을 대신해 국제정치의 규범 전체를 새로이 구상하는 것은 아니더라도, 주어진 규범 위에서 시스템 자체가 원활히 작동케 하는 개선책과 보완책을 제시할 수는 있을 것이다. 이런 과정에서 강대국이 설계한 프로그램의 규범적 타당성에 대해서 문제를 제기하는 정도는 가능할 것이다. 지배규범의 구조적 편향을 지적하거나 이런 행보에 힘을 싣기 위해서 동지국가들(like-minded countries)을 규합하는 중견국 규범 외교의 전략이 모색될 수 있을 것이다.

중견국 규범 외교의 관점에서, 대한민국은 중견국으로서 '국가적 생존 유지'라는 당면목표와 '국제사회 기여'라는 보편적 가치 사이에서 균형적 설계를 위해 고심해왔다. 평화외교, 가치외교, 기여외교, 신뢰 외교 등의 이름으로 대한민국이 밟아왔던 외교적 행보가 그런 고민의 단면을 보여준다. 최근 대한민국이 당면한 규범 외교의 고민은 코로나19 사태를 겪으며 드러났다. 미국과 중국, 선진국과 개도국, 민주주의와 권위주의, 민간 주도 모델과 정부 주도 모델, 지구화 질서와 민족주의 질서, 서양과 동양의 가치관 등의 사이에서 형성되는 구조적 갈림길에서 민주적 원칙과 인권 존중을 잃지 않으려는 노력을 펼쳐왔다.

동아시아 경제위기와 팬데믹 사태 등을 겪으며, 공공의 안녕을 위해 개인의 자유를 일부 제약할 수 있다는 공동체적 합의와 이를 뒷받침한 사회적 신뢰가 중요한 변수로 작용했다. 실제로 대한민국은 '개개인의 자유'를 '모두를 위한 자유'로 확장시킨다는 개념도 제시한 바 있다. 여전히 시비가 없지 않지만, 'K-방역'이라는 말이 나오는 이유다.

ESG의 관점에서 대한민국의 중견국 규범 외교를 평가해보자. 환경(E)의 관점에서, 대한민국의 녹색성장 외교는 선진국과 개도국 사이에서 환경과 성장을 동시에 품는 메시지를 국제사회에 발산했다. 사회적 책임(S)의 관점에서도 대한민국은 여러 분야에서 규범 외교의 행보를 보여줬다. 외교·안보 분야에서 PKO 활동을 통한 평화외교의 추진, 개발 협력 분야에서 대한민국형 개발 협력 모델(이른바 KSP)을 제기하기도 했다. 보건안보 분야에서도 대한민국은 글로벌보건안보구상(GHSA)에 적극 참여했다. 최근에는 난민 안보 분야에서 국제사회에 대한 기여의 물꼬를 열어서 제주 예멘 난민 수용 문제나 아프가니스탄 협력자 이송 작전 등의 족적을 남겼다. 거버넌스(G)의 관점에서 본 대한민국의 중견국 규범 외교는 미·중 사이에서 나름대로 독자적인 모델을 제시할 가능성을 남겼다. '서울 컨센서스'로 명명되는 대한민국 모델은 '베이징 컨센서스'에서 시작했지만 '워싱턴 컨센서스'로 이행하는 동태적이고 복합적인 모델로서, 개도국들의 발전모델로 자리매김할 가능성이 있다.

V. ESG 외교전략의 대내적 기반

이상에서 언급한 ESG의 국제정치와 이에 대응하는 중견국 규범 외교의 추진은 대내적으로 국가이익의 재규정을 감내할 국내적 지지기반을 필요로 한다. 왜냐하면, 중견국 규범 외교의 추구는, 많은 경우 글로벌 거버넌스의 참여에서 발생하는 의무를 부담하는 문제로 귀결된다.

결국 해당 비용을 지불할 국내적 합의와 지지가 필요하기 때문이다. 지구화 시대를 맞이해 글로벌 이슈들이 국내체제에 미치는 영향이 늘어나면서 외교정책의 과정에 민간 및 시민사회 행위자들이 기여할 여지가 많아졌다.

이런 구도에서 특정 이슈 영역에서 중견국 규범 외교의 실천이 국제적으로 기대됨에도, 국내 특정집단에 피해를 줄 가능성 때문에 국내적 반대에 봉착하는 상황이 발생할 수도 있다. 이런 점에서 중견국 규범 외교는 약소국 외교의 실리주의와 이에 익숙한 기존 여론의 극복을 과제로 안고 있다. 나아가 중견국 규범 외교는 미래 국가모델에 대한 고민을 담아야 한다. 중견국의 관점에서 외교적 역할과 국익 개념을 재설정하는 과정은 국내정치적 과정이며 동시에 담론적 실천의 과정이다. 그런데, 앞서 언급한 것처럼 우리의 국익을 양보하고 인류에 기여하는 외교를 추진하는 여정에 우리 국민은 얼마나 참여할 준비가 돼 있을까?

이런 맥락에서, 새로운 중견국 규범 외교 구현을 위해서는 단순한 대국민 홍보차원을 넘어, 민간 이해관계자들을 대상으로 이익을 조율할 수 있어야 한다. 즉, '중견국 내교(內交)'의 과정이 필요하다. 또한 외교부 및 정부부처, 중앙-지방정부의 중견국 외교의 추진체계 정비도 수반돼야 한다. 나아가 민간부문, 시민사회, 학계, 언론 등의 네트워크도 구축해야 한다. 궁극적으로는 중견국 규범 외교가 지향할 21세기 미래국가의 시스템 전반과 관련된 새로운 모델이 필요하다.

글 · 김상배

〈참고 문헌〉
김상배. 2014.『아라크네의 국제정치학: 네트워크 세계정치이론의 도전』, 한울.
김상배. 외. 2019.『지구화 시대의 공공외교』, 사회평론.
김상배. 편. 2005.『매력 국가 만들기: 소프트 파워의 미래전략』, 21세기 평화재단 평화연구소.
김상배. 편. 근간.『코로나19와 신흥안보의 세계정치: 팬데믹의 복합지정학』, 사회평론.
김상배 · 김유정. 2016. "지수(index)의 세계정치: 메타지식의 생산과 지배 권력의 재생산."『국제정치논총』
        56(1), pp. 7-46
김상배 · 이승주. 편. 근간.『코로나19의 거버넌스와 중견국 외교: 팬데믹 대응의 국내외 거버넌스』, 사회평론.
김상배 · 이승주 · 배영자. 편. 2013.『중견국의 공공외교』, 사회평론.
손열 · 김상배 · 이승주. 편. 2016.『한국의 중견국 외교: 역사, 이론, 실제』, 명인출판사.

기후변화 대응 지구거버넌스 형성과 미중 전략경쟁: ESG의 국제정치에 대한 함의

신범식

서울대학교 정치외교학부 교수, 러시아정치, 유라시아 국제관계, 환경 에너지 국제정치
서울대학교 아시아연구소 부소장, 러시아 국제관계대학(MGIMO) 정치학 박사, 서울대학교 외교학과

I. 머리말: UNFCCC COP-26 결산이 던지는 질문

영국 글래스고에서 열린 제26차 유엔 기후변화협약 당사국총회(COP-26)가 지난 11월 12일 폐막했다. 이 회의의 성과를 두고 의견이 분분하지만, 역사상 최초로 석탄과 화석연료에 대한 대응을 다룬 언급이 결정문에 포함된 만큼 이번 합의문은 대한민국은 물론 세계 각국의 정책에 다면적 영향을 미칠 것으로 보인다. 이 결정문에 따르면 세계 주요 경제국들은 2030년대까지, 전세계적으로는 2040년대까지 탄소 저감장치가 갖춰지지 않은 석탄 발전을 단계적으로 감축하고, 비효율적인 화석연료 보조금을 단계적으로 중단하기 위한 노력을 가속하기로 했다. 또한, 대한민국을 포함한 100여 개국이 2030년까지 전세계 메탄 방출을 2020년 대비 30% 이상 감축한다는 '국제메탄서약'에도 합의했다.

하지만 이 성과의 이면에는 석탄의 퇴출과 관련해 중국과 인도와 러시아 및 개도국 등 22개국의 반대의 목소리가 있었다. 능력을 고려하지 않고 기후변화의 위험에 처한 빈국들에 대한 충분한 재정적 지원이 뒷받침되지 못한 선진국의 일방적 요구는 '탄소 식민주의'라고 비난했다. 또한, 이번 총회에서도 1.5도 이내 기온 상승 억제 목표를 구해내기는 했지만, 이를 현실화하기 위한 온실가스 감축 목표의 강화는 중국 등의 반대로 이뤄지지 않았다. 이같은 반대 기류는 이번 당사국총회 결과에 대한 매우 부정적인 전망을 쏟아내게 만들었다.

하지만 기후변화 이번 총회에 참석한 중국 셰 화 기후특사와 미국 존 케리 기후특사는 총

회 막바지에 공동선언을 발표하면서 현재 국제사회의 노력이 파리기후변화협약(2015)에서 지구 기온 상승을 산업화 이전 대비 1.5도 이내로 제한하겠다는 약속을 지키기에는 불충분하다는 인식에 따라, 양국의 협력만이 기후 온난화를 막을 수 있다는 점을 강조했다. 이같은 미·중 공동선언 덕분에 26차 당사국총회가 내용상 실패로 끝날 위기를 넘기고 기후변화 대응 협력의 지구적 계기를 지속하게 됐다는 평가는 상당 부분 사실인 것으로 보인다. 하지만 2030년까지의 국가온실가스감축목표(NDC)의 상향 조정 및 국제메탄서약에 중국은 불참 의사를 밝힘으로써, 기후변화 대응과 관련된 미·중 간 협력의 한계와 기후변화 대응 지구 거버넌스(Global Governance)의 여전한 한계를 드러냈다.

상술한 26차 당사국 총의 결산에 대한 짧은 스케치는 오늘날 기후변화 대응 지구 거버넌스가 가지고 있는 국제사회의 분열과 협력 그리고 그 구조를 지탱하는 중심축으로서 미·중 간의 경쟁과 협력의 단면을 적나라하게 보여준다. 이같은 미·중 간의 입장 차이와 나아가 국제사회의 분열적 구도는 어떤 기원을 가지고 있는가? 이런 분열적 구조는 미·중 전략경쟁 때문에 더 악화될 소지가 있는가? 그리고 이런 분열적 양상을 넘어설 수 있는 기후변화 대응을 위한 새로운 지구 거버넌스의 구축을 위한 새로운 접근법이 있다면, 그것은 무엇인가? 이 글은 이같은 질문에 대해 기후변화 대응을 위한 지구 거버넌스의 형성과 변화 가능성을 ESG와의 관련성 속에서 찾아보려 한다.

II. 기후변화 대응을 위한 지구 거버넌스의 형성

기후변화를 논의하기 위해 과학자 및 정책전문가들이 처음 모인 것은 1988년 토론토에서였고, 1988~1991년 사이에 많은 성과가 있었다. 특히 기후변화의 영향에 대한 객관적이며 과학적인 평가를 위해 기후변화 국제패널(International Panel on Climate Change, IPCC)이 설립돼 정기 보고서를 발간했다. 유엔기후변화협약(UNFCCC)의 기본적 목적은 지구적 수준에서의 온실가스의 감축에 있다. 하지만 이 협약은 법적으로 구속력 있는 규정은 아니며, 이 협

[표 1] 신기후체제 형성 관련 미-중 정책 비교

이슈	미국	중국
UNFCCC 의의 다자체제 구성	기본 틀 인정, 연역적 접근	기본 틀 인정, 연역적 접근
책임 분담의 우선순위	공동의 책임 방점 온실가스 다배출국의 책임과 동참	차별화된 책임에 방점 역사적 책임에 따른 선진국의 실천
감축 (Mitigation)	구속력 있는 보편적 기준 선호 측정, 보고, 검증 의무적 체계 강화	국가별 융통성 있는 기준 선호 자발적 감축(예: NAMA체제) 원칙
친환경 기술이전	지적재산권 가치 우선 시장주의적 국제주의 원칙 감축(Mitigation) 기재 강화를 위한 도구	공공재적 가치 강화 공동체주의적 지구주의 적용(Adaptation)기재 강화를 위한 도구
탄소 국경조정	필요 시 적용	적용 반대

약에 참여하는 23개 선진국이 감축 목표의 달성을 위해 노력했다는 점이 긍정적이었다.

1994년부터 발효된 UNFCCC에 192개국이 조인함으로써 기후변화 국제정치의 중심프로세스로 자리 잡았다. UNFCCC 논의의 중심은 당사국총회(COP)인데, 1997년 3차 당사국총회에서 교토의정서(Kyoto Protocol)가 채택되고 2005년 발효됐다. 최초의 구속력 있는 범지구적 기후변화 대응체제를 마련하는 성과였다. 이후 온실가스 배출에 대한 각국의 감축 의무 설정 및 이행방안에 대한 협상이 가속화돼 왔다. 하지만 교토의정서는 선진국과 개도국의 이행 참여 구분으로 인해 기후변화 대응을 위한 보편적 틀을 만들지 못했다는 비판을 받았다.

2007년 인도네시아 발리에서 개최된 제13차 당사국총회에서 교토의정서의 실행계획이 만료되는 2012년 이후의 범지구적 기후변화체제 구축을 위한 협상 프로세스인 '발리 행동계획'이 채택돼 포스트 교토체제 구축을 위한 협상이 본격화됐다. 발리 행동계획은 지구 온난화에 따른 기후변화 문제에 대한 선진국과 후진국의 "공동의 그러나 차별화된 책임(Common but differentiated responsibility)"의 원칙에 따라 선진국과 개도국 모두 "측정 · 보고 · 검증 가능한"감축(Mitigation), 개도국들의 적응(Adaptation), 선진국들의 개도국에 대한 관련 기술 및 재정 지원 등에 관한 원칙을 확정했다. 그리고 2012년 이후의 포스트 교토체제 구축에 대한 협상을 2009년 12월 코펜하겐 제15차 당사국총회까지 완료하기로 결정했다. 세계는 선진국과 개도국을 불문하고, 발리 행동계획 원칙에 따라 새로운 기후변화 대응체제의 구축 및 그에 대한 대응전략 마련이라는 과제를 안게 됐다.

2009년 12월 좌초 위기에 처했던 코펜하겐 당사국총회(COP-15)에서 어렵게 건진 코펜하겐합의문(Copenhagen Accord)에 따라, 선진국의 감축 목표치 및 개도국의 감축 조치 등의 내용을 담은 기후변화대응 국가계획을 미국, 중국, 인도 등 세계 주요국들이 2010년 상반기에 제출했다. 그러나, 이들 국가는 접근법상의 근본적인 차이를 해소하지 못했다. 미국은 이 계획을 교토체제를 대체하는 새로운 기후변화 규칙으로 발전시키려 한 반면, 중국과 인도는 기존 체제의 보완과정으로 이해했다.

이런 분열의 구도는 경쟁적 양상을 띠는 미국과 중국의 입장 차이 표출로 드러났다. 중국은 지속적 성장을, 미국은 보편적 감축체제 구축을 포기할 수 없었다. 이런 입장 차이를 좁히지 않고는 새로운 기후체제 출범은 불가능해 보였다. 그러나 20차 당사국총회를 앞둔 2014년 11월, 오바마 미국 대통령이 중국을 방문해 시진핑 주석과 함께 기후변화에 대한 공동선언문을 발표했다. 이로써 신기후체제 출범의 활로 돌파까지는 성공했다. 그 결과, 12월 리마 당사국총회는 모든 국가가 차기 총회 전까지 국가별 감축 목표(INDC)를 제출하기로 결의했다.

이렇게, 2015년 파리 당사국총회(COP-21)에서 신기후체제를 위한 기본 원칙과 골격에 대한 타협이 이뤄졌다. 선진국과 개도국을 가르는 의무감축 개념을 포기하고, 자발적 감축 원칙에 기초하되 '서약과 검토(Pledge and Review)' 원칙이 부가됐다. 의무감축의 비대칭성을 둘러싼 소모적 논쟁을 넘어 모든 국가가 구체적인 기후변화 행동에 나설 기반을 마련한 것이다. 그 과정에서 미국 트럼프 행정부가 파리협약을 탈퇴하고 화석연료 산업을 지지하면서 기후변화 대응을 위한 지구 거버넌스의 모멘텀을 무산시킬 뻔한 위기도 있었지만, 2020년 바이든 행정부는 임기 첫날 파리협약에 복귀했다.

이처럼 간단(間斷)의 노력을 통해 발전해 온 기후변화 대응을 위한 지구 거버넌스의 형성 과정에는 지속적으로 선진국 대 개도국 및 선진국 대 선진국의 입장 차이가 드러났다. 최근 이런 입장 차이를 심화 및 해소함에 있어, 미국과 중국의 역할이 더욱 중요해지고 있다.

III. 신기후체제와 미·중 전략경쟁

트럼프 행정부 이후 고조된 미·중 간 전략경쟁은 바이든 행정부에서도 계속되고 있다. 기후변화 대응을 위한 지구 거버넌스의 구축을 위해 노력해 온 양국은 전략경쟁의 조건 속에서 이 문제를 직면해야 한다. 바이든 행정부는 유럽이 주도해 끌어온 탄소 중립, 그린뉴딜, 탄소 국경조정 등의 정책을 적극적으로 고려하고 있는 것으로 보인다. 미·중 전략경쟁은 군사력 경쟁은 물론, 무역과 금융 그리고 기술과 이념에 이르기까지 거의 모든 부문에서의 경쟁과 갈등을 수반하고 있다. 따라서 기후변화 대응과 관련해서도 양국은 전략경쟁의 구도 속에서 상호작용할 가능성이 크다. 그리고 이 경쟁의 파장은, 통상(通商) 분야에서 가장 큰 방향으로 연계될 수 있을 것이다.

국경 탄소 조정의 문제는 수출 중심 산업구조를 가져온 중국으로서는 매우 민감한 사안이었다. 사실 미국 트럼프정부 시절 파리 기후협약이 난관을 겪은 이후 중국, 미국, 유럽연합 사이에서 친환경 경제로 이행하기 위한 협력과 공조의 태도는 많이 약화됐다. 이런 과정에서 유럽연합은 탄소세와 탄소 국경조정(탄소 관세)과 같은 경쟁적 무역 메커니즘의 도입을 적극적으로 추진했다.

이런 조치들은 온실가스 배출량을 줄이는 자국의 기업들을 보호하고 감축 노력이 미흡한 역외 국가들에 관세를 부과하는 방식으로 강한 경쟁적 특성을 내포하고 있다. 특히 트럼프 이후 미국 내 정치의 분열상은, 그렇지 않아도 기후문제 해결을 위한 초당적 합의 기반이 취약한 미국의 정책적 수단을 제약할 가능성이 크다. 그럼에도 불구하고 적극적인 친환경 정책을 추구하는 바이든 행정부가 중국의 적극적인 온실가스 감축 노력을 끌어내려면, 동지국가들

(Like-minded states)과 함께 '기후 연대(Climate coalition)'를 구성해 탄소세 및 탄소 국경조정을 적극 추진함으로써 중국을 압박해야 한다는 주장에 힘이 실리고 있다.

그러나 이를 수용하기에는, 현재 미국의 국내정치 구조 속에서는 어려움이 많다. 특히 최근 공화당-민주당 사이의 분열은 미국 국내정치의 복원성에 심각한 우려를 제기하고 있다. 이런 상황에서 바이든의 신기후 이니셔티브에 대한 성공도를 전망하기 어렵다. 또한 EU가 적극 추진 중인 탄소세 및 탄소 국경조정이 국제 통상에 영향을 주기 시작하면, 중국과 미국은 기후변화와 관련해 협력보다 경쟁적 구도를 취하게 될 가능성이 크다. 그렇게 되면, 미·중 전략경쟁과 결부되면서 양국 무역 관계뿐만 아니라 전반적인 관계 악화로 이어질 수 있다.

친환경 기술개발과 표준 설정의 문제 또한 미·중 경쟁과 대립이 예상되는 지점이다. 바이든 행정부는 탄소 중립정책으로 신재생 에너지 산업을 육성할 계획을 추진하고 있지만, 이 계획의 실현을 위해 필요한 설비와 시설은 중국으로부터 수입하지 않고 자체 생산품을 통해 조달함으로써 궁극적으로는 관련 설비들에 대한 자체 생산력 강화를 목표로 한다. 중국은 재생에너지 산업, 특히 태양광 패널, 풍력발전용 터빈, 천연가스 등에 적극적으로 투자해왔다. 그러나, 아직 중국경제는 석탄 의존성이 높다. 따라서 중국이 자발적으로 탄소 배출량 감축을 위해 노력한다는 것은 기대하기 어려운 현실이다.

중국이 일대일로 정책을 통해 원조하는 국가들이 온실가스 배출을 야기하는 석탄발전소 건설에 투자하는 것에 대해, 바이든 미국 대통령은 "이는 기후변화 대응을 위한 국제적 노력에 역행하는 것이며, 결국 그린워싱(Green washing; 친환경 위장)에 불과하다"라고 비판했다. 중국의 친환경 정책과 신기후체제 적응을 위한 노력도, 중국 공산당의 다른 지정학적 목표들이 달성돼야 실현 가능할 것이다. 따라서 친환경 기술과 관련해 표준 제정에서 중국의 기업 활동을 저해하는 방향으로 설계될 경우, 환경분야에서의 미·중 갈등은 고조될 가능성이 크다. 특히 새로운 기준의 설정과정에서 기업의 ESG 공시기준을 미국 등 서방에 유리하게 설정할 경우, 이는 또 다른 미·중 전략경쟁의 전선으로 번질 수 있다.

IV. 기후변화 대응과 ESG의 국제정치

파리협약 이후, 이른바 '필(必)환경의 시대'가 도래했다. 이는 '적응(Adaptation)'을 위한 후발국 및 개도국들의 역량을 배양하기 위해 선진국들의 자금과 기술의 지원이 절실하다는 것을 의미한다. 이번 당사국총회(COP-26)에서 참가국들은 2025년까지 기후변화 적응기금을 2019년 대비 2배로 확대하기로 했다. 하지만 선진국들이 이미 약속한 1천억 달러의 기후기금 마련도 지켜지지 않은 상태다. 선진국과 개도국들 사이의 입장의 차이는 여전히 해소되지 않고 있다.

이처럼 유엔 체제에서의 기후변화 대응 노력이 지체 중인 상황은, 새로운 동력에 대한 갈증을 촉발하고 있다. 특히, 기업들의 참여 확대를 통해 시장의 힘을 개입시키려는 전략의 중요성이 주목 받고 있다. 지구 거버넌스 발전과정에서 기업의 역할을 강화하자는 것이다. 기업을 대상으로 하는 기후변화 대응 규범을 제정함으로써 시장원리에서 기인하는 동력을 통해 지구 거버넌스를 강화하기 위한 노력이 시작된 것이다. 여기서 가장 중요한 것은 기준 설정의 문제다.

본래 유엔기후협약(UNFCCC)의 당사국총회(COP)는 그야말로 국가가 중심이 돼 국제적 협력을 논의하는 국가 간 상호작용의 틀이다. 하지만 이 당사국총회의 과정에는 각국 정부 대표들의 회의 못지않게, 다양한 비정부기구들의 활동들이 주목 받고 있다. 이런 과정은 기후변화 대응의 동력 창출에 있어, 국가 수준의 노력 못지않게 정부 이외의 다양한 행위자들, 특히 기업이나 지자체 그리고 비정부기구 등의 역할이 지니는 중요성을 반영한다.

특히 이번 글래스고 당사국총회(COP26)에서는 세계 150개국에서 사용되는 회계기준을 만든 '국제회계기준 재단(IFRS)'이 기업들을 위한 국제적으로 통일된 환경 · 사회 · 지배구조(ESG) 지속가능성 공시기준을 제정할 "국제지속가능성 기준위원회"(ISSB)를 2022년 6월까지 설립하겠다고 발표한 대목은 주의를 요한다. 사실 지속가능 성장을 위한 기업의 환경 · 사회 · 지배구조(ESG) 정보와 관련된 공시기준을 다양한 기관과 단체들이 만들어 왔기에 비교가능성과 일관성이 부족했던 것이 사실이다. 따라서 기후변화 문제에 한층 초점을 맞춰, 국제적 공시기준을 제정한다는 것은 인류의 새로운 과제로 다가온 기후변화 문제 해결을 위한 민간 차원의 새로운 동력을 일으킬 계기가 될 수 있다.

새로운 국제적 기준의 제정은, 그 자체가 고도의 국제정치적 작업이다. 기후변화 대응 관련 기업들을 위한 새로운 국제적 공시기준을 제정하려는 노력은, 비교적 최근 탄력을 받은 작업이다. G20 재무장관 및 중앙은행 총재의 요청에 따라 금융안전위원회(FSB)는 2015년 9월에 공공 및 민간부문의 대표들과 함께 기후변화 문제가 금융에 미치는 영향을 검토하고, 12월에는 금융시장 참여자들이 기후변화 관련 위험을 인지하는데 필요한 정보공개에 관한 권고안을 마련하는 태스크포스를 설립했다(https://www.fsb-tcfd.org/publications/).

이 금융 정보공시에 관한 태스크포스(Task Force on Climate-related Financial Disclosures, TCFD)의 권고안이 상기 ISSB가 마련할 새로운 기준의 토대가 될 것으로 예측되고 있다. 이 권고안은 온실가스 배출량과 관련된 최대한의 정보공시를 권고하고 있다. 권고 범위에는 기업의 연료 사용 등 직접배출량(Scope 1), 타업체가 생산한 전기를 공급받는 등의 간접배출량(Scope 2), 부품 조달 등 전체의 거래망에서 발생하는 배출량(Scope 3)이 포괄돼 있다. 나아가 기업의 기후변화 대응을 위해 제3자가 검증한 과학적 근거에 기반한 기업의 목표를 설정하고, 기후변화 대응 관련 기업지배구조 및 리스크 관리에 대한 공시 의무도 부과하는 것을 권고했다. 이는 국제사회의 기후변화에 대한 금융의 접근이 매우 구체적이고 엄격해지고 있음을 보여준다.

이런 움직임과 관련해, 국내 기업들은 전반적으로 반대 입장을 보이는 것으로 알려졌다. 전국경제인연합회는 기후변화 대응이나 탄소 중립과 같은 비재무 정보의 정보화는 상당한 가정 및 추정의 개입이 불가피하므로, 지속가능성 관련 공시는 기업의 자율에 맡겨야 한다는 의견과 함께 IFRS의 지속가능성 공시기준 제정에 대한 반대 입장을 표명했다. 그러나 현재 환경 관련 공시기준은 제각각이라 비교가 불가한 상황이다. 즉, 소비자에 투자자에게 기업들의 기후변화 대응에 대한 비교의 준거, 통일된 기준을 제공할 필요가 있다. 통일된 기준은 소비자와 투자자의 판단에 큰 도움을 주며, 기업의 경영방식을 바꾸는 게임체인저가 될 것이다. 궁극적으로 기후변화 대응에 있어서 새로운 동력을 창출할 것이라는 기대가 높다.

기후변화 대응을 위해 기업들의 신재생에너지의 사용을 장려하기 위한 RE100(Renewable Energy 100%)과 같은 이니셔티브도 이런 움직임의 일종으로 볼 수 있다. 이는 2014년에 기후그룹(The Climate Group)과 탄소 공시기획(Carbon Disclosure Project)이 연합해 개최한 2014년 뉴욕 기후주간에서 처음 발족됐다. 100% 재생에너지 전력의 사용을 약속한 기업들이 재생에너지의 수요와 공급을 증대시키기 위해 협력하는 것이다. 이런 움직임은 지구적인 에너지 전환을 가속화하고 저탄소 미래를 앞당기는데 크게 기여할 것으로 기대된다.

이처럼 민간이 추동하는 국제적 환경인증 제도에 대해, 중국과 인도, 러시아 등의 국가들은 전반적으로 긍정적인 반응을 보이고 있다. 우선 중국의 경우 ESG 관련해 정부 차원에서 발빠른 대응을 보이고 있다. 인도의 무디 총리도 ESG 솔루션을 최근 발표했다. 중국에는 화정지수, Havest Fund, 사회가치투자연맹, SynTao Green Finance 등과 같은 ESG 관련 평가기관도 설립돼 있다.

하지만 표준화된 평가체계와 법제의 정비가 미비한 것으로 알려져 있다. 세계경제포럼의 〈ESG 보고〉는 중국이 효과적인 보고체계를 제정해 비교 가능한 탄소 배출데이터와 기후변화 대응 실행 정보를 제공할 경우 중국이 빠른 속도로 저탄소 녹색성장의 기반을 마련할 수 있을 것으로 예상한다. 또한, 중국의 ESG 투자에 관한 관심은 매우 높은 것으로 알려졌다. 특히 중국의 금융업은 녹색 금융부문에서 두각을 나타내고 있다. 하지만 녹색 정의 표준의 통일, 환경 및 기후 리스크 관련 정보와 데이터의 상대적 부족이나 녹색 금융상품 구조의 통일 등과 같은 문제해결이 시급하다는 평가가 나오고 있다.

흥미로운 사실이 하나 있다. ESG와 같은 표준경쟁이, 국가가 주도하는 거버넌스 형성의 구조가 아닌 기업들의 참여와 경쟁 구도 속에서 이뤄질 때, 경쟁의 양태와 강도, 해법이 기존과 다른 양상을 보인다는 점이다. 서방 기업들뿐만 아니라 지구적 경쟁력을 지향하는 중국, 인도, 러시아 그리고 비 서방권 기업들은 모두 새로운 변화와 기준에 적응하고자 적극적으로 노력하고 있다. 물론 ESG 관련 지구적 통일기준의 마련이라는 도전은 적지 않은 저항을 불러일으킬 수도 있다. 하지만 이는 국가 간의 갈등과 같은 양상으로 가기보다 표준 설정의 경쟁 과정에 대한 영향력 확보와 특수한 상황에 대한 반영 등과 같은 민간 부문의 노력과 각축의 형태로 나타날 가능성이 크다.

이처럼 정부 차원에서 조직해 나가는 국제적인 협력 기재 이외에 민간 차원에서 추동해 나가는 지구적 협력 기재의 구성은 기업을 비롯한 민간 분야에서의 기후변화 대응에 대한 참여와 동력을 고양시킬 수 있으며, 국가 간의 직접 충돌이 아니라 기업 간 경쟁 속에서 동력을 창출한다는 장점이 있을 수 있다.

이같은 민간부문에서의 협력과 경쟁 기재의 발전은 공적 부분과의 결합 속에서 더 큰 시너지를 발휘할 수 있을 것으로 기대된다. 코로나로 인해 1년 연기돼 대한민국이 주최했던 2020 P4G(Partnering for Green Growth and the Global Goals 2030) 정상회의는 이런 가능성을 확인하는 계기가 됐다. 코로나19 극복을 위한 녹색 회복 및 기후위기 극복을 위한 각국의 적극적 온실가스 감축 노력의 중요성을 확인하면서, 5대 중점분야(식량·농업, 물, 에너지, 도시, 순환경제)에서의 민관협력을 촉진하고, 지속가능발전목표(SDGs) 달성과 파리협정 이행을 가속하려는 의지를 재확인했다.

그 외에 금융, 지자체 역할, 공정한 전환 분야에서의 민관협력을 강화하고, 이같은 변화를 위해 미래 세대의 의미와 중요성을 강조했다. 이처럼 P4G 정상회의는 민관협력에 기초한 실용적 방법에 기반한 기후변화 대응 노력이라는 특징을 지닌다. 이런 구도 하에서 민관협력을 바탕으로 다양한 사업을 개발하고, 저탄소 기술을 기반으로 성공적인 사업을 발굴하고 사업적 성과를 도출해, 대규모 투자를 유도함으로써 일자리 창출과 경제적 주도권을 창발하는 구도는 기후변화 대응을 위한 민관협력의 종합적 전략을 세울 수 있게 했다.

이는 결국 '시장 (원리)'로부터 친환경 동력을 창출하고, 이를 기업의 이익으로 연계해 경제적 효과와 사회적 효과를 동시 충족시키는 원리의 창출이 ESG 국제정치 설계의 핵심적인 개념이 돼야 한다는 점을 잘 보여준 사례다. 결국, 민간 차원에서 형성되는 기후변화 대응의 동력은 기후변화 대응 지구 거버넌스의 형성 과정에서 정부의 동력에 시장원리를 결합함으로써 위로부터의 추동력과 아래로부터의 추동력이 함께 엮어내는 기후변화 대응을 위한 지구 거버넌스의 질적 변화를 추동하는 계기가 될 것이다.

V. 맺음말: 포용적 협력적 ESG의 지구 거버넌스를 향해

ESG는 실상 기존 '기업의 사회적 책임' 논의와 기후변화 대응을 위한 지구적 노력을 포용하는 '지속가능성'의 필요성을 그 바탕으로 한다. 이 두 가지가 함께 수렴되면서 이를 지구적(국내+국제) 표준 설정과 동력 창출로 연결하려는 흐름 속에 등장한 것이 ESG관련 논의라고 볼 수 있다. 그러나, '기준의 설정과 측정 설정' 문제는 여전히 논쟁적 과제로 남아 있다. 특히 ESG 과정이 서방주도형 기업 체제로 진화할 가능성이 커 보인다. 따라서 공정성의 시비 위험이 상존하고 있다.

따라서 ESG를 기후변화 대응, 사회적 기여 그리고 지배구조에 대한 기업의 의무관련 기준 설정으로 이해하는 데 그치기 보다는, 국제정치의 측면에서 바라보고 발전시키려는 노력이 필요하다. 특히 미·중 간의 전방위적인 전략경쟁이 진행되고 있는 현시점에서 ESG 기준의 설정이 배제적인 성격으로 치달으면서 갈등을 격화시킬 가능성이 커 보인다. '내편 모으기 게임'을 넘어 포용적 과정의 창출이 긴요한 시기다. 다행히 환경과 기후변화 이슈는 미·중 협력 가능성이 비교적 큰 부문이다.

따라서 ESG의 기준 설정 과정을 국제정치적으로 적용해 기후변화 대응을 위한 지구 거버넌스에 기여하는 방향으로 이끌어야 한다. 특히 선진국과 후발국 사이의 빈부격차를 해소하기 위한 경제발전목표들(SDGs)에 대한 고려까지도 포용해 낼 수 있어야 할 것이다. 이 과정은 지구 거버넌스의 협력적 진화의 동력을 새롭게 창출하는 과정이 돼야 한다. 이를 위해 민관파트너십의 구축과 동지국가의 연대 그리고 네트워킹의 기반의 중견국 외교를 전략적으로 결합해 활용하는 정책이 긴요할 것이다.

앞서 살펴본 바와 같이 기후변화 대응 지구 거버넌스의 형성과 관련해 가장 갈등적 측면은 탄소세 및 탄소 국경조정 문제를 놓고 벌이는 싸움으로 나타날 가능성이 커 보인다. 이 갈등을 풀어나가는 방식은 정부 간 갈등의 구조로는 해결하기 어려워 보인다. 민관의 협력적 구조 속에서 이런 갈등을 풀어갈 해법을 찾아볼 필요가 있다. 이 과정에서 ESG의 지구적 표준을 설정하는 작업에서 폭넓은 의견의 수렴과 국제적 합의의 과정을 최대한 준수하는 것은 필요하다.

하지만 이는 시장원리에 기반한 표준의 설정에 대한 합의이기 때문에 기존 기후변화의 국제정치에서 나타난 지정학적 갈등의 가능성은 상대적으로 낮다. 그럼에도 불구하고, 미·중 전략경쟁이 고조되고 있는 상황이 이런 과정 자체를 경쟁적 구도 속에 몰아넣을 가능성을 완전히 배제하기는 어렵다. 결국, 이는 환경의 지구 거버넌스가 얼마나 민주적이고, 미래적인가라는 문제를 제기한다.

이런 의미에서 기후변화 대응을 위한 지구 거버넌스와 관련해 ESG의 표준 설정은 다음과 같은 원칙들을 내포하는 과정이어야 할 것이다. 우선, 환경(E)과 관련해, "공동의 그러나 차별화된 책임"의 원칙과 "지속가능 개발목표"가 중요하다. 이것이 중요한 출발점이다. 다음, 사회(S)와 관련해, 개도국 및 후발국들의 기후변화 대응 역량과 준비를 위한 지원 체제 구축, 배제의 국제정치가 아닌 포용의 국제정치가 작동하는 거버넌스 구축을 통한 공존과 공진의 진화가 필요하다. 끝으로, 거버넌스(G)와 관련해 신기후체제, 필환경 시대의 민관파트너십 구축을 통한 민주적·미래적 지향이 중요하다.

이 과정에 미국, 중국을 비롯한 강대국의 게임만 있는 것은 아니다. 중견국 외교의 역할도 중요하다. 코펜하겐 당사국총회(COP-15) 이후 선진국과 개도국 사이의 대립이 심화됨에 따라 지구 거버넌스 변혁의 추동력을 찾지 못하던 시기에, 대한민국은 중요한 역할을 했다. '환경 건전성 그룹(EIG)'의 결성과 중재적 노력을 위한 논의를 주도하고, 국가별 능력을 고려한 감축 목표의 선언과 등록(NAMA Registry)에 대한 제안을 통해 의무감축의 경직성을 피하면서 보편적 동참의 가능성을 여는 개념적 발전에도 기여한 것이다.

대한민국은 또한, 주요 20개국(G20) 정상회의, P4G 등의 경험을 바탕으로 중개외교, 가교외교, 민관협력 외교를 통한 지구 거버넌스의 발전과정에도 크게 기여했다. 따라서 현재 진행 중인 기업 중심 ESG의 표준 설정 과정에서도, 대한민국은 동류 국가 연대를 통한 ESG의 지구 거버넌스의 형성 과정을 배제적, 대립적 구도가 아니라 포용적, 협력적 구도로 이끌기 위해 노력해야 할 것이다.

글 · 신범식

〈참고 문헌〉
신범식. 2011. "기후변화의 국제정치와 미-중관계."『국제정치논총』51권 1호, 127-158.
신범식 외. 2018.『지구환경정치의 이해』. 서울:사회평론아카데미
오경택. 2014. "중국의 기후변화 외교: 미·중 협력을 중심으로."『중소연구』38권 1호, 47-74.
최원기. 2017.『미국 트럼프 대통령의 파리 기후협정 탈퇴: 배경과 전망』. 주요 국제문제분석 No. 2017-22. 서울: 국립외교원 외교안보연구소.
최동주 and 조가희. 2017. "신자유주의적 제도 주의로 본 미국과 중국의 기후변화 협력."『국제지역연구』21권 4호, 131-154.
Belis, David, Paul Joffe, Bart Kerremans, and Ye Qi. 2015. "China, the United States and the European Union: Multiple Bilateralism and Prospects for a New Climate Change Diplomacy." Carbon & Climate Law Review 9(3): 203-218.
Cui, Shunji. 2018. "China-US Climate Cooperation: Creating a New Model of Major-Country Relations?" Asian Perspective 42(2): 239-263.
Ewing, Jackson. 2021. "Pathways for U.S.-China Climate Cooperation Under the Biden Administration." In From Trump to Biden and Beyond: Reimagining US-China Relations, edited by Earl A Carr Jr., 111-129. Singapore, Springer Singapore Pte. Limited.
Lazard, Olivia. 2021. "Redesigning the Transatlantic Relationship to Face the Climate Crisis - Working With the Biden Administration: Opportunities for the EU." Carnegie Europe (January 26).
Lewis, Joanna I. 2020. "Toward a New Era of US Engagement with China on Climate Change." Georgetown Journal of International Affairs 21: 173-181.
Smith, Paul J. 2016. "Energy Security and the US-China Dyad: Is Sustained Energy Cooperation Possible?" Journal of Energy & Natural Resources Law 34(4): 417-441.

ESG와 세계정치경제질서: 기업, 국가, 글로벌 거버넌스

이승주

중앙대학교 정치국제학과 교수
국제정치경제학, 일본 정치, 동아시아 정치, 싱가포르 국립대학교 정치학과 교수
버클리대학교 정치학 박사, 연세대학교 정치외교학과

지속가능한 발전의 세계정치경제: 존재적 위협의 대두와 ESG

21세기 세계정치경제는 불확실성으로 점철되고 있다. 불확실성은 격변으로 이어지곤 했다. 지속가능한 발전이 세계정치경제의 오랜 화두가 된 이유다. 최근 기후변화로 인한 자연재해의 증가, 코로나19 등 팬데믹의 발생, 세계화와 경제 통합의 진전에 따른 경제적 불평등의 확대가 동시다발적으로 발생했기 때문이다. 이런 현상은 하나의 변화가 다른 변화와 긴밀하게 연계돼 파급 효과가 기하급수적으로 커지고 있다는 점에서 지구적 차원의 '존재적 위협(Existential threat)'이다. 기업도 예외는 아니다. 이 존재적 위협이 커질수록, ESG에 대한 주목이 높아지고 있다.

2019년부터 2020년까지 불과 1년 사이에, ESG 투자 규모는 210억 달러에서 511억 달러, 약 2.43배로 증가했다. 전문가들은 2025년 53조 달러, 2030년 1조 달러까지 증가할 것으로 예측하고 있다. 이는 이제 기업의 ESG 정책이, 투자 결정에 있어서도 중요한 요소로 자리매김 했음을 보여준다. 거시적 차원에서 ESG는 기업이 주변 환경과 유리된 채 독자적 노력만으로 성과를 거두기 어려우며, '지속가능한 발전'이라는 세계 정치·경제적 과제와 불가분의 관계에 있다.

그런 면에서 ESG는 기업이 장기적이고 포용적 이익을 추구하게 함으로써, 기업 자신은 물론 국가와 지구적 차원의 지속가능성을 제고할 수 있다는 확장된 담론으로 진화하고 있다.

ESG는 기업의 장기적 생존의 토대를 강화하는 동시에 SDGs의 세 가지 주제인 '지구,' '인간,' '번영'에 기여하는 접점으로 세계정치경제와 맞닿는다.

ESG는 선택의 시대를 지나 필수의 시대로 이동하고 있다. 더 이상 '하면 좋은' 것에 그치지 않고, '해야만 하는' 것으로 자리매김하고 있는 것이다.

나아가 환경적(Environmental), 사회적(Social) 그리고 지배구조(Governance)의 요소 중 하나만으로도 충분했던 시대에서 세 가지 모두 필수적인 시대로 이동하고 있다. 또한, ESG와 국가전략의 연계 가능성을 신중하게 탐색해야 할 이유가 점증하고 있다. EU가 환경보호를 위해 '그린 디지털 기술(Green digital technologies)'의 활용계획을 발표한 것은, 국가전략 차원에서 디지털 전환과 지속가능성을 결합한 대표적 사례다.

세계화의 역설(Globalization paradox)과 ESG

ESG와 SDGs는 신자유주의를 바탕으로 급속하게 진행된 세계화와 경제통합에 대한 비판적 자성에서 비롯됐다. 세계화는 경쟁을 지구적 차원으로 확대함으로써 생산성과 효율성을 높인 한편, 노동자는 물론, 기업과 정부까지 '바닥치기 경쟁(Race to the bottom)'로 몰아넣었다. 영원할 것 같던 바닥치기 경쟁은 '지속가능성'이라는 벽에 부딪혔다. 국내적으로는 경제적 불평등이 심화되면서 사회적 분열과 정치적 양극화를 초래했다. 신자유주의적 세계화의 국내적 토대가 뿌리부터 흔들리기 시작했다.

국내적 위기는 대외적 차원에서 '초불확실성의 시대(The Age of Hyper-Uncertainty)'를 앞당겼다(Eichengreen, 2016). 2008년 글로벌 금융 위기, 그리스 재정 위기에서 촉발된 유로존의 위기, 2016년 영국의 브렉시트 결정, 2018년 미·중 무역 전쟁은 자유주의적 국제질서를 내부에서 뒤흔든 이 4개의 사건에는 공통점이 있다. 세계화에 대한 국내정치적 불만에서 비롯됐다는 것이다. 이는 국내적 안정을 도외시한 세계화는, 더 이상 지속가능하지 않다는 선언과도 같았다. 자유주의적 국제질서 속에서 민주주의와 세계화 사이의 미묘한 균형이 깨지는 '세계화의 역설(Globalization paradox)'이 현실화된 것이다.

세계 각국은 시장 메커니즘의 작동을 위해, 자국의 상황을 반영한 제도를 구성했다. 그러나 자본주의적 다양성이 세계화에 따른 경제통합에 걸림돌이 되므로, 민주주의와 초세계화(Hyper globalization) 사이에 근원적인 긴장관계가 형성됐다. 이는 세계정치경제질서의 초불확실성을 획기적으로 증긴시켰다. 소불확실성은 기업의 존재적 기반을 흔드는 것이므로, 과거와 같이 단기적이고 배타적인 이익 추구만으로는 장기적 생존을 보장할 수 없다는 위기의식이 팽배해졌다.

여기까지, ESG가 등장하게 된 세계의 정치적·경제적 배경이다.

표준 확산과 ESG

어떻게, ESG는 단기간에 확산될 수 있었을까? 이 질문에 답하려면, 정책과 제도의 확산이라는 관점이 필요하다. 전통적인 국제정치이론의 시각에서 보면, ESG는 강대국과 그 통제 하에 있는 국제기구가 개도국을 상대로 직간접적인 압력을 행사함으로써 확산시킨, 또 하나의 서구적 기준이다. 1980년대 중반 이후 워싱턴 컨센서스(Washington consensus)와 IMF 프로그램은 주로 위기에 처한 개도국을 대상으로 시행되는 사례가 많았다. 위기에 처한 국가로서는 직간접적인 압력을 느낄 상황이었음을 감안하면, 권력 정치(Power politics)의 성격이 잘 드러난다. 전통적 국제정치의 시각에서 보면, ESG는 강대국이 다른 국가들에 자신의 기준을 부과하는 또 하나의 수단이다.

그러나 ESG의 핵심 행위자는 국가가 아니므로, ESG의 확산은 전형적인 강대국 정치의 산물이라기에는 무리가 있다. ESG는 공식 제도라기보다는, 민간 행위자들이 채택한 비공식 자율 규제의 성격이 강하다. 따라서 국가는 ESG 도입을 위한 정책 환경의 제공자는 될 수 있으나, 도입의 주체가 되기는 어렵다. ESG의 확산 과정을 보더라도 선진국 기업과 투자자들이 수립한 표준과 제도를 개도국들이 자발적·선제적, 때로는 경쟁적으로 도입하는 과정에서 ESG

가 확산되거나, 유사한 위치에 있는 국가들의 ESG 도입 실험의 결과를 학습하는 과정에서 전세계적으로 확산됐다고 보는 것이 타당하다.

따라서 ESG는, '초국적 비국가 행위자가 주체가 된 비공식 제도의 확산'이라 할 수 있다. 물론 비공식 제도도 정치적 진공상태에서 확산되지는 않는다. ESG가 비교적 짧은 기간에 다수의 국가로 확산될 수 있었던 것은 표준 또는 제도가 전파될 수 있는 초국적 네트워크(Transnational networks)가 형성돼 있었기 때문이다(Singer, 2007). 표준 확산을 주도한 국가들이 형성한 초국적 네트워크 속에서 초국적 비국가 행위자들이 상호작용하고, 그 과정에서 ESG라는 기준이 내면화된 것이다(Finnermore and Sikkink, 1998). 이것이 ESG의 '초국적 정치적 맥락(Transnational political context)'이다.

코로나19, 디지털 전환(digital transformation), ESG

코로나19는 기업, 국가, 나아가 세계 경제의 복원력과 지속가능성을 위협하는 격변이다. 전세계적인 코로나19 팬데믹 속에서 초국적 협력이 그 어느 때보다 절실했으나, 세계 각국은 자국 우선주의의 유혹을 뿌리치지 못했다. 더욱이 코로나19는 그동안 사회 저변에서 축적된 각종 문제를 표면화시켰다. 코로나19 이후 사회적 박탈 수준은 1980년대 수준으로 회귀했다(UNDP 2020).

백신 접종률이 높아지면서 세계 각국은 '위드 코로나'와 함께 코로나19 이전의 일상으로 복귀하려고 하나, 코로나19는 SDGs의 달성에 큰 차질을 초래했다. 이에 따라, 2030년 시한을 달성하지 못할 수도 있다는 우려가 제기되고 있다. 지구적 차원의 SDGs가 진정한 시험대에 오른 순간이다. 초국적 협력을 위한 정부 간 협력은 약화된 반면, 시민과 기업의 역할은 더욱 중요시되고 있다. 팬데믹과 같은 초유의 위기를 극복하려면, 혁신적 재원을 조달하려면 시민과 기업의 역할이 필수적이라는 인식이 확산된 것이다.

코로나19의 확산이 디지털 전환을 가속화하고 있다는 것은, 이제 주지의 사실이다. ESG는 지속가능성과 디지털 전환의 교차지점에서 새로운 가치를 창출할 것이라는 전망에 주목한다. 양자의 유기적인 결합과 활용에 성공한 기업은, 그렇지 못한 기업에 비해 향후 약 2.5배 높은 성과를 낼 수 있다는 보고가 있다(Macchi, 2021). 아직 제한적이지만, 유럽이 ESG와 디지털 전환을 연계하는 '쌍둥이 전환(Twin transformation)'을 추진하는 이유다. 쌍둥이 전환을 위해서는 새로운 사업이 가능성뿐 아니라 사회적 노선에 대한 대응 차원에서 생태계 기반의 비즈니스 모델 수립이 핵심이다.

쌍둥이 전환이 해결할 과제는 만만치 않다. 지구에는 아직도 디지털 기기에 '비연결' 상태인 인구가 36억에 달한다. 이들 '비연결 인구'는 개발도상국에 집중돼 있다. 이런 간극을 누가, 무엇이 좁혀줄 것인가? 초국적 협력을 위한 전통적인 리더십이 현저하게 약화된 가운데, ESG에 거는 기대가 커지고 있다.

국가 귀환의 정치경제와 ESG

기후위기, 팬데믹 사태, 디지털 전환, 경제적 · 사회적 · 정치적 불평등 심화 등의 문제를, 기업이 해결해주리라 기대하게 된 상황이 흥미롭다. 이런 문제들은 전통적으로 국가의 영역이었다. 사회적 합의를 바탕으로 해결책을 찾아야 하는 문제들이기 때문이다. ESG의 확산은 사회적 문제 해결에 있어 주요 행위자였던 정부의 역할을, 기업이 대체하게 됐다는 사실을 시사한다.

ESG의 급속한 확대는 환경 및 사회문제를 해소하는 정부 능력에 대한 신뢰 저하와 밀접한 관련이 있다. 성숙한 민주주의 국가에서조차 스트롱맨(Strong man, '독재자', '괴력을 지닌 자'라는 뜻을 지닌 단어. '독재자'만을 뜻하는 단어로는 Dictator가 있음-편집자 주)에 대한 선호도가 커지고, 대중주의(Populism)가 부상하고 있다. 이런 민주주의의 위기는, 국가의 문제해결 능력에 대한 신뢰의 상실을 보여준다(Foa and Mounk, 2016). 국가에 대한 실망과 불신은, 광범위한 사회적 문제 해결 주체를 정부에서 기업으로 이동시켰다. 특히 ESG 중 'E'와

'S'의 부상은 정부 실패의 이면이다.

한편, 21세기 전환기에 국가의 역할이 재조명되고 있다. 우리는 코로나19 팬데믹이라는 특수상황에 대한 대응과정에서 그 단초를 이미 경험했다. '추적-검사-처치'로 요약되는 코로나19 방역은, 시민의 일상과 사생활에 정부가 깊이 개입하는 계기가 됐다. 서구 유럽 민주주의 국가도 예외는 아니었다. 코로나19 상황이 악화됨에 따라, 국경과 도시가 반복적으로 봉쇄됐다. '국가의 귀환'인 셈이다. 코로나19 이후 '비정상의 정상화'가 우려되는 이유다.

최근 공급망의 불확실성 증대와 미·중 전략경쟁은 기술 경쟁 또한 국가의 역할을 증대시키고 있다. 반도체 공급 부족 사태에서 나타나듯이, 미국뿐 아니라, 중국, 일본, EU 등 주요국들은 단기적으로는 공급망의 불확실성을 해소하고 중장기적으로는 반도체 생산의 자급력 증대를 위해 노력 중이다. 주요국 정부들은 자국 산업에 대한 지원과 보호를 확대하고 있다. 한 때 쇠퇴해 사라진 듯했던 '산업정책의 귀환'이다(Wade, 2012).

중국과의 전략경쟁은 산업정책을 정당화하는 요인으로 작용했다. 중국의 산업정책과 군민 융합에 대응해 미국, EU, 일본은 산업정책을 재구성하고 있다. 그 결과 산업정책을 고리로 한 국가와 기업 사이의 '회색 지대'가 확산되고 있다. 지구적 차원의 지속가능한 발전을 위한 민관협력은 ESG의 관점에서도 필요하다. 그러나, 과연 주요국들은 산업정책을 고리로 한 정부-기업 관계의 융합을 ESG의 평가요소에 어떻게 반영할 것인가? 주목할 부분이다.

미·중 전략경쟁의 새로운 차원: 기업 거버넌스

투자자 요구가 증가하면서 중국에서도 ESG의 도입이 가속화되고 있다. 2013년 ESG관련 정보를 공개한 CSI300기업은 54%였는데, 2019년 이 수치는 85%까지 증가했다. 이처럼 중국의 ESG 정보공개가 확대되는 원인은 무엇일까? 2021년까지 정보공개를 의무화한 정부 규제, 2060년 탄소 중립을 선언한 시진핑 정부의 정책, 외국 기업의 요구 증가 등을 들 수 있다 (Tan, 2020).

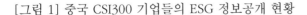

[그림 1] 중국 CSI300 기업들의 ESG 정보공개 현황

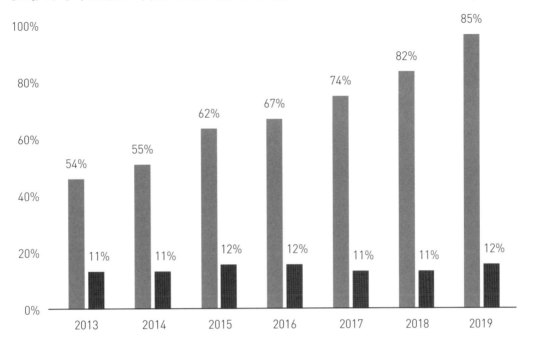

■ Percent of companies with ESG reports

■ Percent of companies with audited ESG reports (out of thoes with ESG reports)   출처: Tan (2020).

그러나 자료를 공개한 중국 기업들 중 회계감사 보고서를 제출한 기업은 약 12%에 그치는 등 세계적 추세와는 거리가 있다. 2020년 기준 ESG 점수를 구성하는 19개 지표 중 약 절반 정도가 공개됐고, ESG를 주제로 한 펀드의 규모가 2019년 약 50% 증가했다(Tan, 2020). 중국이 ESG를 신속하게 확대하고 있는 것은 사실이나, 아직 주요국에 비해 공개의 범위와 수준은 떨어진다.

전략경쟁 과정에서 미·중 양국 정부는 상대국 기업에 대해 직접적 공세를 취함으로써, 지정학적 경쟁에 따른 사업환경의 불확실성이 대폭 증가했다. 이 불확실성은 미·중 양국 기업은 물론, 제3국 기업에도 큰 리스크로 작용한다. 전략경쟁을 전개하는 가운데 미·중 정부는

ESG와 대전환의 시대

상대국 기업의 거버넌스에 중대한 문제를 제기했다. 미국 정부가 화웨이의 지배구조가 불투명할 뿐 아니라, 더 나아가 중국 공산당과의 연계가 의심된다는 비판을 제기한 것이 대표적인 사례다. 이는 장기적으로 전략경쟁이 격화됨에 따라, ESG의 주요 기준들 중 하나인 기업 거버넌스에 대한 지정학적 영향력 증가 가능성을 시사한다. 지정학적 영향력에 비례해, 거버넌스에 대한 기업 전략 변화의 압력 또한 커질 것이다.

ESG 표준경쟁의 세계정치경제: 수렴과 다양성의 동학

ESG 평가 기준으로 다양한 지표가 활용되고 있으나, 점차 단일표준을 수립하려는 움직임이 강화되고 있다. 그러나 ESG 평가지표의 수렴이 어디까지 진전될지는 미지수다. 국제표준 설정에 있어 혜택은 취하고, 의무는 피하려는 현상이 발생하곤 하기 때문이다. 국제표준을 외형적으로 수용하더라도 실행 단계에서 우회할 가능성도 있다. 중국이 자유주의적 국제질서 속에서 부상하는 과정에서 혜택만 취할 뿐, 자유주의적 국제질서의 허점을 전략적으로 이용하기만 했다는 것이 미국의 인식이다. 외환위기 이후 동아시아 국가들이 워싱턴 컨센서스(Washington consensus)를 정책적·제도적으로 전격수용한 듯 보였으나, 이는 어디까지나 표면상의 변화였을 뿐 실질적인 변화로 나아가지 못했다는 비판도 마찬가지다. '위장 순응'이라는 평가를 둘러싼 논쟁이 제기된 것은 이 때문이다.

또한, 전략경쟁 관계인 미국과 중국이 단일표준을 수용한다는 보장이 없다. 오히려 두 개의 표준이 수립될 가능성이 크다. ESG도 마찬가지다. 중국이 ESG를 신속히 수용 중이지만, 미국과 서구의 표준을 무비판적으로 수용할 가능성보다 중국의 특수성을 반영한 표준의 수립을 시도할 가능성이 높다. 중국은 외환위기 이후 국제신용평가기관의 영향력이 증대하자, "신용평가가 서구 기준을 과도하게 반영했다"라고 비판하며 자국 신용평가기관들을 대대적으로 육성했다. 중국 정부는 일대일로 등 대외 프로젝트 진행에 있어, 자국 신용평가기관들의 평가를 받도록 하고 있다. ESG에서도 미국과 중국의 '표준경쟁'이 전개될 수 있다.

세계정치경제질서 속의 ESG: 향후 도전은?

ESG는 다양한 도전 요인에 직면하고 있다. 첫째, 사회적으로 중대한 도전에 대한 대응책으로서의 ESG의 효과는 아직 불투명하다. 이익실현의 주체가 주주에서 이해관계자로 바뀌었을 뿐, 이해관계자들이 사회적 도전에 적극적으로 대응할 것이라는 보장은 없기 때문이다. ESG가 표방하는 것처럼 실제로 SDGs의 실현에 성과를 내고 있는지 의문이 제기되는 것은 이 때문이다. '그린(Green)', '청정(Clean)', '기후(Climate)', '지속가능(Sustainable)' 등의 용어를 사용한 77개 펀드들 중 단 4개만이 SDGs 환경 목표의 달성에 긍정적인 영향을 준 것으로 나타났다(Util, 2021). 이런 결과는, 지구적 차원의 SDGs 실천에 현실적 한계가 존재한다는 것을 시사한다.

둘째, ESG 가운데 "G"의 이해관계자를 확대하는 문제다. G는 장기적 관점의 기업경영과 전략의 수립·실행에 대한 공감대가 확대된 것과 관련이 있다. 이는 특히 기업 경영진과 노조 사이의 이해관계가 일치한 결과다. ESG로 인해 기업 경영자는 수익의 극대화 또는 객관화된 정량적 데이터에 기반해 평가로 인해 실적에 대한 상시적 압박에 노출됐다. 이런 면에서 ESG는 기업이 추구해야 할 목표와 가치를 복합적이고 다면적으로 확대해 놓았기 때문에, 경영인이 경영 성과에 대해 적어도 단기적 책임의 압박에서 벗어나도록 하는 제도적 장치가 됐다.

또한, ESG의 확대는 노동자들의 이해관계와도 일치한다. 적대적 인수합병, 사업장 폐쇄, 공장의 신규 건설, 생산 시설과 노동의 재배치, 노동자 고용과 해고 등 노동관련 사안들도 ESG의 고려 대상이 될 수 있기 때문이다. 기업과 세계의 지속가능성을 목표로 설정해 대두한 ESG의 지속가능성은, 이해관계자의 실질적 확대 가능성과도 연관된다.

셋째, E, S, G 사이의 불균형이다. 현재까지 대다수 기업들은 E, S, G 중 주로 'E'에 주력하고 있다. 기업의 이익실현에 가장 가깝기 때문일 것이다. 그러나, 'E'의 추구가 'S'와 'G'의 지연 이유가 될 수 없다. E, S, G 사이의 균형과 보조를 맞추기 위해서는 사회적 문제에 보다 적극적으로 대응하고, 기업 거버넌스에도 의미 있는 변화를 실행에 옮길 때, 지구적 차원의 지속가능한 발전을 위한 수단으로 ESG의 보다 적극적인 기여를 기대할 수 있다.

글 · 이승주

〈참고 문헌〉

Eichengreen, Barry. 2016. "The Age of Hyper-Uncertainty." Project Syndicate. December 14. 〈https://www.project-syndicate.org/commentary/age-of-hyper-uncertainty-by-barry-eichengreen-2016-12〉.

Finnermore, Martha and Kathryn Sikkink. 1998. "International Norm Dynamics and Political Change." International Organization 52(4): 887-917.

Foa, Roberto Stefan and Yascha Mounk. 201. "The Danger of Deconsolidation: The Democratic Disconnect." Journal of Democracy 27(3): 5-17.

Rodrik, Dani. 2011. The Globalization Paradox: Democracy and the Future of the World Economy. W.W. Norton.

Simmons, Beth A. and Zachary Elkins. 2004. "The Globalization of Liberalization: Policy Diffusion in the International Political Economy." American Political Science Review 98(1): 171-189.

Singer, David Andrew. 2007. Regulating Capital: Setting Standards for the International Financial System. Cornell University Press.

Tan, Jessica. 2020. "A green wave of ESG is poised to break over China." World Economic Forum. 〈https://www.weforum.org/agenda/2020/12/green-wave-of-esg-investment-is-breaking-in-china/〉.

UNDP. 2020. COVID-19 and Human Development: Assessing the Crisis, Envisioning the Recovery.

Wade, Robert H. 2012. "Return of industrial policy?" International Review of Applied Economics 26(2): 223-239.

국제정치철학의 관점에서 본 ESG: 기업, 국가, 세계의 윤리적 연대 모색

박성우

서울대학교 정치외교학부 교수, 국제정치사상, 국제정치이론
시카고대학교 정치학 박사, 서울대학교 외교학과

1. ESG의 부상과 매력

국내외적으로 ESG 경영, ESG 투자에 대한 관심이 고조되고 있다. 전통적으로 기업활동의 목표가 단기적 이익의 극대화에 초점이 맞춰져 있었다면, ESG 경영과 ESG 투자는 장기적 관점에서 기업이익을 정하고, 기업활동과 연관된 모든 이해당사자들에 대한 사회적 책임을 전제로 경영과 투자를 실행한다는 특징을 지닌다. ESG 즉 환경적(Environmental), 사회적(Social) 그리고 지배구조(Governance) 관련 요소는 기업이 장기적 관점에서 지속가능한 경영을 하기 위해서 고려해야 할 항목들이다.

ESG 경영은 2006년 코피아난 전 유엔 사무총장이 주도한 유엔 환경계획 금융 이니셔티브(UN Environment Programme Finance Initiative: UNEP FI)와 유엔 글로벌 콤팩트(United Nations Global Compact: UNGC)가 발표한 책임투자원칙(Principles for Responsible Investment)에 의해 급속하게 확산됐다. 책임투자원칙은 기본적으로 투자분석과 의사결정과정에서 ESG 이슈를 적극 반영하고, 투자 대상에 기업의 ESG 통합 상황에 대한 정보공개를 요구한다. 기업이 이윤추구 이외에 사회적 이슈에 관심을 가지고 일부 책임을 분담해야 한다는 인식은 ESG 경영이 부상하기 이전에도 기업의 사회적 책임(CSR)이라는 형태로 존재해 왔다. 기업이 사회적 목적과 가치관에 부합한 의사결정을 통해 사회적 책무를 다할 때, 지속가능한 기업이익을 창출할 수 있다는 것이 CSR의 기본 이념이다. CSR에 대한 논의는 비교적 오래 지속돼 왔다. 그

ESG와 대전환의 시대

러나 그 개념이 광범위하고 추상적이며, 동기나 효과의 검증에 대해서도 이견이 존재한다.

CSR에 비해서 ESG 논의는 구체적인 지표를 통해 기업이익 모델을 제시하고 이에 따라 경영활동과 투자를 결정한다는 특징을 지닌다. 일견 ESG 경영은 ESG 이슈에 적절히 대응하지 못했을 때 뒤따르는 기업 가치의 하락이라는 손실에 대비하기 위한 필수적인 전략이 됐다. 또 ESG 투자는 ESG 평가에 따른 시장의 변화에 적절히 대응하기 위한, 위험관리 차원에서 실행되고 있다. 경영과 투자에 있어 ESG 이슈는, 이제 기업가 개인의 경영철학 문제가 아니다. 기업이 장기적 이익 실현을 위해 반드시 고려해야 할 요소로 부상했다.

ESG 경영과 ESG 투자는 적어도 다음의 네 가지 측면에서 매력적이다. 첫 번째 매력은 '공존성'이다. 기업의 전통적 목표인 이윤추구와 공존하며, 사적 이익과 공동체에 필요한 공동선 (共同善)을 동시에 달성할 수 있다. 두 번째 매력은 '자발성'이다. 일반적으로 개인이나 기업이 공동선에 부합하는 행위를 하려면, 해당 개인이나 기업이 상당한 수준의 윤리의식을 갖춰야 한다. 그러나 ESG 경영과 ESG 투자는 기업의 윤리의식 수준과 별개로, 이윤추구 및 위험관리 차원에서 공동선에 기여할 동기를 부여한다. 이에 따라, '안정성'이라는 세 번째 매력이 창출된다. 개인과 기업은 ESG를 통해 자발적으로 공익을 추구함으로써, 국가가 공권력을 수반해 강제할 때보다 안정적으로 사회적 가치를 창출할 수 있다. 마지막으로 네 번째 매력은 '즉각성'이다. ESG에 대한 개인과 기업의 관심은 환경, 사회, 거버넌스 이슈에 대한 즉각적인 조치를 가능하게 한다. 이렇게, ESG모델은 개인과 기업이 사적 이익을 추구함과 동시에 자발적, 안정적, 즉각적으로 사회적 가치를 실현할 수 있다. 그러나, 이런 ESG 모델에 대한 긍정적인 시나리오는 지속 가능할까? 이 질문에 대한 대답은 ESG가 지향하는 환경적 가치, 사회적 가치, 그리고 거버넌스 및 민주적 가치가 온전히 성취될 수 있는지에 달려있다.

2. ESG에 대한 국제정치철학의 시선

ESG 경영과 ESG 투자가 내세우는 사회적 가치가 제대로 실현되고 있는가를 실증적으로 검증하기는 어렵다. 물론 개별 기업의 ESG 활동을 평가하기 위해서 평가 표준에 기초한 수치화 작업은 가능하다. 그러나 ESG 경영과 ESG 투자라는 새로운 패러다임이 기후위기의 개선이나 사회적 이슈의 완화, 거버넌스의 민주화에 실제로 얼마나 기여했는가를 경험적으로 입증하기는 어렵다. ESG의 실질적 효과에 대한 검토는 다소 추상적인 차원에서 논의하는 수밖에 없다. ESG가 장기적인 기업의 이윤에 얼마나 긍정적인가에 관한 경험적 연구는 경영학계에서 찾을 수 있다. 그러나 ESG가 과연 그것이 약속한 사회적 가치를 실현하고 있는가는 경험적으로 검증하기 어렵다. 여기서는 국제정치철학의 관점에서 ESG의 가치 실현에 대해서 논의해 보고자 한다.

'국제 정치철학'은 다소 생소한 개념일 수 있으므로, 우선 그 의미를 간단히 짚어본다. 우선, 정치철학이란 정치공동체에서 나타나는 정치 현상을 바람직한 방향으로 전환하는 것과 관련된 철학적 탐구라고 할 수 있다. 국제 정치철학은 이런 철학적 탐구를 세계의 영역에 확장한 것을 의미한다. 구체적으로 국제 정치철학이 바람직한 방향으로 전환해야 한다고 여기는 대상은 개인, 공동체 그리고 세계다. 즉 국제 정치철학은 더 좋은 삶, 더 좋은 사회, 그리고 더 좋은 세계를 실현하는 것을 목표로 한다. 더 좋은 삶은 인간이 인간다운 삶을 살 권리를 갖고, 행복을 누리는 삶을 의미한다. 더 좋은 사회는 분배적 정의가 실현되는 평등한 사회이고, 사회의 구성원 모두가 지배에 동참함으로써 자치(self-rule)를 실현하는 민주적 사회다. 더 좋은 세계는 기후변화와 같은 환경 위기에 적절히 대처하고, 기아와 극심한 경제적 불평등을 개선하며, 인종차별이나 성차별이 자행되지 않는 평화로운 세계를 의미한다.

국제 정치철학이 지향하고 있는 더 좋은 삶, 더 좋은 사회, 더 좋은 세계의 가치는 ESG가 가치로 지목하고 있는 환경, 사회, 거버넌스 이슈와 거의 일치한다. 다만, 국제 정치철학은 이런 가치를 실현하는 데 국가를 가장 핵심적인 행위자로 간주한다. 물론 국제 정치철학은 국가 이외에도 개인에게 세계시민주의적 덕성을 요청하기도 하고, 유엔과 같은 국제기구의 역할을 기대하기도 한다. 그러나 세계시민주의적 덕성도 특정 국가의 시민성과 조화를 이뤄야 하며, 국제기구의 역할도 개별국가들 간의 협력이 필수적이다. 이런 맥락에서 국제 정치철학은 여전히 국가를 중심에 두고 개인, 국가, 세계의 영역에서 가치의 실현을 모색한다.

그런데 국가를 중심에 둔 국제 정치철학은 주권을 가진 국가의 속성으로 인해 근본적인 한계를 지닌다. 근대적 의미의 주권은 국가에 절대적이고 배타적인 권한을 부여한다. 즉, 국가는 언제든지 더 나은 세계를 만들기 위해 요구되는 국제적 협력을 거부할 수 있다(일례로, 최근 COP26의 '탈석탄선언'에 주요 탄소 배출국이 불참했다). 또한, 더 나은 사회를 만들기 위한 정의와 평등의 추구를 다른 국가적 어젠다(경제발전 등)를 구실로 부정할 수도 있다. 국가 중심의 국제 정치철학이 그것이 지향하는 가치를 실현하는 데 이런 한계를 노정한 상황에서 거의 유사한 가치를 지향하는 ESG 패러다임은 매력적으로 다가온다. 앞서 지적한 바와 같이 ESG는 민간 영역의 합리적 행위자에 의해서 국가에 의해서는 실패한 가치 실현을 가능하게 하기 때문이다.

ESG 패러다임은 국가의 기능이 부진한 상황에서 더욱 돋보이는 경향이 있다. 그러나 ESG의 잠재력 그 자체가 약속한 가치의 실현을 의미하지는 않는다. 즉, 국가 기능이 부진이 ESG에 대한 기대감을 높이고 있지만, 그 기대감이 성취를 약속하지는 않는다는 것이다. 바로 이 지점에서, 우리가 던져야 할 질문이 하나 있다. 과연, ESG가 국가의 역할을 대신해 국제 정치철학이 지향하고 있는 더 나은 세계, 더 나은 사회, 더 나은 삶의 가치를 실현할 수 있는가?

이 질문에 대한 직관적인 대답은, '어렵다'는 것이다. 현대 국제정치체계 하에서는 여전히 국가 중심 모델을 벗어나기 어려운 것이 현실이다. 따라서 ESG에 대한 기대는 국가의 핵심적인 역할을 가정한 상태에서, 보조적이고 보충적인 역할에 한정해야 한다. 그러나 최근 ESG에 관한 관심의 고조는 마치 그것이 국가의 역할을 대체라도 할 듯 지나친 기대로 이어지는 경향이 있다. ESG에 대한 지나친 기대는 국가가 국제협력에 실망스러운 모습을 보이고, 사회문제 해결에도 부진한 성과를 낸 것도 한몫했을 것이다. ESG에 대한 지나친 기대가 국가 역할의 왜곡과 축소로 이어진다면, 이는 매우 우려스러운 결과로 나타날 수 있다. 가령, 기후위기 대응과 같이 국제적 협력이 절실히 요구되는 상황에서, ESG를 통한 막연한 기대로 국가의 역할을 경시한다면, 더 좋은 세계로의 진전은 커다란 난관에 봉착하게 될 것이다.

3. 국가와 개인은 ESG를 어떻게 바라봐야 하는가?

　최악의 시나리오는 물론 가정 상황이다. 그러나 이런 상황을 방지하기 위해, 국가 및 개인에는 ESG에 대한 어떤 이해와 태도가 필요한가? 국제 정치철학의 관점에서 이 문제를 살펴보고자 한다. 재차 언급하지만, 국가는 국제 정치철학의 관점에서 부여된 국가의 역할을 경시해서는 안 된다. ESG에 대한 지나친 기대를 경계하고, 국가와의 관계 설정도 명확히 할 필요가 있다. 원론적으로 ESG는 시장의 작동을 원활하게 하기 위한 사적 영역의 활동이므로, 국가의 역할을 대체할 수 없다. ESG는 시민사회의 보조적 기제 이상이 될 수 없다는 점을 분명히 해야 한다.

　ESG의 부상에 따라, 국가가 적극적으로 기업의 ESG에 관여하고, 기업을 선도하려는 시도도 드러난다. 그러나 이는 바람직하지도, 정당하지도 않다. 국가가 기업에 ESG의 가이드라인을 제공함으로써 기업의 경쟁력을 키우겠다는 '선한' 의도에 의한 것이라도 말이다. 국가가 ESG를 선도하려는 시도는 '시민사회의 자발적 교정 메커니즘'이라는 ESG의 고유 속성을 훼손한다. 또한 기업으로서는 이중 부담, ESG라는 새로운 환경에 국가 규제까지 더해진 것이 될 수 있다.

　따라서 국가는 국가 고유의 기능을 유지하면서, 글로벌 가치와 사회적 가치의 실현을 위해 노력해야 한다. 기후위기 해결을 위해 국제적 협력에 가담해야 하고, 사회적 가치와 민주적 거버넌스를 위해 법적 제도적 장치를 마련해야 한다. 또한, 정부는 기업의 ESG 경영을 긍정적으로 평가하되, ESG를 종합적으로 평가할 필요가 있다. 예를 들어 반인권적 노동환경에서 친환경 자동차를 생산하는 기업이 있다면, 이 기업에 대해 종합적인 판단을 내려야 한다. E, S, G를 종합적으로 평가해, 한 영역의 긍정적인 지표가 다른 영역의 법, 제도 위반에 대한 면죄부를 주는 것을 경계해야 한다.

　그렇다면, 개인은 ESG를 어떻게 이해하고 접근해야 하는가? 최근 우리 사회의 개인 투자자 급증 현상은, ESG에 대한 관심의 고조와 맞물려 위와 같은 질문을 끌어낸다. 여기서도 더 나은 세계, 더 나은 사회, 더 나은 삶을 추구하는 국제 정치철학의 관점을 적용하면, 개인은 ESG 투자가 개인의 글로벌 가치 실현에 대한 책임을 다했다는 착각에서 벗어나야 한다. 가령 개인이 속한 연기금의 투자 대상이 친환경적이라고 해서, 글로벌 가치에 대한 개인의 도덕적 책무를 다했다고 착각하면 안 된다는 것이다. 개인은 연기금이 ESG 투자를 적절하게 실행하는지 감독할 수 있지만, 연기금의 ESG 투자가 글로벌 가치와 사회적 가치에 기여해야 할 개인의 도덕적 책무를 면제해 주지는 않기 때문이다.

당분간 ESG 투자가 주목받는 것은 불가피한 추세로 보인다. 그러나 경제위기 등 다른 변수에 의해서 ESG 투자가 후퇴할 가능성도 배제할 수 없다. 혹자는 ESG 투자 자체가 그것이 표면적으로 내세우는 글로벌 가치나 사회적 가치의 실현과 무관하다고 주장하기도 한다. 현실적으로 ESG를 명분으로 작업장 폐쇄나 개설이 가능하고 경우에 따라서는 불평등 고용이나 해고도 정당화될 수 있기 때문이다. 이런 견해에 따르면, ESG는 환경적 가치나 사회적 가치를 내세워 부실경영의 방어수단 혹은 반인수 조치의 수단을 제공하는 것에 불과하다.

이런 극단적인 견해에 동조하지 않더라도, ESG가 내세우는 글로벌 가치나 사회적 가치의 실현을 당장 기대하는 것은 시기상조라는 해석이 지배적이다. 이런 점을 감안하면, 개인은 자신의 투자와 소비가 ESG와 모호하게 연결돼 있다는 것만으로 글로벌 정의와 사회적 평등의 가치 실현에 기여했다고 자부해서는 안 된다. 개인은 세계시민의 일원으로서 기후변화 위기와 사회적 불평등 완화를 위해서 초당파적으로 대응해야 한다. 특히 기업의 ESG 경영이나 기관의 ESG 투자를 근거로 다른 부조리를 눈감아 주는 오류를 범해서는 안 된다.

4. ESG의 태생적 한계와 기업, 국가, 세계의 윤리적 연대 모색

앞에서 국가와 개인은, ESG에 대한 긍정적인 기대와는 별도로 글로벌 가치와 사회적 가치 실현을 위해 각자에게 부여된 도덕적 책무를 다해야 한다는 점을 지적한 바 있다. 국가와 개인의 도덕적 책무를 강화할 필요성은 ESG 경영과 ESG 투자의 태생적 한계를 고려하면 더욱 분명해진다.

태생적으로 ESG 경영은 기업이익을 중장기적 관점에서 재정의하고 이윤추구를 '파이 나누기' 방식이 아니라 '파이 키우기' 방식으로 전환했다는 측면에서 전통적인 경영과 구분된다. 그러나 ESG 경영도 결국 기업이익의 극대화를 목적으로 한다는 점에서 전통적인 경영과 본질적으로 차이가 없다. 물론 얼마나 장기적인 안목으로 기업이익을 산정하느냐, 또 ESG 기업이라는 사회적 평가를 얼마나 중시하느냐에 따라서 전통적인 경영방식과는 차이가 있을 수 있다.

그러나 기업의 존재 이유를 생각할 때, 기업이 이윤 극대화를 목표로 설정하는 것은 불가피하다. 이는 전혀 비난의 대상이 아니다. 다만, 기업의 장기적 안목이나, ESG 기업 이미지라는 것은 상황에 따라 가변적이다. 따라서 기업이 ESG 경영을 통해 글로벌 가치와 사회적 가치를 실현하는 것에는 태생적 한계가 있다. ESG 투자 역시 환경, 사회, 거버넌스 영역의 가치를 투자의사 결정 과정에 포함시킨다는 점에서 재무성과만을 고려하는 전통적인 투자와는 구분된다. 그러나 ESG 투자가 염두에 두고 있는 위험관리와 위험 전이는 궁극적으로 투자 손실에 대비하기 위함이라는 것을 주목할 필요가 있다.

즉 ESG 투자가 관리하고 있는 위험은 실제로 위험에 빠져 있는 당사자의 위험이 아니라, ESG 환경에 적절히 대비하지 못함으로써 야기될 수 있는 투자 손실이나, 기업 가치 하락의 위험을 의미한다. 가령, ESG 투자가 주목하는 위험은 실제로 기후변화로 야기된 수면 상승으로 인해 피해를 입은 재난민의 위험이나, 사회적 불평등 구조에 의해 억압받는 약자의 위험과는 구별된다. 이런 사정은 투자의 생리상 불가피한 것이지만, ESG 투자가 반드시 위험 당사자의 위험을 경감시키는 것은 아니라는 것을 명심할 필요는 있다.

ESG 경영이나 ESG 투자와 달리 앞서 제시한 국제 정치철학은 확고하게 더 좋은 삶, 더 좋은 사회, 더 좋은 세계를 만들고자 하는 이상을 갖고 있다. 이런 이상은 국가가 근대적 의미의 주권을 유지하는 한 여전히 비현실적이라는 비판에서 자유롭지 못하다. 이론적으로는, 개별국가의 주권을 소멸시킬 수 있는 세계국가의 출현이 이상을 실현할 수 있는 해법이지만, 세계국가는 실현 가능하지도 않고, 바람직하지도 않다. 국제 정치철학은 국가 주권이 여전히 유효한 상황에서 어떻게 하면 글로벌 가치와 사회적 가치를 실현할 수 있을지 오랫동안 골몰해 왔다. 좀 더 구체적으로, 국제 정치철학은 국가가 주권을 갖고 있음에도 불구하고 글로벌 정의에 대한 도덕적 책무가 있다고 설득한다. 아울러 개인은 한 나라의 국민이라는 정체성을 지님에도, 세계시민으로서의 도덕적 책무를 지니고 있다고 설득한다. 기본적으로 국제 정치철학은 국가와 개인의 존재론적 근거를 제시함으로써 주어진 현실 속에서 조금이라도 이상에 접근하려고 시도해 왔다.

ESG는 이런 국제정치철학의 시도에 새로운 변수로 나타난 것이다. ESG 논의가, 환경적 정의의 실현, 사회적 문제 특히 경제적 양극화의 해소, 민주적 거버넌스의 완성이라는 국제 정치철학의 이상을 실현하는데, 어떤 영향을 미칠 것인가는 여전히 미지수다. 일견 ESG 경영과 ESG 투자는 국가 중심적 사고에 사로잡혀 있는 국제 정치철학의 논의에 돌파구가 될 잠재력이 있다.

가령, 글로벌 정의 담론이 선진국/개발도상국의 이분법적 사고로 탄소 감축의 실행 방법을 두고 선언적 차원을 넘은 실질적 합의에 난항을 겪고 있는 상황에서 ESG는 미래지향적 사고로 현실적 이행 가능성을 높이는 측면이 있다. 그러나 앞서 논의한 바와 같이 ESG에 대한 지나친 기대는 금물이다. 국가는 국가대로 개인은 개인대로 현대 국제정치 질서에 수립돼 있는 국제규범을 성실히 따르고 미비한 점을 보완해 나가야 한다.

요컨대, ESG가 국제 정치철학의 관점에서 긍정적인 방향으로 전개되려면 개인, 기업, 국가, 세계가 글로벌 가치와 사회적 가치의 실현이라는 목표를 공유하고, 그것의 실현을 위해서 도덕적 책무를 다해야 하며, 이런 과정에서 이들 간에 일종의 윤리적 연대가 형성돼야 한다. 이제 이런 윤리적 연대 가능성을 기대하며, 마지막으로 개인, 기업, 국가, 세계가 지향해야 할 구체적인 실천 방안을 제시해 보고자 한다.

우선 세계는 ESG를 기존의 국제규범의 대체재가 아니라 보완재로 인식할 필요가 있다. ESG의 출현은 유엔의 지속가능발전목표(SDGs)와 공유되는 측면이 있다. SDGs가 글로벌 가치와 사회적 가치의 실현에 국가 중심 모델에서 벗어나 다양한 행위 주체를 설정하고 있다는 점에서 ESG가 상응하는 측면이 있다. 그러나 ESG가 SDGs의 목적에 항상 부합하는가는 구체적인 상황에서 검토해 봐야 한다.

국가는 여전히 글로벌 가치와 사회적 가치를 실현하는 데 가장 중요한 행위자임을 부인할 수 없다. 따라서 ESG가 국가의 책무성을 약화시키는 구실이 돼서는 안 된다. 또한, 국가는 기업의 ESG 논의를 종합적으로 접근할 필요가 있다. 예컨대, 주로 환경 부분에 ESG 논의가 집중돼 있는 경향에 관해서, 국가는 사회적 이슈와 민주적 거버넌스에 대해서도 균형적이고 종합적인 태도를 견지할 필요가 있다. 한편, 개인은 세계시민주의적 소양을 바탕으로 기업의 ESG 경영을 긍정적으로 평가함과 동시에 소비자로서 그리고 소액투자자로서 ESG 경영이 실질적인 글로벌 가치와 사회적 가치를 지향하고 있는가를 감시해야 한다. 소위 그린워싱 내지 ESG워싱에 대한 감시가 개인과 시민사회 영역에서 이뤄질 필요가 있다.

궁극적으로 기업은 위험관리 차원에서뿐 아니라 위험 당사자의 위험 해소를 목적으로 ESG 경영과 ESG 투자를 실행할 필요가 있다. 기업의 생리상 이런 책무를 기업에 부여하기는 어렵다. 그러나 세계, 국가, 개인이 나름대로 글로벌 가치와 사회적 가치에 대한 도덕적 책무를 강화해 윤리적 연대를 형성한다면, 이런 윤리적 연대성을 기반으로 ESG 생태계는 새롭게 구성될 것이며, 그 속에서 기업의 행태도 변화할 것으로 기대해 본다.

글 · 박성우

〈참고 문헌〉
Brown, Garrett Wallace & David Held. eds. 2010. The Cosmpolitan Reader. NY: Polity Press.
Gabrielson, Teena et al. eds. 2016. The Oxford Handbook of Environmental Political Theory. Oxford: Oxford University Press.
Menton, Mary et al. 2020. "Environmental Justice and the SDGs: from synergies to gaps and contradictions". Sustainability Science. 15: 1621-1636.
Parfitt, Claire. 2020. "ESG Integration Treats Ethics as Risk, but Whose Ethics and Whose Risk? Responsible Investment in the Context of Precarity and Risk-Shifting". Critical Sociology. 46(4-5): 573-587.
Pogge T. & Darrel Mollendorf. eds. 2010. Global Justice: Siminal Essays. NY: Polity Press.

ESG와 대전환의 시대

옥스팜 제공

3부 ESG와 지속가능한 자본주의 ──

선진국의 역사적 책임과 저개발 지역의 경제개
발의 기회 평등을 보장하는 공정한 전환이 이뤄
지기 위해서는 저개발 지역의 경제개발을 위해
필요한 에너지를 화석연료를 이용할 때와 같은
비용으로 공급받을 권리가 보장돼야 한다.

주병기 교수

ESG와 지속가능한 자본주의

주병기

서울대학교 경제학부 교수. 서울대학교 경제연구소 분배정의연구센터 센터장
로체스터대학교 경제학 박사, (전) 캔자스대, 고려대 교수
(전) Editor of the Journal of Institutional and Theoretical Economics, 서울대학교 경제학과

1. 지구공유자원의 비극과 지속가능한 자본주의

제2차 세계대전 이후, 세계무역 규모는 연평균 6% 이상 급속히 성장했다. 인류의 경제활동 규모 역시 신속히 성장해, 지구자원을 '돈이 되는 소비'로 전환하는 데 최적화된 방식으로 글로벌 분업체계와 공급망이 형성됐다. 절제의 미덕은 사라지고, 과소비를 부추기는 대량생산-대량소비의 경제 패러다임이 형성됐다. 이에 따라, 시장가격이 개인의 사회적 서열과 국가의 등급을 결정하는 시대가 도래했다. 선진국 국민은 옛날 극소수의 귀족만이 향유하던 것 이상의 물질적 풍요를 누리며, 매일 많게는 원유 50리터에 맞먹는 에너지를 소비한다.[1] 과연, 유한한 지구자원과 자연 생태계가 이런 소비량을 감당할 수 있을까? 개인, 기업, 국가의 사적 이익에 따라 움직이는 글로벌 자본주의는 필연적으로 '지구공유자원의 비극'을 야기한다. 각자 자기 이익을 추구하는 '합리적' 행동이 모여 모두에게 해로운 '비합리적' 결과를 초래한다는 오래된 경제이론이다. 바로 지금의 기후위기가 그런 비극의 한 사례다. 오존층 파괴, 종의 다양성 훼손, 열대우림의 파괴, 각종 해양오염 등 자연생태계의 지속가능성을 위협하는 수많은 위기들이 끊이지 않는다. 기후위기는 이 모든 위기를 합친 것보다 더 큰 위기다.

글로벌 자본주의의 근본적인 변화가 없다면 기후위기를 극복할 수 없을 뿐만 아니라 미래에 닥칠 수많은 위기에도 취약할 수밖에 없다. 근본적인 변화를 위한 '책임의 고삐'가 절실한 시점이다. 무책임한 개인과 국가 이기주의에 자연과 미래 세대에 대한 책임의 고삐를 채워야 하는 것이다. 바로 지구 공유자원과 환경에 대한 글로벌 관리체계에 합의하고 민주적 거버넌

스를 구축하는 것이다. 글로벌 사회의 연대와 협력이 없이 불가능한 일이고 이를 가로막는 가장 큰 장애물이 국가 간 불평등과 극심한 개발격차다.

동아시아의 전통윤리인 성리학 그리고 애덤 스미스, 임마누엘 칸트 등 근대 유럽의 도덕철학이 공통으로 강조했던 인간의 도덕적 본성은 인(Benevolence), 의(Justice)와 자율(Autonomy)의 덕, 그리고 자유 의지(Free will)다. 바로 이런 도덕적 본성이 위험한 자본주의를 지속가능한 자본주의로 전환시킬 수 있는, '대전환의 출발점'이라 생각한다. 21세기 자본주의는 미래 세대에게 닥칠 가공할 만한 재앙의 위험을 키웠다. 또 국가 간 불평등과 양극화역시 심화돼, 고도화된 기술과 생산성의 혜택이 소수에만 집중되는 결과를 낳고 있다. 이를 인식한다면 누구나 도덕적 본성에 따라 위험에 처한 미래 세대와 소외된 동시대인에 대한 책임 있는 행동을 선택하게 된다. 경제학자 루드비히 폰 미제스(Ludwig von Mises)는 소비자를 "자본주의의 운전자"라 비유했다.[2] 시장에서 이뤄지는 소비에 의한 투표가 경제활동의 방향을 정하는 가장 중요한 힘이라고 본 것이다. 소비자와 시민의 도덕적 각성과 행동이 기업과 정부를 변화시키고 지속가능한 자본주의로의 전환을 이끌 수 있는 가장 중요한 힘의 원천이다.

경제활동의 나쁜 외부성이 일으키는 환경문제를 근본적으로 해결하려면, 현재 일어나는 '지구자원의 무책임한 거래'를 막아야 한다. 국가 간 무역질서 속에서 일어나는 무절제한 자원 낭비와 자연생태계의 훼손을 제한하고 절약과 보존의 기술혁신에 기업과 국가들이 투자하도록 해야 한다. 그런 동기를 확산하는 길은 나쁜 외부성에 대한 책임을 묻고, 좋은 외부성에 대해 보상하는 새로운 무역질서를 구축하는 것이다. 기후위기 극복이라는 거대한 도전은, 역사적 기회이기도 하다. 사회적 가치를 추구하는 '윤리적 소비자'들이 연대 및 협력을 통해, 지속가능한 자본주의로의 대전환을 이뤄낼 계기가 될 수 있는 것이다.

2. 사회적 가치와 ESG

소비자와 시민의 윤리적 행동과 사회적 성과를 추구하는 자본주의의 물결은 20세기 말부터 서서히 시작됐다. 영국 정유회사 BP의 멕시코만 기름유출 사고, 나이키의 아동노동 스캔들, 다국적 의류기업의 방글라데시 다카지역 공장 붕괴사고 등 글로벌 무역이 일으킨 환경재난, 비윤리적 기업활동과 그로 인한 사회적 사고들이 범국가적으로 소비자들의 분노와 행동으로 이어졌다. 위기에 몰린 다국적 기업들은 사회적 책임에 대한 관리의 필요성을 자각하기 시작했다.

21세기에 들어, 기업의 사회적 책임은 기업경영의 한 부분으로 보편화됐다. 미국 500대 대기업의 대다수가 '사회적 책임 관리' 전담 부서 갖추고 있는 현실이 이를 시사한다. 이런 변화는, 소비자들의 윤리적 소비와 행동 없이는 불가능했을 것이다. 사회적 책임경영은 기업가의 도덕성, 사회적 성과 등에 대한 내재적 동기보다는 장기적 이익, 사회적 위험관리와 기업의 지속가능성이란 영리기업 본연의 목적에 충실한 활동이라 할 수 있다.

영리기업과 달리, 기업가 스스로 사회적 성과를 추구하는 기업을 '사회적 기업'이라 한다. 사회적 가치와 사회적 성과를 추구하는 사회적 기업과 소비자로 이뤄진 사회적 경제도 여러 선진국을 중심으로 확산됐다. 사회적 경제는 돈벌이만 추구하는 자본주의가 아니라 다양한 가치를 추구하는 자본주의를 위한 실험이라 생각한다. 그러나 사회적 경제 실험이 작은 변화를 넘어 자본주의를 근본적으로 바꾸는 성과를 냈다고 보기는 어렵다.

소비자와 시민이 스스로 소비와 정치참여를 통해 사회적 성과에 투표한다면, 영리기업도 사회적 성과를 추구하게 된다. 영리활동을 위한 기업가 정신이 사회적 성과를 통해 사회적 가치를 창출하는 동기와 맞물리는 것이다. 지금 글로벌 다국적 기업들이 온실가스 배출이 없는 생산활동을 약속하는 RE100 선언에 나서는 상황이, 그런 변화의 증거다. 기후위기는 지금까지 작고 느린 변화를 가속화시키는 자본주의 대전환의 역사적 기회를 만들고 있다.

더 이상 지금처럼 경제활동을 지속하다가는 후손들이 공멸할 수 있다는, 과학적 모형에서 얻어진 무시무시한 전망 앞에서 각성하지 않을 소비자와 시민은 없을 것이다. 기후위기는 인간의 경제활동에 대한 소비자와 시민의 성찰과 도덕적 반성을 촉발했다. 서유럽을 중심으로 많은 국가들이 이런 국민적 지지에 힘입어 1992년 유엔기후변화기본협약(UNFCCC) 그리고

1997년 교토의정서에 합의하게 된 것이다. 소비자와 시민의 도덕적 각성은 또한 기업과 투자자를 변화시킨다. 2020년 세계 경제에 심각한 타격을 가한 코로나19 팬데믹 속에서 파리협약에 뒤이은 글로벌 사회의 온실가스 감축 협상이 빠르게 진척됐다. 주요 선진국들이 "2050 탄소 중립"을 선언하고 이를 위한 중장기 로드맵을 제시했다. 이런 변화 속에서 다국적 빅테크 기업과 대형 투자기관들을 중심으로 환경적(Environmental), 사회적(Social) 그리고 지배구조(Governance)의 성과를 강조하는 ESG 경영이 새로운 기업경영과 투자의 표준으로 자리잡고 있다.

이런 변화가 어떻게 가능했을까? 기업과 투자자에게 ESG 성과의 사회적 가치 그 자체가 새로운 경영의 목적이 된 것일까? 아니다. ESG 성과를 통해 앞으로 전개될 온실가스 감축을 위한 국가 간 협약과 새로운 무역질서에 선제적으로 대비한다는 영리기업 본연의 동기, 경제적 수익 극대화를 위한 것이다. ESG 성과는 기업의 장기적 지속가능성을 위한 수단이며, 때로는 기업 간 경쟁과 공격적 마케팅의 도구가 될 수도 있기 때문이다. ESG 성과가 소비자 및 시민의 선택과 기업의 경제활동 규제에 영향을 미친다면, 기업과 투자자로서는 ESG 성과를 추구하지 않을 수 없게 된다. 기업과 투자의 ESG 전략의 향방은 기후위기와 기후체제가 향하는 좌표가 결정하고 기후체제의 좌표는 소비자 주권, 시민 주권이 만드는 자본주의의 새로운 좌표에 따라 결정될 것이다.

그러나 지나친 낙관은 금물이다. 핵무기개발국에 독점권을 허용했던 핵확산금지조약(NPT)과 같은 오류를 범해서는 안 된다. 나쁜 행동의 결과를 나쁜 행동의 주체가 다른 구성원들을 위협하거나 지배하는 수단으로 만든다면 실패할 수밖에 없다. 세계시민의 평등한 권리와 역사적 책임을 존중하는 국제핵무기폐기운동(ICAN)의 정신이 필요하다. 저개발 지역의 세계시민들도 인류의 공유자산인 현대과학기술의 혜택, COVID19 백신에 대한 공평한 권리를 보장해야 한다는 COVAX의 정신이 기후위기 극복을 위해서도 필요하다. 새로운 기후체제에서 탄소 저감 의무와 선진국의 재생에너지기술패권으로 저개발 지역, 개발도상국의 경제개발 사다리를 걷어차게 된다면 2050 탄소 중립을 달성할 수 없을 것이다.

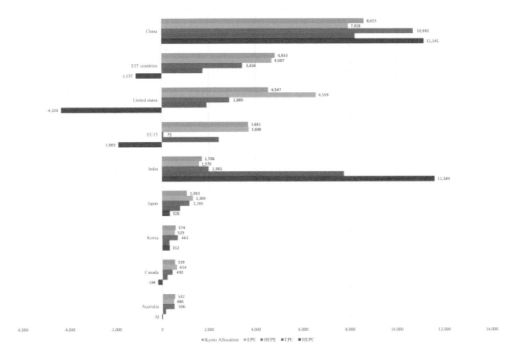

[그림-1] 2010년 이산화탄소 배출권 할당을 기준으로 한 할당방식 간 비교.
출처: Ju et al.(2021)

3. 기후위기와 공정한 전환

　기후위기는 현재 배출되는 온실가스만의 문제가 아니다. 산업혁명 이후 현재까지 대기에 축적된, 과거의 온실가스가 아직도 지구대기에 남아 우리를 위협하는 것이다. 국제적인 환경 분쟁의 기본 원칙, 오염자부담원칙은 배출 당사자의 책임을 요구한다. 그래서 역사적 책임의 문제가 제기될 수밖에 없다. 기후위기에 대한 최초의 기본협약인 유엔기후변화 기본협약(UNFCCC)도 선진국과 후진국의 차별화된 책임과 선진국의 선도적 역할을 강조했다.

　문제 해결 방법은, 대기에 축적된 온실가스의 총량을 1,000GT(Gigaton, 기가톤) 이내로 제한하는 것이다. 1,000GT은, 문제를 일으키지 않으면서 지구대기가 온실가스를 담을 수 있는 용량이다. 지금까지 인류는 300GT 이상을 배출했다. 700GT 미만의 남은 온실가스 배출 허용량을 누가, 얼마나 쓰는지 결정해야 한다. 유럽과 북미 그리고 대한민국과 일본을 포함한 일부 신흥국들이 경제개발을 위해 대부분 배출했다. 최근 세계 인구의 절반을 차지하는 중국, 인도 등 개발도상국들의 배출이 급격히 늘었지만, 누적 배출총량은 다른 지역에 못 미친다. 누가 얼마나 남은 배출허용량을 쓸 것이고, 누가 얼마나 배출 저감을 위해 절제할 것인가? 이것이 지금 인류가 풀어야 할 문제다.

공정한 문제해결에 대한 오랜 논쟁 속에서 두 가지 원칙이 중요하게 다뤄졌다.[3] 첫 번째 역사적 책임의 원칙(Historical accountability)은, 각국에 과거와 현재 온실가스 누적 배출량만큼의 책임을 지워야 한다는 것이다. 두 번째 평등한 권리의 원칙(Equal treatment)은, (과거와 현재 지역별, 국가별 1인당 배출량이 동일하다면) 지역과 국가를 불문하고 남은 온실가스 배출총량에 대한 개개인의 권리는 평등해야 한다는 것이다.

두 공정성의 원칙 여부에 따라 크게 네 가지 할당방식을 생각할 수 있다. 두 원칙을 모두 충족하는 공정한 온실가스 배출한도 할당방식이 역사적 책임을 고려한 1인당 균등배분 HEPC(Historical Equal Per Capita)이다. 국가별 온실가스 배출한도를 인구 비례로 할당하는 1인당 균등배분 EPC(Equal Per Capita)는 역사적 책임의 원칙에는 반하지만, 현시점에서 평등한 권리를 인정한다.

현재 배출량에 비례해 할당하는 현 배출량 비례배분 EPE(Equal Per current Emissions)는 현재 배출이 과다한 국가의 기득권을 존중해 두 공정성의 원칙 모두에 반한다. EPE에 역사적 책임을 일부 부과하는 할당방식이 역사적 책임을 고려한 현 배출량 비례배분 HEPE(historical equal per emission)이다.[4] 2010년 한 해 동안의 배출총량을 기준으로 국가별 배출한도를 할당하는 문제에 국한해 네 가지 할당방식을 적용해 비교한 것이 [그림-1]이다.

이 그림의 회색 막대는 교토의정서에 따른 국가별 연간 온실가스 배출량 할당을 나타낸다. 이 중 회색 막대와 가장 유사한 것이 기득권을 보장하는 할당방식 EPE이고, 가장 큰 차이를 보이는 할당방식이 공정한 배분 방식 HEPE라는 것을 쉽게 알 수 있다. 교토의정서 혹은 EPE

와 공정한 배분 방식 HEPE의 큰 격차를 보면 선진국과 후진국 진영 간의 이해 상충의 심각성을 이해할 수 있다. 특히 EU와 미국의 매우 큰 음의 할당량을 보자. 이에 따르면, 이 두 지역은 더 이상 온실가스 배출 권리가 없다. 나아가, 이 두 지역은 저개발국의 온실가스 감축에 음의 할당량의 크기가 나타내는 만큼 기여해야 한다.

4. 공정한 배분 방식

HEPC는 과거, 현재, 그리고 미래 세대 모든 개개인에게 그 사람이 속한 국가나 지역과 무관하게 동등한 배출권을 허용하는 할당방식이다. 국가 간 1인당 과거, 현재 그리고 미래 배출한도가 HEPC 하에서 균등하다는 의미다. 따라서 과거 배출량이 극히 적었던 저개발국의 경우 실제 배출량이 배출한도에 미달했고 그 차이만큼 현재와 미래 세대가 추가 확보할 수 있다. 반대로, 실제 배출량이 배출한도를 초과한 선진국의 경우 그 차이만큼 현재와 미래 세대의 배출한도에서 차감해야 한다.

따라서 HEPC는 저개발국에 선진국이 과거 경제개발을 위해 필요로 했던 온실가스 배출량과 동일한 배출한도를 보장받을 수 있도록 한다는 경제개발의 기회 평등을 내포한다. EU와 북미 선진국의 마이너스 배출권은 저개발국의 평등한 경제개발기회를 보장하도록 필요한 에너지를 저렴하게 (화석연료 에너지와 같은 비용으로) 공급하는 방식으로 실현될 수 있다. 이렇게 HEPC를 통해 탄소 중립의 목표 달성과 동시에 저개발국의 경제개발에 대한 기회도 보장할 수 있다.

HEPC와 교토의정서 사이의 격차는 선진국과 후진국의 이해 상충의 크기를 나타낸다. 추후 전개될 새 기후체제에 대한 협의과정에서 일어날 갈등을 예상할 수 있다. 2021년 7월 EU 집행위는 탄소 국경 조정제(Carbon Border Adjustment Mechanism, CBAM) 초안을 발표했다. 이에 따라 탄소 집약도가 높은 철강, 시멘트, 화학 등을 중심으로 2026년부터 탄소 무역장벽이 실행될 것이다.

미국도 조만간 탄소 국경 조정제를 도입할 것으로 예고하고 있고 중국, 인도, 러시아 등이 이런 미국과 EU의 움직임에 강력히 반발하고 있다. 이처럼 기후위기와 온실가스 배출 저감과 관련된 국가별 의무 이행 문제가 새로운 무역 전쟁의 원인이 될 수 있다. 대한민국과 같이 무역 의존도기 높은 국가는 이런 무역 전쟁에 선제적으로 대비해야 하고 무엇보다도 에너지 전환에 성공적으로 대비하는 것이 급선무라 할 수 있다.

그러나 대한민국은 다른 주요 선진국과 비교할 때 에너지 전환에 크게 뒤처져 있다. 전력부문의 탄소 집약도가 다른 선진국보다 훨씬 높은 것이 현실이다. EU 선진국과 북미 그리고 중

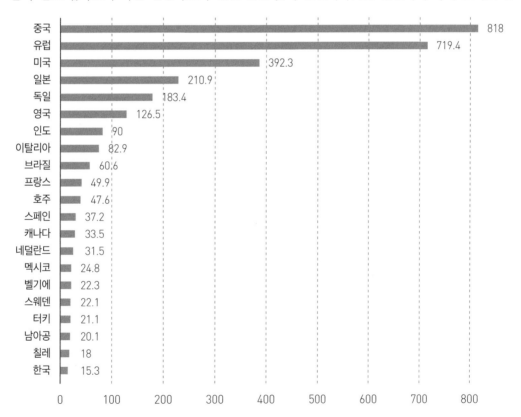

[그림-2] 국제 재생에너지 설비투자 (단위: 십억 USD) 자료출처: Frankfurt School (2020), "Global Trends in Renewable Energy Investment 2020", p.31. (재인용: 조일현 · 이재석 2020, "국제 신재생 에너지 정책변화 및 시장분석", KEEI 보고서 20-27)

ESG와 지속가능한 자본주의

국과 인도의 경우 풍력과 태양광이 가장 저렴한 에너지원이 될 정도로 지난 10년간 재생에너지 발전비용이 빠르게 하락했다. 그러나 대한민국의 경우 발전원가가 가장 저렴한 에너지원이 아직도 석탄이다. 지리적 여건과 인접국들과의 에너지 협력을 어렵게 하는 지정학적 문제도 원인이지만 무엇보다 재생에너지 개발과 투자에 소극적이었기 때문이다.

[그림-2]의 자료는 우리나라의 초라한 재생에너지 설비투자 규모를 보여준다. 터키, 남아공, 칠레보다 낮은 최하위권으로 EU 투자규모의 약 2% 수준이다. 우리나라가 2050 탄소 중립을 달성하는 길이 얼마나 멀고 험한지 짐작할 수 있다.

5. 맺음말

개발도상국 진영은 경제개발을 위해, 현재와 미래 가장 많은 양의 에너지를 필요로 한다. 인구가 많고 낙후한 개발도상국 진영의 협력이 없다면, 2050 탄소 중립 목표를 달성하는 것은 불가능하다. 기후위기는 선진국이 경제개발 과정에서 일으킨 나쁜 외부성의 결과다. 이런 기후위기를 피하기 위한 글로벌 사회의 협약이 경제개발을 막는다면 개발도상국의 협력을 얻기 힘들 것이다. 따라서 글로벌 사회의 불균형발전과 개발도상국의 빈곤과 결핍의 문제를 동시에 해결해야 한다. 개발도상국 진영의 경제개발의 기회 평등을 보장하는 에너지협력체계를 구축하는 공정한 에너지 전환이 성공적인 위기극복의 열쇠다. 그리고 이렇게 탄생하는 에너지 전환과 온실가스 저감에 대한 글로벌 경제의 민주적 거버넌스를 통해 '지속가능한 자본주의'라는 새로운 글로벌 경제 패러다임 구축이 가능하다.

글로벌 소비자와 시민사회가 국가 이기주의의 장벽을 넘어 형성하는 도덕적 공감대가 각국의 정책과 국제협약의 방향을 정하는 운전자다. ESG의 사회적 성과 그리고 사회적 가치를 평가하는 기준과 체계는 지속가능한 자본주의의 소비자와 투자자의 선택을 좌우하는 새로운 표준으로 자리 잡게 될 것이다. 이런 새로운 표준은 바로 공정한 전환의 민주적 거버넌스와 지속가능한 자본주의의 패러다임을 뿌리내릴 수단이다. 시장은 더 이상 이기적 가치만을 나타내는 가격신호로 작동할 수 없을 것이다. 사회적 가치의 신호에 따라 소비자, 투자자, 기업, 정부 등 경제주체들의 분권화된 의사결정이 조율될 때 지속가능한 발전이 이뤄지는 새로운 자본주의가 열릴 것이다.

선진국의 역사적 책임과 저개발 지역의 경제개발의 기회 평등을 보장하는 공정한 전환을 이루려면, 저개발 지역이 경제개발을 위해 필요한 에너지를 화석연료와 같은 비용으로 공급받을 권리를 보장해야 한다. 이런 개발도상국의 권리를 인정하는 에너지 협력 체계 속에서 다국적 기업의 ESG 경영은 RE100만이 아니라, 저개발 지역 공급망이 필요로 하는 재생에너지의 초과비용까지 지불하는, 보다 적극적인 행동이 요구된다.

다국적 기업이 글로벌 공급망을 통해 저개발국 생산기지의 재생에너지 확산을 위한 기술 및 인프라 지원까지 나서야 한다는 것이다. 저개발 지역의 경제개발, 삶의 질, 그리고 인권 문제, 기후난민, 식량난민 등과 관련된 사회적 성과도 다국적 기업의 적극적 행동의 수단이 될 수 있다.

글 · 주병기

1　OECD 자료 (Energy balances of OECD countries).
2　Ludwig von Mises, (1948, 2008), Human Action. 이 책의 p.269.
3　관련된 문헌 정리와 공정한 배분 원칙에 대한 이론과 실제에 대해서 필자의 하기 논문을 참고하기 바람. Biung-Ghi Ju, Min Kim, Suyi Kim, Juan D. Moreno-Ternero, "Fair international protocols for the abatement of GHG emissions," Energy Economics, Volume 94,
4　HEPC와 다른 할당방식 그리고 공정성의 원칙에 대한 보다 학술적인 논의는 Ju et al. (2021)´을 참고하기 바람.

〈참고 문헌〉
Frankfurt School (2020), "Global Trends in Renewable Energy Investment 2020"
Ju, Biung-Ghi, Min Kim, Suyi Kim, Juan D. Moreno-Ternero, "Fair international protocols for the abatement of GHG emissions," Energy Economics, Volume 94, 2021, 105091, ISSN 0140-9883, https://doi.org/10.1016/j. eneco.2020.105091.
Ludwig von Mises, (1948, 2008), Human Action.
OECD, Energy balances of OECD countries.
조일현 · 이재석 2020, "국제 신재생에너지 정책변화 및 시장분석", KEEI 보고서 20-27

사회적 가치와 ESG 성과에 대한 후생경제학적 접근

홍현우

서울대학교 경제연구소 초빙연구원, 전 사회적 가치연구원 수석연구원
서울대학교 경제학 박사, 서울대학교 경제학과

커피가 처음 발견된 곳은 아프리카 대륙 에티오피아의 무성한 열대림이다. 커피나무는 원래 그늘을 좋아하는 음지식물이다. 하지만 커피수요가 전 세계적으로 급격하게 늘면서, 커피 경작자들은 더 빨리, 더 많은 커피를 수확하고자 커피를 일광 재배하기 시작했다. 그러자, 그늘 역할을 하던 나무가 사라지고 숲 생태계가 파괴돼 숲에 서식하던 동물들은 보금자리를 잃었다. 또한, 토지의 비옥도도 낮아지고 농약 살포량이 증가하면서 토지도 황폐화됐다. 이런 문제의 해결책으로 등장한 것이 '그늘 재배 커피(Shade-grown coffee)'다. 커피 재배 기간은 늘어나는 대신, 커피의 품질을 높이고 숲 환경을 조성함으로써 환경문제를 해결하는 것이다. 환경보전의 가치를 공유하는 기업은 그늘 재배 커피를 생산해 판매한다. 소비자들은 일광 재배 커피보다 비싼 가격을 감수하며 그늘 재배 커피를 선택함으로써 환경문제 해결에 동참하고 있다.

환경에 대한 가치가 재조명되면서, 시장에서 친환경 제품에 대한 선호가 높아지고 있다. 기업 입장에서 환경에 대한 고려는 기업의 사회적 책임(Corporate Social Responsibility, CSR)을 넘어 기업이 시장에서 지속가능하기 위한 필수 불가결한 요소가 됐다. 기업의 전략 실행 및 기업 가치를 높이기 위한 능력에 영향을 주는 환경적(Environmental), 사회적(Social) 그리고 지배구조(Governance)에 관한 요소를 포괄하는 비재무적 정보인 ESG가 시장에서 각광받고 있는 것도 같은 맥락에서 이해할 수 있다.

「공공기관의 사회적 가치 실현에 관한 기본법」은 사회 · 경제 · 환경 · 문화 등 공공의 이익과 공동체 발전에 기여하는 것을 사회적 가치라고 정의한다. 기업이 노동자에게 안전한 노동

2022 ESG 르몽드-서울대 글로벌 포럼
유철호 르몽드코리아 기획위원, 조성진 서울대 경제학부 교수,
주병기 서울대 경제학부 교수, 성일권 〈르몽드 디플로마티크〉한국어판 발행인,
안세실 로베르 〈르몽드 디플로마티크〉국제이사, 브뤼노 롱바르 〈르몽드 디플로마티크〉 경영이사

환경을 제공하고, 복지를 개선하거나 지역사회 활성화에 앞장선다면 사회 측면에서 사회적 가치를 실현하는 것이며, 생산 공정에서 재생에너지를 사용하고 온실가스 배출 수준을 낮춘다면 환경 측면에서 사회적 가치를 실현하는 것이다. 나아가 기업이 내부적으로 지배구조를 개선하고 윤리경영, 이해관계자 경영을 한다면 기업의 의사결정은 사회의 바람직한 방향으로 이뤄질 것이고 이 또한 사회적 가치를 실현하는 것이다. 따라서 넓은 의미의 사회적 가치는 ESG 성과를 포괄하는 개념이다.

다만, ESG는 시장에서 투자자를 중심으로 부각된 개념이고 사회적 가치는 공적 부문을 중심으로 강조돼 왔다는 점에서 차이가 있다. 한편, 많은 공공부문의 조직들은 사회적 가치 성과를 ESG 성과라고 표현해 두 가지 개념을 혼용하고 있다. 사회적 가치 내지는 ESG 성과에 대한 강조가 시장을 통해 우리 사회에 어떤 영향을 줬는지 살펴보기 위해서는 시장 참여자들의 관점에서 접근할 필요가 있다.

소비자와 기업으로 대표되는 시장 참여자들의 의사결정 형태가 변화하면, 시장 균형이 변화하고 그들의 만족 수준 또한 변화한다. 이런 변화를 다루는 경제학 분야가 후생경제학이다. 후생은 인간이 느끼는 행복감 또는 복지 수준을 의미하고, 후생을 화폐단위로 표현하는 경우 '경제적 후생'이라고 부른다. 후생주의는 결과에 이르게 된 과정을 고려하지 않고 결과만을 중심으로 분배와 제도에 대해 규범적으로 평가하는 것을 말한다.

후생경제학에서는 사회구성원 개개인의 경제적 후생이 주어졌을 경우, 그것을 사회 전체의 후생으로 어떻게 바꿀 것인지 문제 된다. 개개인의 경제적 후생을 사회 후생으로 변환하는 방법은 다양하다. 모든 사람의 후생을 합하는 방법(공리주의), 모든 사람의 후생을 곱하는 방법(평등주의), 가장 후생 수준이 낮은 개인의 후생을 사회의 후생으로 인정하는 방법(최소극대화 원칙) 등이 그런 방식들이고, 개개인의 경제적 후생이 주어졌을 때 사회 후생을 계산하는 방식을 사회 후생함수라고 한다.

간단한 예를 통해서 사회 후생함수에 대해 살펴볼 수 있다. 두 명의 개인이 존재하고 그들이 나눌 수 있는 경제적 후생의 총합은 4로 고정된 사회를 가정해보자. 공리주의에 따르면 4

의 경제적 후생을 두 개인에게 어떤 방식으로 나눠져도 사회 후생은 변하지 않는다. 두 사람의 경제적 후생의 총합이 중요할 뿐 어떤 방식으로 배분됐는지는 중요하지 않기 때문이다. 반면, 평등주의나 최소극대화 원칙에 따르면 두 개인이 각각 2만큼의 경제적 후생을 나눠 가졌을 때 사회 후생이 가장 높아진다. 한 명에게 경제적 후생이 집중되는 것보다 두 명에게 평등하게 배분되는 것을 중요하게 생각하기 때문이다. 어떤 사회 후생함수를 사용하는가에 따라서 분배 상태에 대한 평가와 정책적 대안이 달라진다. 이하에서는 경제학에서 널리 사용되는 공리주의 방식의 사회 후생함수를 이용한다.

시장은 소비자와 기업에 의해서 형성되고 유지된다. 애덤 스미스는 보이지 않는 손을 통해서 소비자와 기업이 자유로운 경쟁을 하면, 사회적으로 가장 바람직한 상태가 달성된다고 했다. 하지만, 외부성이 존재하면 시장은 스스로 가장 효율적인 상태를 달성할 수 없고 우리는 이를 시장실패라고 부른다. 환경오염이 시장실패의 대표적인 예다. 환경오염 문제를 해결하기 위해서는 정부가 개입하거나 시장 참여자가 환경오염 문제를 인식하고 의사결정에 반영해야 한다. 정부는 환경오염에 대한 규제를 가하고, 소비자는 환경오염을 유발하는 제품을 구매하지 않으며, 기업은 환경오염을 줄이는 기술을 개발하거나 생산량을 줄이는 방식을 통해서 환경오염 물질 배출 수준을 낮춰야 한다. 정부의 개입이 전통적 해결책이라면, 시장 참여자들이 스스로 의사결정 행태를 바꾸는 것이 최근에 나타나고 있는 현상이고 윤리적 소비와 ESG 경영이 대표적인 예다.

상품이나 서비스를 구매할 때, 재화 자체의 효용만을 고려하지 않고 재화에 내재된 또 다른 가치를 고려해 소비 선택을 하는 것이 윤리적 소비다. 윤리적 소비의 규모는 지속적으로 증가하고 있다. The Co-op에 따르면 영국에서 1999년 개별 가구당 윤리적 소비의 규모는 202파운드에 불과했지만 20년이 지난 2018년에는 윤리적 소비의 규모가 1,278파운드로 500% 이상 증가했다. 에너지 효율적인 전자 제품, 동물복지인증 식품, 유기농 식품에 대한 소비가 특히 큰 폭으로 증가했다. 2020년 한국리서치에서 발표한 주간리포트 '방식은 달라도 가치가 모여 실현하는 착한 소비'에 따르면, 응답자의 약 47%가 '착한 소비를 해본 적이 있다'

라고 응답했다. 착한 소비 경험자들의 소비 유형은 재래시장과 전통시장 이용(86%), 친환경 제품 구매(84%), 동네 소규모 및 소매점 이용(84%), 사회적 기업 제품 구매(69%), 사회적 취약계층이 만든 제품 구매(54%), 공정무역의 제품 구매(48%), 동물복지를 고려해 생산된 제품 구매(47%)의 순으로 나타났다.

윤리적 소비가 이뤄지는 이유는 소비자가 제품 자체에서 느끼는 만족감 이외에도 제품의 생산과정에서 발생한 사회적 가치를 소비함으로써 주관적인 만족감을 느끼기 때문이다. 환경 친화적인 제품을 그렇지 않은 제품보다 높은 가격을 지불하고 구매하는 것은 제품에 내재된 친환경 가치에 대해 지불의사가 있다는 것을 의미한다. 윤리경영을 하지 않는 기업 제품을 구매하지 않는 것은 구매 결정시 단순히 제품 자제만을 보는 것이 아니고 어떤 기업이 만들었는지를 함께 고려하는 것이다. ESG 성과가 높은 기업의 제품 및 서비스에 대해서는 윤리적 소비 수요가 증가하지만, 반면 그렇지 않은 기업에 대해서는 윤리적 소비 수요가 줄어들 것이다.

또 다른 시장 참여자로서 기업을 살펴보면, 전통적으로 기업은 이윤을 극대화하는 것으로 여겨졌다. 경제학자인 밀턴 프리드먼은 1970년 뉴욕타임스에 발표한 글에서 기업은 이윤을 높이는 것이 사회적 책임을 다하는 것이라고 말했고, 이는 기업에 대한 전통적인 시각을 주주 자본주의 관점에서 대변하는 것이다. 그 후, 캐롤은 기업의 사회적 책임(CSR)을 경제적 책임, 법적 책임, 윤리적 책임, 자선적 책임으로 단계화해 기업은 이윤추구 이외에도 사회적 책임을 다해야 함을 언급했다. CSR에 대해서는 다양한 관점이 있으나, CSR을 통해서 기업의 이윤을 높일 수 있다는 관점이 존재하며, 이를 전략적 CSR이라고 부른다. ESG 경영도 기업이 지속가능한 이윤을 창출하기 위한 기업의 전략이라면, 장기적 관점에서 이윤추구 행위의 일환으로 볼 수 있다.

한편, 시장에는 영리기업 이외에도 다른 형태의 기업들이 존재한다. 사회적 경제 분야에 존재하는 다양한 조직들(사회적 기업, 협동조합, 마을기업, 자활기업 등)이 그런 경우다. 사회적 경제 조직은 시장에서 이윤을 획득함과 동시에 사회적 가치를 실현하는 것을 목적으로 한다.

기업 경영자가 이윤 획득 이외에도 사회적 가치를 행함으로써 만족감을 느낀다는 점에서 전통적인 기업 경영자와 다르며 '사회적 기업가 정신(Social Entrepreneurship)'이 기업경영의 중요한 요인으로 작용한다. 사회적 경제 기업과 ESG 기업은 사회적 가치를 추구하는 동기가 다르지만, 시장에서 ESG 성과를 만들고 ESG 성과가 내재된 제품 혹은 서비스의 공급을 증가시킨다는 점에서 유사한 측면이 있다.

ESG 성과에 대한 강조는 윤리적 소비의 규모 확대와 기업의 ESG 성과 확산을 가져온다. 윤리적 소비의 규모 확대는 소비자의 경제적 후생이 높아지는 것을 의미한다. 소비자는 윤리적 소비를 통해서 자신이 느끼는 만족감이 높아지기 때문에 윤리적 소비를 선택한 것이기 때문이다. 기업의 ESG 성과 확산은 장기적인 측면에서 기업의 지속가능성을 위한 수단으로 기업의 경제적 후생을 높이는 역할을 한다. 단기적 관점에서 기업이 ESG 성과를 창출하기 위해서 소요되는 비용이 기업의 한계이윤보다 높을 수 있고 이는 기업의 이윤 감소로 이어진다. 하지만, 기업이 ESG 경영을 하지 않는 경우 시장에서 경쟁력을 잃게 된다면, ESG 경영은 기업의 이윤 감소가 아닌 지속가능하기 위한 수준의 이윤을 확보하는 수단이며 이는 기업의 경제적 후생 증가로 이어진다.

ESG 성과가 사회후생에 미친 영향을 평가하기 위해서는 소비자와 기업은 물론이고, 다양한 이해관계자의 경제적 후생의 변화를 함께 살펴봐야 한다. 기업이 취약계층을 고용하고 그들의 생산성보다 높은 임금을 제공한다면, 기업의 입장에서는 생산비용이 커지고 이윤에 부정적으로 작용한다. 윤리적 소비자가 기업의 일자리 제공이라는 성과를 인정하고 해당 기업 제품에 대해 높은 가격을 지불한다면 기업의 줄어든 이윤 일부분이 보전될 수 있다. 하지만, 소비자가 해당 사회적 성과에 대해 지불하는 가격이 기업의 비용 증가분보다 적다면 소비자와 기업의 경제적 후생의 합은 낮아진다. 반면, 기업에 고용된 취약계층의 소득이 증가하고 그들의 경제적 후생이 증가한 것을 함께 고려하면 사회 전체적 후생은 증가한다. 즉, ESG 추구가 우리 사회에 주는 영향을 판단하기 위해서는 관련된 이해관계자의 경제적 후생의 변화를 함께 고려하는 것이 필요하다.

윤리적 소비와 기업의 ESG 경영이 사회 후생에 미치는 영향은 사회적 가치를 고려하지 않는 경우와 비교할 때 명확해진다. 윤리적 소비의 규모가 증가하면, 기업은 ESG 성과를 고려해 경영할 것이며 이는 사회 후생 증가로 이어진다. 또한, 기업의 ESG 경영은 소비자들의 사회적 성과에 관한 관심을 높이고, 윤리적 소비 규모를 확대하므로 사회 후생이 증가한다. 윤리적 소비와 기업의 ESG 경영은 선순환 관계로 사회적 가치가 고려되지 않던 경우와 비교해 사회 전체의 경제적 후생을 높이는 역할을 한다.

다만, ESG 성과의 과도한 추구는, 실현되는 사회적 성과보다 더 높은 비용을 유발해 사회 후생을 악화시킬 수도 있다. ESG 성과를 합리적인 방식으로 측정하고 투명하게 공개하며, 이에 대한 정부의 정책적 지원을 통해서 사회 전체적으로 바람직한 수준의 ESG 성과 달성을 위해 노력해야 할 것이다.

글 · 홍현우

ESG 경영의 한계와 대안적 교환관계

배종훈

서울대학교 경영대학 교수, 경영이론, 경영전략, 조직, 인사 전) 고려대학교 경영학과 교수
네덜란드 틸부르크대학 교수, 프랑스 INSEAD 박사, 서울대학교 경영학과

ESG 경영은 감염병의 시대를 관통하는 새로운 움직임이다. 자본시장에서는 기업경영을 평가하는 새로운 기준으로 수용되고 있고, 사회에서는 기업의 사회적 책임을 강제하는 새로운 계기로 이해되고 있다. ESG 경영이라는 뜨거운 주제를 이해하기 위해서 필자는 두 가지 질문을 던지고자 한다. 첫 번째 질문은 ESG가 정말 새로운 개념인가다. 기업의 사회적 책임과 관련해 많은 논의가 이미 있었다. ESG 역시 그 많은 개념처럼 같은 문제의식의 표지 갈이가 아닐까 하는 의심의 시선을 거두기 어렵다. 두 번째 질문은 ESG의 원래의 취지를 잘 구현하기 위해서, 이 개념을 그리고 실천 방식을 추가로 고민한다면 어떤 대안이 가능한가다.

결론부터 약술하고 이야기를 시작하면 다음과 같다. 필자는 ESG가 결코 새로운 개념이 아니라고 본다. 주주가치를 여전히 반영하고 있는 개념이기 때문이다. 그렇다고 해서 ESG의 대안으로 이해관계자 주의를 필자가 제안하고 있는 것은 아니다. 그와는 다른 대안을 제시하는 것이 이 글의 동기다. 둘째, ESG가 좀 더 나은 개념이 되기 위해서는 무엇을 더 살펴야 하는가. 필자는 생산과정의 결과, 혹은 교환의 결과를 평가하는 것을 벗어나서, 생산과정 그 자체, 교환과정 그 자체를 평가하는 개념으로 이행할 것을 제안한다. 교환 혹은 생산과정에 대한 평가는, 현장의 언어를 빌리자면, 사업 모델에 대한 평가를 의미한다.

대표성 그리고 후생주의

본 논의의 첫 번째 질문은 ESG 경영을 구성하는 세 가지 요소, 즉 환경적(Environmental),

사회적(Social) 그리고 지배구조(Governance)를 다음의 두 가지 측면에서 살펴볼 수 있다. 지배구조 측면에서 ESG 경영을 평가하려면, 그것이 누구를 혹은 누구의 이익을 대표하고 있는지 살펴봐야 한다. 특정 지배구조에서 환경의 가치, 사회의 가치라는 것이 어떻게 측정되고 계산되는지 살펴봐야 한다. 첫 번째 측면은 대표성의 문제를, 두 번째 측면은 후생주의(welfarism)라는 시대를 대표하는 계산법과 관련한 고민을 다루고 있다.

먼저 대표성의 문제를 살펴보면 다음과 같다. ESG 경영의 실체를 확인할 수 있는 가장 효과적인 장소는 바로 이사회라고 할 수 있다. 기업의 주요 의사결정이 최종적으로 승인되는 장소이기 때문이다. 이사회의 정당한 구성원이 주주에 한정되거나, 주주를 대리하는 자로 한정된다면, 특정 기업의 이사회에서 ESG 경영을 선언한다 하더라도, 해당 기업의 경영은 주주의 이익을 극대화하는 통상의 입장과 구분되기 어렵다. 이사회 구성의 변화 없다면, ESG 경영은 여전히 주주의 이익을 대표할 수밖에 없기 때문이다. ESG 경영을 주주가치 경영과 구분되는 새로운 개념이라고 보기 어려운 중요한 지점이다.

물론 ESG 경영에서는 기존의 주주가치와 구분되는 환경의 가치, 사회의 가치를 고민한다고 주장할 수 있다. 오히려 ESG 경영에서는 주주가치와 환경, 사회의 가치가 상충하지 않고, 상보적 관계라고 제안하기도 한다. ESG 경영을 제안하는 자본시장의 주된 논리 역시, 이사회가 ESG 경영을 채택하는 것은 주주가치의 극대화 의사결정과 충돌하지는 않는다는 것이다. ESG 경영을 주주 이외의 다양한 경제주체의 이익을 고려하는 Stakeholder's view(이해관계자적 관점, 이해관계자주의)의 한 사례로 이해하는 이유이기도 하다.

이 경우 논의는 자연스럽게 어떻게 환경의 가치를, 사회의 가치를 측정할 것인가로 이동한다. 국내 ESG 논의의 상당 부분이 재무제표 혹은 그에 준하는 방식으로 ESG를 측정하는 것에 치중돼 있는 이유다. 그러나 ESG 경영에서 측정되고 계산되는 환경의 가치, 사회의 가치가 여전히 후생주의의 전통을 따르고 있다면 새로운 개념이라고 볼 수 없다.

환경과 사회의 가치를 측정하는 통상의 방식은 다음과 같다. 시장가격이 담아내지 못하는 외부효과(Externality)를 환경과 사회의 가치로 이해하고 이것을 화폐가치로 표현하려고 한다. 가격에 반영되지 않은, 해당 상품 수혜자의 편익은 수혜자의 후생(Well-being) 혹은 개인의 선호만족(Preference satisfaction)으로 측정된다. 바로 후생주의의 전통이다. 지불의사가격(Willingness-to-pay price)의 방식이 대표적이다.

그러나 우리가 알고 있는 가치, 무엇보다도 환경의 가치와 사회적 가치는 단순히 화폐가치로 측정할 수 없는 것이 많다. 예를 들어 자유, 정의, 생명 등의 가치는 화폐가치로 측정하기 어려운 것이다. 따라서 해당 가치와 관련된 활동을 적절한 가격으로 표현하기 어렵다. 계약할 수 없는, 계산할 수 없는 가치가 환경의 가치와 사회적 가치를 지배적으로 구성하고 있다는 의미다. 이런 가치를 적절하게 반영하지 않는다면 지금의 ESG 경영은 새로운 가치이론을 제시하는 개념이라고 보기는 어렵다.

종합하면, ESG 경영은 후생주의의 전통을 따르고 있고, 주주의 이익을 여전히 대변하고 있기 때문에 새로운 개념이라고 보기는 어렵다. 통념의 ESG 경영이 이처럼 낡은 개념이라면, 이것을 본래의 취지에 맞게, 즉 환경과 사회의 가치를 추구한다는 취지에 맞게 재정의한다면, 어떤 속성을 더하거나 덜어내야 하는가? 이것이 이 글의 두 번째 질문이다. 대안적 ESG 경영은 어떤 모습을 가져야 하는가? 두 가지 원칙을 제시할 수 있다.

첫째, 대표성에 관한 새로운 고민이 필요하다. 즉 주주가치를 넘어서는, 그래서 보다 넓은 사람의 이익을 대변할 수 있어야 한다는 점이다. 그렇지만 필자는 이해관계자주의라는 오랜 관점을 다시 소환하지는 않을 계획이다. 둘째, 후생주의에 기반해 가치를 측정하는 강박으로부터 벗어날 필요가 있다.

그렇다면 이 두 가지 원칙을 지키면서, 대안적 ESG 경영을 어떻게 제안할 수 있을까? 필자는 경영, 경제 담론에서 오랫동안 누락됐던 거래 제3자의 권위를 복권하는 것으로부터 출발하고자 한다. 여기서 거래의 제3자라 함은 당사자간의 교환을 지지하고 승인하는, 공유된 교환 규칙을 확인하는 자를 총칭한다. 그 의미를 구체적으로 살펴보면 다음과 같다.

교환규칙의 ESG

거래를 평가하는 통상의 관점은 거래 당사자간의 자율 합의다. 자유주의적 윤리를 강조하는 경제학에서는 당사자간의 합의가 시장의 효율성을 담보하는 기본적인 장치다. 바로 분권화된 교환 시스템이 집권화된 계획 경제 대비 우월한 근거이기도 하다. 분권주의적 사고에서는 교환관계를 평가할 때 거래의 당사자 이외에 추가적인 의견은 불필요하다고 본다.

그러나 우리가 통상적으로 알고 있는 모든 계약활동들, 교환활동에는 언제나 제3자가 전제돼 있다. 당사자들 간 계약이 효력을 가지려면 즉 이행을 강제할 수 있으려면, 계약의 내용을 증명할 그리고 계약을 강제하는 것을 지지할 제3자가 언제나 필요하기 때문이다. 좁게는 계약관계를 규율하는 사법 시스템부터 넓게는 미풍양속으로 표현되는 규범을 공유하는 교환공동체 일반까지, 당사자간의 교환은 언제나 교환의 효과성을 승인하는 제3자를 전제한다.

전동 킥보드를 이용하는 '퍼스널 모빌리티(Personal mobility)'라는 신규 서비스의 경우, 해당 서비스를 이용하는 사용자와 공급자만이 해당 서비스의 효과성을 담보하는 것은 아니다. 해당 교환관계를 평가하는데 필요한 정보는 킥보드의 기술적 특성, 해당 서비스 가격의 적정성 등에 한정되는 것은 아니다. 새로운 서비스가 유효한 계약이 되기 위해서는, 서비스를 사용하지 않은 보행자의 불편을 고려해야 하고(보행자의 승인이 필요하고), 전동 킥보드가 일으키는 사고에 대한 책임과 보험의 범위가 정의돼야 하고, 전동 킥보드가 도로를 달릴 수 있는가에 대한 규제 당국의 판단이 필요하기 때문이다. 해당 거래의 직접적인 당사자 이외에 다양한 경제주체의 승인과 지지가 있어야, 당사자간의 거래가 공동체 수준에서 효과를 가지게 되는 것이다. 바로 이들이 교환에 항상 전제되는, 그러나 통상의 논의에서는 계속 외면당하는 제3자다.

발언권을 부여받지 못한 제3자는 규제 당국일 수 있고, 일반 시민일 수 있고, 해당 서비스의 간접적 수혜자일 수 있고, 해당 교환과 관련된 협력 업체일 수 있다. 그렇지만 제3자는 특정한 거래가 정당한가를 여전히 평가하고 효과적으로 승인하는, 그 자체로 이질적인 집단이다. 바로 이 지점에서 대안적 ESG 경영의 계기를 제시하려고 한다. 교환의 제3자를 정당한 거래의 당사자로 복권해야 ESG 경영의 본래 취지를, 즉 환경과 사회적 가치를 고려하는 경영이라는 취지를 구현할 수 있기 때문이다.

교환을 평가하고 지지하는 제3자를 교환과정에 불러오는 방식은 두 가지로 나눌 수 있다. 첫 번째는 앞서 언급한 Stakeholder's view(이해관계자적 관점, 이해관계자주의) 방식이다. 기본 논리는 다음과 같다. 해당 교환의 간접적 수혜자 혹은 피해자의 목소리가 해당 교환에 누락돼 있고, 누락된 간접 수혜자, 피해자의 목소리를 교환과정에 반영해야 정당한 교환이 된다는 입장이다. 경제학에서 말하는 외부효과가 그 예다.

이 경우, 해당 서비스의 수혜 혹은 피해를 입지 않은 자는 결국 이해관계자로서 인정되지 않는다. 이해관계자는 교환결과의 사적 배분에 참여할 자격이 있는 자에 한정되기 때문이다. 그리고 환경과 사회의 가치는 직접적, 간접적 수혜자, 피해자 개개인의 이익과 손실의 합산으로 측정된다.

두 번째는 필자가 제안하는 방식으로 기본 논리는 다음과 같다. 특정 교환과 직접적으로 연결되지 않더라도, 해당 교환관계를 평가하는 정당한 주체가 될 수 있다고 보는 입장이다. 해당 교환으로부터 이익을 갖고 있지 않더라도, 즉 수혜 혹은 피해를 입지 않더라도, 해당 교환을 승인할 자격이 있다는 입장이다. 오히려 해당 교환의 정당성, 혹은 교환의 환경, 사회적 가치는 교환의 이익으로부터 자유로운 자가 더 적절하게 평가할 수 있다는 입장이다.

이 경우 제3자는 내 몫이 얼마인지 따지는 사람이 아니라, 특정 교환의 적절성을 공유된 규범에 따라 평가해주는 다중이다. 그런 의미에서 이런 제3자의 평가행위는 교환공동체의 공적 영역에서 이뤄지는 공적 실천으로 볼 수 있다.

제3자의 판단 기준이 되는 규범, 즉 공유된 규범의 토대는 해당 공동체의 윤리성에서 찾을 수 있다. 애덤 스미스(Adam Smith)가 그의 저서 『The Theory of Moral Sentiments(도덕 감정론)』의 첫 장에서 언급한 'Sympathy(공감)'이 그 대표적 예다. 나의 몫과 무관하게, 타자에게 허용해야 하는 '좋은 삶', 바로 이것이 공감에 토대를 둔 가치 판단의 본질이다. '불편부당

(Impartiality)', 즉 공감할 수 있는 제3자가 수용한 이익이 바로 교환의 가치의 토대가 된다. 후생주의와 결별하는 지점이다.

필자의 논리를 따르면, 환경과 사회적 가치는 개인 이익의 합산이 아니라, 교환공동체가 타자에게 허락하는 좋은 삶의 수준이 될 것이다. 이런저런 사람에게 특정 서비스가 당연히 허락 혹은 금지돼야 한다는 판단이 공감에 토대를 둔 가치 판단이다. 물론 좋은 삶의 구체적 내용은 시대와 장소에 따라 변할 수 있으나, 환경과 사회적 가치의 본질은 해당 공동체가 이해하고 수용하는 좋은 삶의 수준에 의해서 결정되게 된다.

이해관계자의 몫을 따지는 것과 달리, 불편부당의 제3자는 교환의 결과뿐 아니라 그 과정도 평가 및 판단한다. 후생주의와 구분되는 중요한 지점이다. 교환과정을 평가한다는 것은 교환결과를 만들어내는 일련의 활동, 그런 활동을 규율하는 교환규칙 일반에 대해 평가를 하는 것이다. 교환규칙에 대한 평가는 상품의 가격이 적절한가에 관한 판단을 넘어서서, 특정 생산과정이 적절한가에 관한 판단까지 포함한다. 현장의 언어를 빌리자면, 원재료의 구매에서 변환 그리고 고객에게 상품을 전달하는 일련의 생산 계획, 즉 비즈니스 모델이 바로 필자가 말하는 교환규칙이다. 다양한 요소 공여자들을 연결하고 각각 특정의 역할을 부여하고, 하나의 생산과정을 완성하는 계획이 바로 비즈니스 모델이기 때문이다.

교환규칙에 관한 평가가 그 자체로 낯선 시도는 아니다. 창업 현장에서 시도되는 다양한 혁신은 결국 새로운 비즈니스 모델을 제안하고 수용하는 과정이기 때문이다. 예를 들어, 공유경제와 관련된 다양한 실천, 분산처리 금융을 꿈꾸는 블록체인 기술 등은 새로운 상품 혹은 새로운 기술의 경합이라기보다는, 새로운 비즈니스 모델의 경합으로 이해할 수 있다. 달리 말하면, 창업은 바로 새로운 교환규칙을 공동체에 제안하는 활동이다. 성공한 창업은 결국 제안한 규칙의 공동체 수준에서의 수용을 의미하는 것이다.

지금 미국에서 뜨겁게 진행되고 있는 페이스북에 관한 논쟁 역시, 그 본질은 비즈니스 모델에 대한 사회 일반의 불만족의 표현이라고 볼 수 있다. 넷플릭스의 다큐멘터리 영화 〈The Social Dilemma〉에서도 다루고 있듯, 페이스북의 서비스가 사용자의 자기 결정권을 중대하게 침해하고 있는가라는, 상품의 질적 속성, 가격과 전혀 무관한, 해당 서비스를 작동시키고 만들어내는 구조와 과정에 대한 평가가 현재 페이스북, 구글, 아마존 등에 대한 논쟁의 중핵이다. 바로 교환규칙에 관한 논쟁인 것이다.

이상의 논의를 토대로 대안적 ESG 경영을 제시하면 다음과 같다. ESG 경영은 당사자간의 거래를 수용하고 지지하는 제3자의 목소리를 경영 의사결정과정에서 반영하는 시도로 이해돼야 한다. 교환결과에 대한 소극적 평가가 아니라, 교환과정 일반, 즉 교환규칙에 대한 적극적 평가의 시도로 이해돼야 한다. 누구의 이익을 더 정확하게 계산할지 논하기보다는, 해당 기업의 생산과정이 사회 일반의 가치 기준에 비추어 타당한가를 따지는 방향으로 전환하려는 노력이다. 우리가 알고 있는 타자에게 허락할 수 있는 수준의 상품 그리고 생산과정인지 따지는 노력이기도 하다.

ESG 경영을 상기한 방식으로 다르게 해석하면, 경영자 측에서는 이렇게 반문할 수 있다. 생산과정에 관한 내용은 경영 고유의 의사결정이고, 해당 내용에 대한 평가는 기업 고유의 경영 정보를 제3자에게 공시하는 것을 전제하게 된다. 이것은 경영권의 본질적 침해이고, 기업 경영의 자유를 중대하게 침해하는 것이다. 그러나 식품산업에서 (조리법의 중요한 내용이라고 할 수 있는) 첨가물에 관한 내용은 개별 상품마다 소비자에게 공시하게 됐다. 교환규칙에 대한 공시 역시 그 연장선에서 이해할 수 있을 것이다. 교환규칙을 평가하기 위한 더 적극적인 방법은, 규칙을 평가할 제3자가 적절한 방식으로 의사결정과정에 참여할 기회를 제공하는 것이다. 바로 기업지배구조의 변화를 의미한다. ESG에서 G에 관한 내용이 결국 이 모든 논의를 본질적으로 지탱하는 제도적 수단인 것이다. 특히 인공지능과 같이 알고리즘 기반 경영이 생산과정을 빠르게 변화시키는 시점에서는 교환규칙에 대한 명시적 평가가 더 절실할 수밖에 없다.

이론적 배경

위에서 소개한 대안적 ESG 경영의 이론적 토대를 약술하면 아래와 같다. 실무적 함의에 목적을 둔 독자는 지금부터 정리할 이론적 토대를 건너뛰어도 글을 이해하는 것에 어려움이 없을 것이다. 제도 경제학의 오랜 논쟁을 교환제도 일반에 대한 논의로 확장시키는 작업에 대한 정리다. 윤리성(Morality)과 통치성(Govern mentality), 양자를 결합하는 나의 오랜 작업의 정리이기도 하다. 전자는 권력을 비껴가는 공적 실천이고, 후자는 권력을 행사하는 사적 실천이다. 이하의 논의는 대표성(Representation)에 관한 사회철학적 고찰에서 출발한다. 교환규칙 측면에서 대표성의 문제는 정당한 거래 당사자의 범위를 정하는 문제다. 동시에 자기 몫이 없는 자를 특정하고 배제하는 문제이기도 하다.

필자의 모든 논의는 단 하나의 명제로 축약된다. 친시장 정책은 친기업 정책이 아니다. 두 교환제도의 대립은 분권과 집권, 근대와 전근대, 민주와 비민주, 자유주의적 시장(Bazaar)과 관료제적 성당(Cathedral)의 대립으로 오랫동안 이해돼 왔다. 그리고 하나에서 다른 하나로 이행하는 것이 역사의 발전이라고 보는 관점 역시 오래된 것이다. 특히 하나의 대립항, 기업 혹은 조직(Hierarchy)이라는 대립항은 이행의 잠정적 상태, 궁극의 균형으로 가는 잠정적 상태로 이해해왔다. 반면에 필자는 양자가 이행의 대립항이 아니라, 근대적 생산을 구성하는 동시적이고 상보적인 대립항이라고 보고 있다. 형식적 자유, 즉 시장과 미시적 규율, 즉 조직은 근대를 작동시키는 두 가지 방식이기 때문이다. 여기서 규율의 미시성은 자산 특이적 투자(Asset-specific investment)로서, 작업장이라는 특정 장소에서 작동하는 기제를 말한다.

제도 경제학의 오랜 입장에서 연원하고, 필자의 교환이론에서 재구성한 입장을 따른다면, 자본주의적 생산은 두 가지 상이한 교환규칙에 따라 조정된다.[1] 하나는 민법에 토대를 둔 시장의 원리이고, 다른 하나는 노동법에 토대를 둔 경영의 원리다. 전자는 당사자들 간 합의에 따른 효율적 계약으로 갈등을 조정하는 방식, 자율의 원리다. 후자는 경영자라는 제3자의 개입으로 갈등을 조정하는 방식, 규율의 원리다. 지그문트 바우만(Zygmunt Bauman)이 『Liquid Modernity(유동적 근대성)』에서 발견한 것이 바로 시장의 원리이고, 장 보드리야르(Jean Baudrillard)가 『Consumer Society(소비 사회)』에서 읽어낸 것이 바로 경영의 원리다. 시장의 원리와 경영의 원리는 각각 당사자주의와 제3자주의라는 대표성의 원칙을 가지고 있다.

상이한 대표성의 원칙은 생산과정에서 상이한 가치이론과 짝을 이룬다. 당사자주의와 후생주의의 전통이 짝을 이루면, 주주가치 경영 혹은 이해관계자주의와 같은 관점이 가치이론으로 성립된다. 그런 맥락에서, 우리 사회 일각에서 주목하고 있는 사회적 경제(Social economy)는 여전히 후생주의의 연장(Extension)으로 이해할 수 있다.

반면, 제3자주의는 별개의 가치이론을 필요로 한다. 교환의 이익과 독립된 제3자가 개입할 수 있는 별개의 토대가 필요하기 때문이다. 바로 이 지점에서 타자의 공감적 기대에 준거한 가치론을 필자는 제안한다. 즉 사회적 가치의 본질은 개인 이익의 합산이 아니라, 타자에게 허용하기로 합의한 좋은 삶의 수준이라는 관점이다. 애덤 스미스의 가치이론을 필자가 소환한 이유다.

이익이 아닌 교환규칙

ESG와 관련된 통상의 논의는 이익의 측정 측면에 치중돼 있다. 제한된 예산으로 다양한 갈등을 조율하기 위해서는 원인과 결과를 객관적인 숫자로 표현할 절실한 필요도 있다. 이익의 측정은 그런 표현의 대표적 방식이다. 그러나 필자는 ESG와 관련된 논의에서, 다른 여타의 갈등 조율의 방식과 달리, 객관적 숫자를 만들어내는 것, 그 이상을 제안한다. 환경과 사회적 가치를 고려한다는 ESG 경영의 본래적 취지를 살리기 위해서는 가치를 측정하는 다른 방식을 고민할 필요가 있기 때문이다. 교환의 제3자와 교환의 규칙에 대한 평가에 필자가 집중하는 이유다.

ESG의 제3자는 경영권의 주체인 경영자와 다르게, 불편부당의 관찰자로서 당사자간 교환을 평가하는 사람이어야 한다. 환경 혹은 사회적 가치는 각각의 이해관계자가 주장하는 효익에 의해서가 아니라, 불편부당 제3자의 수용에 의해서 정의되기 때문이다. 불편부당의 제3자가 평가하는 것은 교환의 결과가 아니다. 교환의 과정, 교환 주체의 역할과 의무, 즉 교환규칙이 평가의 대상이다. 바로 그런 의미에서 이케아 매장을 운영하는 잉카 그룹의 CEO, Jesper

Brodin은 사회적 가치를 고려한 경영은 궁극적으로는 사업 모델의 변화관리라고 이해했다. 대안적 ESG 경영의 본질은 이해관계자의 이익에 있지 않다. 교환과정의 타당성, 즉 교환규칙의 정당성에서 찾을 수 있다. 불편부당의 제3자가 경영 과정의 타자가 아니라 정당한 당사자가 돼야 하는 이유다.

글 · 배종훈

1   Williamson, O. 1985, The Economic Institutions of Capitalism, NY: Free Press; 배종훈, 2018, 경영과 불평등: 4차 산업혁명을 중심으로, 정부학연구, 24(2), 5-27; 배종훈, 2019, 이해상충 그리고 기업의 윤리적 임의성, 인사조직연구, 27(4), 151-169; Bae, J. 2020, The tragedy of contract and the naturalistic fallacy at the workplace, Seoul Journal of Business, 26(1), 1-19.

금융적 상상과 사회적 증권시장[1]

석승훈

서울대학교 경영대학 교수, 재무, 금융. 미국 펜실바니아대학교 와튼스쿨 경영학 박사,
서울대학교 대학원 경영학과 MBA(경영학 석사), 서울대학교 경영학과

1. 들어가며

ESG는 환경적(Environmental), 사회적(Social) 그리고 지배구조(Governance) 요소를 아우르는 용어다. ESG는 조직이나 단체, 특히 기업에 주주의 이익만을 위한 경영에서 벗어나 환경과 사회, 또한 다양한 이해관계자들의 이해를 고려하는 경영을 강조한다.

ESG가 다양한 내용을 품고 있는 만큼, 이에 대한 접근법 역시 다양하게 제시되고 있다. 크게 두 가지, 법이나 규제를 통해 강제하는 방법과 인센티브를 제공해 자발적으로 ESG를 실천하게 하는 방법이 있다. 여기서 인센티브는 긍정적일 수도, 부정적일 수도 있다. 여기에서는 일종의 인센티브적 접근법으로서, 기업이 ESG를 추구하게 만드는 금융적 방법을 논의하고 제안하고자 한다.

ESG에는 다양한 접근법이 필요하기 때문에, 여기에서 고려하는 방법이 모든 ESG에 적용되는 것은 아닐 수 있다. 그럼에도 불구하고, ESG를 실천하는 수단으로서 금융적 방법의 중요성을 강조한다는 점에서 이 글의 의의를 찾을 수 있다. 아울러 금융을 이해하기 위해서는 금융적 상상력이 필요하다는 것을 보여줬다는 점에서도 중요한 의의가 있다.

구체적으로 여기에서는 사회적 증권(Social Security)이라는 금융을 생각해 보고자 한다. 일반적으로 사회적 증권은 후술하는 사회적 기업(Social Enterprise)과 관련돼 논의돼 왔다. 통상적으로는 사회적 기업에 자금을 제공하는 주식이나 기부금의 의미로 이해된다. 여기서는 이런 통상적인 사회적 증권과는 다른 개념의 증권을 제시하고자 한다. 여기서 고려하는 사회

ESG와 지속가능한 자본주의

적 증권은, 사회적 기업에 적용되는 주식의 개념이 아니라, 일반 기업에 적용되는 증권이되, 주식과는 다르게 사회적 가치가 포함된 증권을 의미한다.

이 사회적 가치에 ESG의 가치가 포함될 수 있기에, 이 사회적 증권을 통해 ESG를 실천할 수 있게 된다. 아래에서는 우선 사회적 증권이 유래된 사회적 기업에 대해 간단히 설명한다. 그런 다음, 주식이라는 증권이 존재하기 위한 금융적 상상이 무엇인지 고찰한 후, 사회적 증권을 위한 또 하나의 상상에 대해 논의한다. 그리하여 새로운 사회적 증권은 새로운 상상과 의례를 바탕으로 존재할 수 있음을 강조한다.

2. 사회적 기업과 사회적 증권

사회적 기업은 사회적 목표를 추구하는 기업으로 이해된다. 우리나라의 사회적기업 육성법에 따르면, 사회적 기업이란 취약계층에 사회서비스 또는 일자리를 제공하거나 지역사회에 공헌함으로써 지역주민의 삶의 질을 높이는 등의 사회적 목적을 추구하면서 재화 및 서비스의 생산, 판매 등 영업활동을 하는 기업으로 정의되며, 정부의 인증을 받아야 법적으로 사회적 기업의 지위를 얻는다. 비슷하게 OECD(1999)에서도 사회적 기업을 취약자 그룹에 노동의 기회를 제공하며 재화와 서비스를 제공하는 것을 목표로 하는 기업으로 보고 있다.

사회적 기업이란, 영리기업과 비영리 기업의 중간 형태로 간주할 수 있다(한국사회적기업진흥원, 2020). 이익을 추구한다는 점에서 일반 (영리) 기업의 측면이 있고, 동시에 사회적 가치를 추구한다는 점에서 비영리 기업의 측면이 있다.

사회적 기업의 본질적인 문제 중 하나는 생존의 문제라고 할 수 있다. 일반 영리기업의 경우, 오로지 이익을 추구하면서도 경쟁에 밀려 생존에 위협을 느끼는 경우가 많은데, 사회적 목표를 동시에 추구하는 사회적 기업의 경우에는 출발선에서부터 경쟁력에 열위에 있기 때문이다. 이런 이유로, 다수의 사회적 기업들이 자생력이 없이 정부의 보조금에 과도하게 의지하는 경우가 발생한다.

한편 사회적 기업의 자생력을 돕기 위해 세계적으로 사회적 증권시장이라는 제도가 고려되고 있으며, 브라질, 남아프리카공화국, 싱가폴, 캐나다, 영국 등이 대표적으로 도입했거나 고려 중인 국가로 알려져 있다(정은희, 2009). 이런 사회적 증시는 사회적 가치에 공감하는 투자자들이 사회적 기업의 펀딩에 참여하도록 장을 마련하는 것을 목표로 한다. 펀딩은 우선 기부금의 형태로 자금을 모집하는 형태가 있고, 또 다른 형태로(예: 싱가폴, 캐나다, 영국) 일반 주식시장과 마찬가지로 사회적 기업이 발행한 주식이나 지분에의 투자로서 자금을 모집하는 형태가 있다.

후자의 방법에 참여한 투자자는 일반 주주와 마찬가지로 사회적 기업의 주주가 되며, 내용상 일반 주식시장과 동일하다. 다만, 사회적 증시라는 제도를 통해 투자자에게 별도의 관심을 유도한다는 점에서 차별성이 있다.

여기에서는 이런 사회적 증권의 개념을 확장, 변형하고자 한다. 여기에서 제시하는 사회적 증권은 사회적 기업의 주식이 아니라, 일반 기업의 주식을 대체할 수 있는 증권으로서 사회적 가치를 내포한 증권의 의미로 사용하고자 한다. 이런 사회적 증권이 시장에서 거래되기 위해서는 주식과는 다른 금융적 상상이 필요하게 되는데, 이를 위해 일반 주식시장에 대한 고찰에서 시작하고자 한다.

3. 주가 의례

재무 교과서에서 주식의 가격은 다음과 같은 개념적 틀 안에서 이해된다. 우선 기업의 가치는 채권 가치와 주식 가치의 합으로 이해된다. 이를 수식으로 표시하면 다음과 같다. $V0$는 기업 가치, D는 채권(채권자) 가치, E는 주식(주주) 가치를 나타낸다.

$$V0 = D + E,$$

기업 가치는 기업이 미래에 벌어들일 수익을 현재의 시점에서 평가한 것이며, 채권 가치나 주식 가치도 마찬가지로 각각 채권자나 주주에게 돌아갈 수익을 평가한 것이다. 물론 현실적으로 주가는 주식시장 내의 수요와 공급에 따라서도 변화한다.

그러나 위 식은 어느 정도 진실일까? 위 식이 의미하는 것은 기업 가치는 자본가인 채권자와 주주에게 배분된다는 것이다. 즉 기업은 채권자와 주주만의 것이다. 기업의 다른 이해관계자는 배제된다. 더 나아가 채권자 몫은 이자와 원금으로 확정돼 있기 때문에, 이를 제외하고 나면 암묵적으로 기업 가치는 주주의 몫과 동일시된다. 즉, 기업은 곧 주주의 것이다.

기업이 주주의 것이라는 시각은 현대 금융시장에서는 상식처럼 들린다. 그러나 이런 시각은 무엇보다 기업의 법인격에 대한 부정에서 출발한다. 기업은 법인격을 지닌 존재로서, 기업 가치란 누구의 것이 아니라 기업 자체의 것이다. 그리고 법인으로서 기업의 가치는 궁극적으로 다양한 이해관계자에게 배분될 가치이지 자본가나 주주에게만 배분돼야 하는 가치는 아니다.

재무 교과서 속 등식은 기업의 법인격을 무시하고 기업 가치를 오로지 자본가와 주주에게만 귀속시키려는 인식을 반영하는 것이다. 이 인식하에서만 기업 내부에 간직된 가치가 자본가의 가치와 동일시될 수 있고, 현재의 주가는 그렇게 계산되고 거래된다. 교과에서는 그런 인식을 과학적이라거나 논리적인 것으로 묘사하지만, 사실 그것은 하나의 허구적 내러티브에 불과하다.

그 내러티브 속에서 주주는 기업을 온전히 소유한 허구적 인격체로 존재한다. 주식에 투자하는 투자자들은 바로 그 허구적 인격체와 스스로를 동일시함으로써 마치 자신이 기업을 소유한 기분(착각)으로, 이 기분을 바탕으로 주식의 가격을 계산하고 그 가격을 중심으로 거래한다. 이는 드라마 속 멋진 주인공들과 스스로를 동일시하는 시청자와 비슷하다. 금융시장에서 주식이나 파생상품과 같은 금융상품의 평가와 거래는 그 내러티브를 바탕으로 행해지는 하나의 금융 의례(Ritual)다. 그 의례가 허구라 해도, 다수가 그 속에서 계산하고 거래하는 한 마치 그 의례는 진실처럼 군림하게 된다.

주가는 금융 의례 속에서 형성되고 허구적 내러티브를 끊임없이 참조하고 의지한다. 그렇다면 주가는 진실한 주식의 가치를 반영하는 수치라기 보다는, 지수(Index)와 마찬가지로 가상의 숫자에 가깝다. 기업을 온전히 소유한 허구적 인격체에게 귀속되는 가치를 계산함으로써 그 값이 정해지는 지수가 주가인 것이다. 주가는 지수이고, 주식은 이 지수를 중심으로 거래된다.

4. 사회적 증권: 상상

주식이 하나의 내러티브의 산물이라면, 다른 내러티브로 또 하나의 증권을 만들 수 있을 것이다. 이를 사회적 증권이라고 부르자. 아래에서 V^*는 기업 가치, S는 사회 가치, C는 자본가 가치이다(석승훈, 2014). 자본가 가치는 채권 가치와 주식 가치의 합으로서 재무 교과서에서 기업 가치라고 명명된 부분이다.

$$V^* = S + C,$$
$$C (= V0) = D + E.$$

위 식에서 중요한 요소는 자본가 가치 C에 추가될 부분인 사회 가치 S다. S에 무엇을 담느냐에 따라 서로 다른 증권을 상상할 수 있다. 가장 포괄적인 기업 가치는 ESG의 모든 요소가 포함된 가치, 즉 진정한 사회적 존재인 법인으로서의 기업 가치가 될 것이다. 여기서는 하나의 예를 통해 새로운 증권의 내러티브를 제안하고자 한다. 하나의 예를 제시하는 것이기 때문에, 여기서의 논의를 배타적으로 생각할 필요는 없을 것이다.

이 글의 예시에서는 논의의 편의상 노동자 가치와 주식 가치에 초점을 맞추고자 한다. 노동자 가치를 L로 표시하면, L은 사회 가치 S의 일부다. 아래에서는 논의의 편의상, 마치 기업 가치가 노동자 가치와 주식 가치로만 구성되는 것처럼 생각하고자 한다. 혹은 다른 이해관계자

가치는 좌변의 기업 가치(V^*)에서 차감하면 우변에는 노동자 가치(L)와 주식 가치(E)만 남게 되므로 그것을 기준으로 생각해도 무방하다.

$$V = L + E.$$

여기서 V는 노동자 가치와 주식 가치의 합으로 표현된 기업 가치를 의미한다. 위의 등식으로부터 다음을 알 수 있다.

$$V = V^* - [(S - L) + D] = V0 - D + L.$$

여기서 고려하고자 하는 사회적 증권은 바로 이 주식 가치와 노동자 가치가 일체화된 증권을 의미한다. 모든 이해관계자를 고려하는 것은 아니지만 주식에서 한 걸음 나아간 새로운 증권을 상상한다는 측면에서 편리한 확장이라고 생각한다. 더 확장된 사회적 증권을 상상하고자 한다면 동일한 방법으로 ESG의 가치를 추가해 나가면 된다.

이제 사회적 증권은 주식 가치에 노동자 가치가 합산된 가치인 사회적 가치를 반영하는 증권이 된다. 기업은 주식을 발행하는 대신 사회적 증권을 발행하게 될 것이며, 사회적 증권은 주식을 대체할 것이다.

사회적 증권은 사회적 가치를 지수로 해 가격이 매겨지고 거래될 증권이다. 사회적 증권의 의례 속에서는 주주와 노동자가 합치된 가상의 인격체에게 귀속되는 몫을 반영한 지수가 증권 가격이 된다. 이는 마치 주식이 주식 의례 속 인격체에게 귀속되는 몫을 지수로 해 가격이 매겨지고 거래되는 것과 동일한 이치다.

5. 사회적 증권: 내러티브

사회적 증권의 성격에 대해 의문을 가질 수 있다. 사회적 증권투자자는 주주로서 주식을 소유함으로써 그에 따른 현금 흐름을 얻을 수 있다. 그런데 노동자 가치는 임금이라는 현금 흐름으로 표현되고 이는 노동자에게 지급될 것이기 때문에 사회적 증권투자자에게 직접 귀속되는 가치가 아니다. 그럼에도 사회적 증권투자자가 노동자 가치의 증가로 이익을 볼 수 있을까?

바로 이 점 때문에 주가 역시 하나의 지수라는 사실이 중요해진다. 주가는 진정으로 주주가 가져갈 몫을 계산한 결과로 나온 것이 아니다. 상상의 내러티브 속에서 주주에게 귀속될 몫을 계산하고 그것을 기준으로 주가가 계산되는 것이다.

더 나아가 지수에 기반을 둔 지수 옵션이나 지수선물과 같은 투자를 생각해 보자. 이들 투자자에게 귀속되는 가치는 그저 계산된 지수의 변화에 따른 차익이나 차손을 약속된 규칙대로 계산하는 것일 뿐이다. 우리에게 필요한 것은 주가 역시 이런 지수와 다르지 않다는 점을 인지하는 것이다. 중요한 것은 약속이고 그 약속하에서 투자와 거래가 이행된다는 내러티브인 것이다.

사회적 증권 가치가 형성될 때, 노동자 가치는 노동자에게 돌아갈 임금을 사회적 증권 투자자가 가져가는 것을 전제로 하는 것이 아니라, 노동자 가치 자체가 계산돼 지수 즉, 사회적 증권 가격에 반영되면 되는 것이다.

사회적 증권은 이렇게 노동자 가치와 주식 가치가 합해진 가격으로 거래될 것이다. 사회적 증권투자자는 이제 주주로서의 이익에만 집착할 필요 없이 노동자에게 돌아갈 가치 역시 그들에게는 중요한 이익의 원천이 된다. 주가가 미래에 주주에게 귀속될 것으로 상상된 가치의 현재가치로 계산되듯이, 노동자 가치는 미래에 노동자에게 귀속될 것으로 상상될 가치의 현재가치로 계산될 것이다.

주주의 가치는 노동자에게 돌아갈 가치를 줄여서 증가할 수 있지만, 사회적 증권투자자의 가치는 그렇게 해서는 가치를 증가시키지 못하거나 어려울 것이다. 사회적 증권투자자의 이해관계는 주주가 아니라 주주와 노동자 전체의 이해관계와 일치한다. 당기 순이익을 희생해서 노동자의 몫을 증가시키는 사회적 기업에, 순수한 주주는 투자를 꺼리겠지만 사회적 증권투자자는 기꺼이 투자할 수 있다. 주식이 주가라는 지수에만 의존한 반면, 사회적 증권은 주가와 노동자 가치라는 두 지수의 합에 의존한다는 점이다.

ESG를 기업에 실천하라고 요구하거나 규제를 통해서 강제할 수 있다. 그와는 별도로, ESG의 내용을 사회적 증권의 일부로 포함시킨다면, 사회적 증권투자자의 시각 안에서 사회적 가치와 주주가치가 조화를 이룰 수 있게 된다.

이제 기업의 입장에서는, 주주의 이익이 아니라 사회적 가치로부터 투자 수익을 얻을 수 있어야만 더 많은 자본이 투자될 것이다. 이제 자연스럽게 기업이 ESG를 실천할 수 있는 여지가 커지게 된다. 이를 위해 우리에게 필요한 것은 새로운 내러티브에 기반한 새로운 증권을 설계할 수 있는 능력이며, 이는 우리의 상상력을 요구한다.

6. 맺음말: 사회적 가치의 자본화

이 글에서 제안한 사회적 증권투자자는 주주와는 달리, 노동자 가치가 증가할 때에도 이익을 얻게 된다. 따라서 사회적 증권을 통해 주주와 노동자 사이의 갈등을 자연스럽게 완화시킬 수 있다. 마찬가지로 새로운 증권에 ESG의 가치가 포함되게 설계한다면, 이 증권의 투자자는 ESG 가치의 증가로부터 이익을 얻을 수 있기 때문에, 주식 가치와 ESG 가치 사이의 갈등을 완화시킬 수 있다.

이런 사회적 증권이 발행되고 거래된다면, 기업에 ESG를 요구하거나 규제 등으로 강제할 필요가 줄어들게 될 것이다. 모든 증권에는 자신을 정당화하는 의례와 내러티브가 존재한다. 이 사회적 증권을 정당화하는 의례는 주식에 비해서 주식회사의 법인성에 더욱 충실한 의례가 될 것이다.

사회적 증권은 사회적 가치를 자본화시킴으로써 사회적 가치와 자본 투자 간의 타협을 도모한 증권이다. 비록 사회적 증권이 사회적 가치의 본래 의미를 완벽하게 살릴 수는 없겠지만, 현실적으로 투자자금의 조달을 용이하게 하며 주식 가치와 사회적 가치의 갈등을 완화한다는 점에서 중요한 의의가 있다고 본다.

글 · 석승훈

※ 이 글은 필자가 서울대학교 벤처기업경영자센터 뉴스레터(2020.07.29)에 발표한 "우리에게 필요한 통찰과 상상: 사회적 증권시장"을 일부 수정한 것이며, 동 센터의 허락을 얻고 게재함을 밝힌다.

〈참고 문헌〉
석승훈(2014), 경영학 무엇을 말해야 하는가(위즈덤하우스)
석승훈(2020), "우리에게 필요한 통찰과 상상: 사회적 증권시장", 벤처기업경영자센터 뉴스레터 2 (2020.07.29), https://snubiz1.tistory.com/63, http://ect.snu.ac.kr/.
정은희(2009), "사회적 증권거래소(사회적 증시) 설립 방안 연구", 사회적기업연구 2(2), (2009.12): 86-104.
한국사회적기업진흥원(2020),
http://www.socialenterprise.or.kr/kosea/social_enterprise_intro.do?dep1_kind=1.
OECD(1999), https://www.oecd.org/cfe/leed/socialenterprises.htm.

제3세션 발표자와 토론자. 왼쪽부터 토론자, 안희재 베인앤컴퍼니 파트너, 최진석한국투자공사 ESG 팀장,
김광희 한국폴리텍대학 성남캠퍼스 학장, 사회자 박지형 서울대 경제학부 교수, 발표자 류영재 서스틴베스트 대표,
원종현 국민연금 수탁자책임전문위원회 상근위원, 도현명 임팩트 스퀘어 대표, 김광조 SK 수펙스추구협의회 부사장

4부 ESG와 한국 기업 ─────

이미 10여 년 전부터, 글로벌 선진 금융시장에서
는 ESG 투자가 주류화돼 왔다. GSIA 자료에 따
르면, 2020년 기준으로 전 세계 펀드의 40%는
ESG를 고려해 투자한다고 한다.

류영재 서스틴베스트 대표

기업의 ESG 성과를 위한 공적 연기금의 역할은,
ESG가 선한 경영이 아니라 '투명한' 경영임을
함께 인식하고, 이해관계자를 고려한 기업의 경
영에 주주로서의 책임과 권한을 행사하는 것이
라고 믿는다.

원종현 국민연금 수탁자책임전문위원회 위원장

ESG 투자 현황과 과제

류영재 ㈜서스틴베스트

투자공자 운영위원, 사단법인 기업거버넌스포럼 회장
애슈리지 경영대학원 MBA, 한양대학교 정치외교학 석사

1. ESG 투자란 무엇인가?

투자는 그 가치관을 기준으로, 다음과 같이 세 가지로 분류할 수 있다.

첫째는 '머니 퍼스트(Money first)', 즉 돈을 당장, 많이 벌 수 있지만 사회적 가치는 마이너스인 투자다. 마약이나 무기 제조 및 판매, 성 매매, 도박, 대부 관련 업종이나 환경파괴나 노동착취 등 비윤리적 방식으로 수익을 극대화하는 기업 대상의 투자가 이에 해당된다.

둘째는 첫째와 대척점에 있는 투자로, '임팩트 퍼스트(Impact first), 즉 사회적 가치에 중점을 두는 투자다. 취약계층과 소외계층 지원사업, 돌봄 서비스, 소셜 벤처, 임팩트 프로젝트 관련 투자가 여기에 해당된다. 이런 투자는 장기적으로도 돈과는 거리가 멀어 보인다. 이들 투자자들은 화폐가치로 측정되는 수익보다, 그들이 투자한 사업과 프로젝트를 통해 우회적으로 창출한 사회적 가치의 총합을 중시하며 이를 수익으로 인식하기 때문이다.

셋째로, '머니 앤 임팩트(Money & Impact)', 사회적 가치 제고를 통해 중장기적인 수익을 기대하는 투자가 있다. 재생에너지 등 친환경 기술, 인적자원 관리, 직원 복지 등에 투자하는 것이 여기에 해당된다. ESG 투자는 이 세 번째 경우에 해당된다.

지난 20여 년간, 서구 금융 선진국들에서는 다양한 ESG 투자 관련 실험들이 진행됐다. 그리고 이제 실험실에서 나와 자본시장 무대에서 이를 확산시키고 있다. 전통적인 투자의 핵심요소 리스크(Lisk)와 리턴(Return)에 임팩트(Impact), ESG 요소가 추가된 것이다. 기간을 단기에서 장기로 전환하면 리스크, 리턴, ESG, 이 세 가지를 모두 고려하는 균형잡힌 투자가 최적

의 투자수익률을 창출할 수 있다고 믿기 때문이다.

물론 다양한 투자관들이 존재할 수 있고, 그 스펙트럼 내에서의 선택은 각 투자 주체들의 자유다. 그러나 투자에도 후진국형과 선진국형은 분명 존재한다. 머니 퍼스트가 절대빈곤 극복의 후진국형이라면, 임팩트 퍼스트는 가치 지향적 선진국형이라 할 수 있다. 그 중간지대에 있는 머니 앤 임팩트, ESG투자는 물질적 수익과 사회적 가치, 두 마리 토끼를 다 살리고자 한다. UN에 의해 이미 선진국으로 격상된 우리나라의 각 투자 주체들도 이제 어떤 투자를 선택할 것인지 생각해야 한다.

2. ESG 투자 현황

이미 10여 년 전부터 글로벌 선진 금융시장에서는 ESG 투자가 주류화돼 왔다. GSIA 자료에 따르면, 2020년 기준으로 전 세계 펀드의 40%는 ESG를 고려해 투자한다고 한다. ESG 투자와 관련된 다양한 전략들도 속속 등장하고 있다. 전통적인 네거티브 스크린에서 최근 들어서는 ESG 통합(Integration)과 인게이지먼트 전략이 주목받고 있다. 그리고 이런 흐름은 장기 투자를 지향하는 공적 연기금이나 국부펀드가 주도하고 있다. 또한, 주식투자 위주로 시작됐던 ESG 투자가 이제는 채권투자를 비롯해 부동산, 벤처캐피탈, 사모펀드, 헤지펀드 등 다양한 대체자산군 투자에도 접목되고 있다.

금융 선진국에 비해 국내는 ESG 투자 활성화가 미진한 편이지만, 2020년 말부터 국내에서도 ESG 투자의 움직임이 본격화되고 있습니다. 특히 2021년 6월 말 기준으로 국내 ESG 펀드 순 자산 규모는 7조 5000억 원에 달한다. 이는 2020년 1월에 비해 8배가량 급증한 규모다. 동 기간 동안 범용펀드의 순 자산 규모는 거의 변동이 없었다는 점을 감안할 때 가히 폭발적인 증가라고 할 수 있다. 수익률에 있어서도 국내 주식형 ESG 펀드는 지난 2021년 상반기 동안 13.93%를 기록함으로써 KOSPI200보다 1.2%P 높은 초과수익률을 나타냈다.

서스틴베스트의 분석에 따르면, 펀드의 ESG 점수와 초과수익률은 비례하는 경향을 보였다.

특히 ESG 중 G의 성과와 초과수익률 사이에 두드러지는 양(+)의 상관관계를 확인할 수 있었다. 한편, 2006년부터 국내 ESG 투자를 선도해 온 국민연금의 ESG 투자 규모는 약 100조 원에 달하고 있다. 이중 국민연금 내부에서 약 90조 원가량을 운용하고, 나머지는 자산운용사들에 위탁하고 있다. 한국이 많이 늦은 감이 있지만, 이제부터라도 선진국 수준을 캐치업(Catch Up)하려면 국민연금과 같은 공적 연기금들의 역할이 매우 중요하다.

3. ESG 투자전략

ESG 투자전략은 매우 다양하다. 현재도 수많은 셀(Sell) 사이드와 바이(Buy) 사이드 투자자들은 그들 하우스의 투자 철학과 얼라인(Align)되는 ESG 투자전략들을 개발하고, 실제 펀드 운용에 그것을 접목하고 있다. 전통적으로 내려오는 ESG 투자전략은 크게 7가지로 나눠 볼 수 있다.

첫째, 네거티브 스크리닝(Negative Screening) 전략이다. 이 전략은 ESG 관점에서 부정적으로 평가되는 기업 및 산업에 대한 투자를 배제하는 전략이다. 즉 술, 담배, 도박, 무기, 화석연료 등을 제조 및 판매하는 기업에 대한 투자를 금지하는 것이다. 최근에는 인권탄압이나 환경파괴, 열악한 노동환경 등의 이슈에 연루된 기업을 여기에 포함하기도 한다.

둘째, 포지티브 스크리닝(Positive Screening) 전략이다. 이 전략은 동종 업종 비교집단에 비해 상대적으로 ESG 성과가 우수한 기업에 투자하는 것이다. 셋째, 규범 기반 스크리닝(Norm-based Screening)은 일반적으로 국제노동기구(ILO)나 경제협력개발기구(OECD) 및 유엔(UN) 등이 정한 국제규범이나 이니셔티브의 준수 여부를 투자 시 고려하는 것이다.

넷째, ESG 통합(ESG Integration)은 투자 포트폴리오 비중 선정 등 투자의사 결정 전반에 걸쳐 요구되는 재무적 분석에 ESG 요소를 반영하는 전략으로서 현재 가장 빠른 속도로 성장하고 있다. ESG는 비재무적 요소이기 때문에 투자 과정에 이를 반영하기가 어렵다. 따라서 ESG 통합전략에서는 ESG와 재무분석이 연계됨으로써 투자의사 결정을 용이하게 한다. 다섯째, 임팩트투자(Impact Investing)는 재무적인 수익과 함께 환경이나 사회에 긍정적인 영향을 끼치고자 하는 투자전략이다.

여섯째, 주주관여 및 주주행동(Engagement & Shareholder Action)은 주주가 기업의 ESG 이슈에 적극 관여함으로써 투자성과를 높이려는 전략이다. ESG 투자자는 이 전략으로 기업의 ESG 리스크를 줄이고, 관련 기회 극대화를 통해 기업 가치를 제고하려 한다. 마지막으로 지속가능 테마투자(Sustainability themed investing)는 환경, 사회, 지배구조의 영역별로 지속가능성 테마에 중점을 둔 전략이다. 최근 친환경 관련 이슈가 부각되면서 청정에너지, 녹색기술, 기후변화 등과 관련된 테마에 투자하는 펀드들이 증가하고 있는 추세다.

4. 자본시장의 변화

2008년 금융위기는 자본시장의 근본 틀을 대전환하는 계기가 됐다고 해도 과언이 아니다. 즉 투자자들 사이에서 그때까지의 금융시스템과 자본주의 시스템의 한계에 대한 폭넓은 공감대가 형성됐다. 이에 따라 각국 주요 연기금들이나 국부펀드들 중심으로 금융의 공적 기능에도 충실할 수 있는 새로운 형태의 자본주의, 새로운 형태의 금융시스템에 대한 논의가 전개됐고 그 결과 탄생한 새로운 개념이 바로 '수탁자 자본주의(Fiduciary Capitalism)'다.

그렇다면 수탁자 자본주의는 무엇일까? 연기금, 국부펀드 등과 같이 해당 기금의 성질상 장기투자를 이행하는 기관투자자들이 금융시장과 거시경제에 긍정적 영향을 미침으로써 지속가능한 자본주의를 추구하는 것을 말한다. 수탁자 자본주의의 핵심 참여자인 연기금들은 금융위기 이전 대다수 투자은행들이 정보 비대칭을 활용한 불공정 매매와 기업의 부정적 외부효과를 직·간접적으로 조장하는 단기적 투자행태 등을 반성하기 시작했다.

이렇게 등장한 수탁자 자본주의 기금운용 철학은 캘리포니아 공무원연금(CalPERS), 일본 후생연금 펀드(GPIF), 프랑스연금준비금(FRR), 네덜란드 공적 연기금(ABP) 등 글로벌 주요 연기금의 최고투자책임자(CIO)들이 2020년 3월 발표한 성명서「지속가능한 자본시장을 위한 선언(Our Partnership for Sustainable Capital Market)」에 정리돼 있다. 그 핵심 메시지는 다음과 같다.

(1) 여러 세대에 걸쳐 있는 연금 수익자들에게 재무적 안정성을 제공하기 위해 수십 년의 투자기간을 설정해 기금을 운용해야 한다.

(2) 지구환경, 종업원, 지역사회 등 이해관계자들에게 미치는 영향을 고려하지 않고 매출 및 이익만 추구하는 기업들은 투자 대상으로 매력적이지 않다.

(3) 장기적 비전을 추구하는 기업들을 지지하고, 장기자본의 청지기로서 행동해 나갈 것이다.

(4) ESG 요소를 투자 전 과정에 통합시키고자 하는 자산운용사들은 적극적으로 의결권을 행사하고, 기업에 대한 관여수준을 공개해야 하며, 그들이 우리들의 이익에 부합하는 장기적 가치 창출에 최선을 다하고 있음을 밝혀야 한다.

이들 수탁자 자본가들은 수동적으로 시장을 추종하기보다, 적극적으로 투자 대상 기업들의 위험요인을 찾아 해당 기업에 대안을 제시한다. 나아가 관련 정책 당국자에게 기업 거버넌스 및 ESG 개선 정책도 제안하는, 관여(Engagement)전략을 실행한다. 이때 다양한 안건들을 놓고 기업들과 우호적으로 대화한다. 일례로, 해당 기업의 이사회 운영을 위시한 지배구조 이슈, 자본 배분 및 구조의 적정성, 장기적 경영전략, ESG 등의 이슈들을 다룬다. 이를 통해 외부불경제 및 대리인 문제를 최소화하고 지속가능한 기업 가치 제고를 위해 함께 노력한다.

이런 투자접근법은 투자 대상기업이나 투자 대상 자산군의 장기적 가치를 제고시킬 수 있다. 따라서 실용적이며 현실적인 접근방식으로 인식돼, 현재 전 세계적으로 확산되고 있는 추세다. 또한, 수탁자 자본주의가 현재 ESG 투자 주류화의 근본적인 배경이라고 할 수 있다.

5. ESG 투자 활성화를 위한 정책 과제

ESG 투자 발전을 위해, ESG 투자의 선순환 고리를 만들어나가야 한다. 필자는 그 선순환

고리의 출발점을 공적 연기금 투자에서 찾아야 한다고 믿는다. 공적 연기금의 적극적 ESG 투자 확대는 그 투자 대상인 기업들의 ESG 성과 개선을 유인할 것이고, 이를 통해 글로벌 ESG 펀드의 국내 기업 투자 확대와 국내 자본시장 유입이 촉진되면 결과적으로 고질적인 한국 자본시장의 디스카운트 문제를 해소할 수 있기 때문이다. 그렇게 국내 공적 연기금들의 재정 안정 수준을 높여 ESG 투자 확대로 다시 연결되는 선순환 사이클을 만들어야 한다. 이런 측면에서 국내 ESG 투자 발전을 위한 몇 가지 정책을 제시하고자 한다.

첫째, 국내 상장기업의 조속한 ESG 정보공개다. 현재 금융위원회는 자산 2조 이상 기업은 2025년부터, 모든 상장사는 2030년부터 공시하는 것을 계획하고 있다. 이 일정은 앞당겨야 한다. 글로벌 금융 선진국들의 ESG 정보공개와 관련된 정책 추진 속도를 감안하면, 너무 늦기 때문이다. 또한, 신뢰할 수 있는 기업의 ESG 정보를 제공하면, 투자자들의 ESG 분석과 투자를 확대할 수 있다.

둘째, 공적 기금들의 ESG 투자 의무화다. 국민연금을 비롯한 67개 공적 기금이 ESG 투자를 의무화하고, 이를 전통자산군인 주식, 채권을 비롯해 모든 자산군에 적용시킨다면 국내 기업의 ESG 성과는 빠르게 개선되고 발전할 것이다.

셋째, 금융 및 투자기관들의 ESG 경영 및 그들 투자상품의 ESG 적용 수준 공개를 의무화하는 것이다. 이로써 금융부문의 ESG 워싱을 최소화할 수 있다. 이 과정에서 유럽의 SFDR(지속가능금융 공시 제도)를 참고할 필요가 있다.

또한, 우리나라 개인 투자자들의 건전한 장기투자 문화를 구축할 수 있도록 장기 ESG 투자 펀드 가입자에 대한 세제 지원책을 마련해야 한다. 그리고 ESG 평가기관에 대한 제도적 요건을 강화해 ESG 투자 대상기업에 대한 공정하고 전문적인 ESG 평가가 가능하게 해야 한다. 그래야만, ESG 투자를 통한 기업과 투자자, 사회 모두가 윈윈하는 지속가능한 자본시장을 구축할 수 있을 것이다.

글 · 류영재

국민연금 기금운용과 ESG

원종현

국민연금 위험관리 성과보상전문위원회 위원장, 국민연금 기금운용위원회 상근전문위원,
국민연금 기금운용위원회 수탁자 책임 전문위원장, 국회 입법조사처 입법 연구관, 한양대 경제학 박사

1. 들어가며

국민연금은 우리나라 경제정책, 자본시장, 사회정책, 복지 등 국내 대부분 영역에서 영향을 끼친다. 그 중요도 또한 높다. 특히 기금운용 부문 규모가 900조를 넘으면서 이해관계가 증가했으며, 운용 자체가 관심의 대상이 된 지도 오래다. 거대 기금을 운용하는 것도, 국내 자본시장에 미치는 영향이 커지고 있다는 사실도, 기금운용에 근거한 수탁자책임 활동도 궁극적으로는 국민의 노후소득의 안정성을 위한 것이다. 이런 활동의 최종 수렴점에는 우리나라 노후소득 보장제도가 있다.

국민연금의 기금운용 역시 국민연금 제도의 지속가능성을 최종 목표로 운용되며, 가입자인 국민에 대한 행복과 안정을 위해 존재한다. 국민연금의 ESG 역시 이를 기반으로 한다. 공적연금의 지속적이고 안정적인 장기수익률 제고에 한정한다고 해도, 현재 국민연금기금이 추구하는 ESG 투자는 수탁자책임을 수행하는 과정에서 접근한다. 공공적인 성격을 감안한 평판 위험 또는 전체 사회로의 외부효과의 측면을 논외로 하고, 기금 관리자로서 그 책임을 다하는 것이 우선이다. 물론 ESG가 이런 국민연금의 책임을 다할 수 있도록 하는 훌륭한 수단이 될 것이라는 믿음에 기초한다. 하지만 국민연금의 수탁자책임은 기본 ESG에 내포된 기본 개념 외에도 사회보장제도로서의 국민연금의 지속가능성과 가입자의 이익을 보호하기 위한 노력이 더해져야 하는 책무가 있다. 공적연금이기에 전체 국민을 가입자로 하는 국민연금은 국가 경제와 국민의 후생을 침해하지 않도록 투자원칙을 정하고, 이를 수행하는 것이다.

UN PRI 가입 등을 통해 정책적으로 추진하고 있는 책임투자 기조 외에도 환경문제, 산업안전 문제, 기업지배구조 문제 등 다양한 분야에서의 ESG 관점의 노력을 전체 포트폴리오 측면에서 강화할 필요가 있는 이유다. 지속가능한 기업에 투자함으로써 전체 포트폴리오 차원에서 실질적인 장기수익률을 제고한다는 재무적 측면에서만 접근해도 충분히 의미가 있을 수 있을 것이다. 현재 국내주식 위탁 운용 유형의 하나로 시행되고 있는 책임투자 펀드 개념을 확대해, 기금 전체 포트폴리오 차원에서 책임투자를 강화할 수 있는 방안을 모색할 필요가 있다. 여기에 핵심으로 ESG가 있다.

실제 국민연금기금은 수탁자책임에 관한 원칙, 소위 스튜어드십 코드가 2018.7월 도입된 이후 책임투자 활성화 방안, 적극적 주주권 행사 가이드라인과 2020년 ESG 통합전략 가이드라인 및 ESG 중대성 평가 대상 선정 기준 등 세부 방안이 마련됐다. 이런 준비를 기반으로 올해는 해외투자 부문에 대한 ESG 대상을 확대함과 동시에 책임투자 자산군 확대에 따른 위탁 운용사 전정에 이를 반영할 수 있도록 노력하고 있다.

그리고 무엇보다 지금까지 국민연금이 주로 G, 즉 기업지배구조에 대한 문제를 지적했다면, 향후 환경과 사회적 요소에 많은 관심을 기울이기 위해 중점관리 사항을 마련하고 기업과의 대화를 추진하는 기준 등을 통해 보다 적극적인 역할을 하고자 한다. 10여 년 후의 미래를 바라봤을 때 국민연금이 보험료의 유입이 더 이상 없다 해도 건전한 환경, 사회, 지배구조를 마련해 안정적으로 지속가능성을 담보할 수 있는 가장 효과적인 방안이 될 것으로 믿는다.

이에 본 글에서는 국민연금이 수행하는 ESG에 대한 기본 방향과 그 실행 기준을 점검하고 향후 과제들을 살펴보고자 한다.

2. 국민연금의 ESG 인식

1) 국민연금 ESG에 대한 가입자들의 기대

ESG는 이제 생소한 용어가 아니다. 2020~2021년 ESG는 어느덧 기업경영의 핵심으로 자리매김했다. ESG가 비교적 단기간에 기업의 주요 경영지표가 된 이유로, 지구 온난화에 대한 위기 인식과 코로나로 인한 환경의 중요성 인식, 세계 경제 침체와 부익부 빈익빈의 심화 등을 들 수 있다. 전 세계적으로 ESG에 대한 관심이 높아졌다고는 하지만 우리나라에서의 관심은 훨씬 그 이상이다. 해외 무역 의존도가 높은 우리나라의 경우는 글로벌 기준으로 확립되고 있는 ESG가 주는 무게감은 다른 나라들에 비해 더욱 크다.

이를 감안해도, 최근 ESG를 대하는 국내의 태도는 거의 광풍 수준이다. 이런 광풍은 지구 온난화 위기나, 국제무역 의존도만으로는 설명하기 어렵다. 우리나라 산업화가 이뤄지면서 내생적으로 가지고 있었던 문제의식이 ESG라는 명확한 매개를 통해 한 번에 분출된 것으로도 볼 수 있을 것이다. 국내 ESG를 더욱 빠르게 정착시킬 수 있는 역동으로 작용하는 긍정적인 면도 있겠으나, 우리 사회 여러 곳에서 ESG의 이름으로 요구되는 경영계 전반의 부담 역시 함께 커질 수 있다. 하지만 이 역시도 지속가능 경영을 정착시키기 위한 하나의 과정이다.

그리고 ESG가 언급될 때마다 국민연금도 유사개념처럼 등장한다는 점도 주목할 만하다. 국내에 ESG를 정착시키기 위해서는 국민연금의 역할이 중요하다는 것이다. 아마도 국민연금기금은 국내 총생산액의 절반에 육박하는 정도의 규모를 가진 공적인 가치를 가지는 기관투자자이기에 많은 사람들이 그 위상과 철학에 맞는 운용을 기대하기 때문이라 생각한다. 국민들이 국민연금에 대해서 ESG에 기대하는 역할은 다음과 같다.

첫째, 국민연금이 수탁자 책임에 충실해야 하기에 적극적으로 ESG 활동을 해야 한다는 것이다. 국민연금은 가입자의 이익을 최우선으로 생각해야 하며, 그러기 위해서는 일반 기업들로 하여금 재무적 수익뿐만 아니라 가입자 이익에 연관된 활동으로 ESG를 기대한다.

둘째, 기금운용의 수익률을 높이는데 ESG를 활용해야 한다는 입장이다. ESG를 종합적 리스크 관리를 통해 안정적인 장기투자수익을 제고하기 위한 수단으로 본다. 그리고 ESG는 재무적으로 표출되지 않는 위험을 인지할 수 있도록 한다는 데에서 그 가치를 가진다. 즉, 국민연금이 장기적으로 우수한 수익률을 거두기 위해 ESG가 기금의 가치 하락을 방지하고, 더 나아가 다른 투자에 비해 우수한 성과를 나타낼 수 있는 수단으로 작용하기를 희망한다.

셋째, 국내 자본시장의 기준으로서 ESG 역할을 기대하는 것이다. 최근 ESG가 과열됐다고는 하지만 ESG가 국내에 제대로 정착하기 위해서는 실무적으로나 이론적으로 많은 과제들이 있다. ESG라는 광범위하고 정성적인 개념에 대해서 평가기관이나 기업, 정부조차도 일관된 기준을 제시하지 못하는 상황이다. 스펙트럼이 매우 넓어 투자자들과 평가기관마다 그들의 투자 철학과 가치에 따라 각기 다른 ESG를 가지게 될 것이다.

또한, 국가별로도 ESG 이슈 중 중요하게 생각하는 관점이 다르고 사회적 합의 수준도 상이하다. 우리나라 입장에서 조건 없이 해외에서 수립된 기준대로 ESG를 받아들이기도 어렵다. 여기에 국민연금이 선도적으로 ESG 기준을 제시하고, 기금의 운용에서 자산운용사를 비롯한 금융기관에 영향을 주어야 한다고 사람들은 생각한다. 국민연금이 먼저 ESG에 대한 기준을 세우고, 기업들이나 위탁운용사 등에 국민연금의 기준을 전파해 확립하는 것이다.

넷째, 선한 투자로서 ESG다. 사실 ESG와 선악은 전혀 다른 범주에 있다. 그럼에도 많은 이들이 ESG를 선한 투자로 인식하고 있다. 특히 전 국민이 가입자인 공적연금으로서 국민연금은 기금의 투자로 가입자에게 혜택이 되는, 나아가 강자로부터의 횡포를 막을 수 있는 투자로 기대하는 경우도 있다. 이처럼 ESG와 연관지어 국민연금을 바라보는 시각은 매우 광범위하고 다양하다. 공통적으로, 국내 기업들에 ESG 경영을 촉진하기 위해 국민연금의 적극적인 주주권 중심의 활동을 기대하고 있다.

2) 투자자로서 ESG 인식

놀랍게도 아직 ESG라는 포괄적 개념에 대해서 명확하게 정의돼 있지는 않다. 하지만 국민연금은 투자자의 입장에서 ESG는 기업을 바라보는 하나의 지표로 비재무적 사항에 대한 전반적인 기준으로 파악하고 있다. 즉, ESG는 그 자체로 선악의 문제가 아니라, 기업의 장기적 성장성을 바라보는 주요 지표다. 하지만 한쪽에서는 ESG를 사회에 바람직한 영향을 주는 착한 투자여야 한다는 당위성을 가지고 바라보며, 또 다른 한쪽에서는 다른 투자에 비해 수익률이 좋은 투자의 일종으로 바라본다. 물론, 이 양자가 완전히 틀렸다는 것은 아니다. 서로 상반된

해석이 모두 인정될 수 있다는 것도 신기한 일이다.

그러나 투자자에게 ESG는 공시 그 자체다. 1980년대 기업의 비재무적 요인에 의한 기업 부실과 투자자 피해가 발생해 기업지배구조 문제가 본격적으로 제기됐다. 또한, 기관투자자의 수탁자책임에 대한 인식도 높아지는 계기가 됐다. 특히 2008년 글로벌 금융위기 당시 기관투자자들이 기업들에 대한 모니터링이나 주주로서의 책임성 부족에 대한 비난의 대상이 되기도 했다. 대표적으로 엔론사 파산의 원인이 회계부정과 경영자에 대한 견제와 관리감독을 제대로 하지 못한 기업구조의 실패에 있었다. 그리고 이를 방관한 기관투자자들도 함께 있었다.

이런 의미에서 ESG는 투자자들로 하여금 비재무적 요인으로 기업을 파악할 수 있도록 하기 위한 가장 좋은 매개가 될 수 있다. 실제 투자자는 투자하는 기업에 대해서 표면적으로 알려진 재무적 자료만으로 만족하지는 않는다. 실제 기업의 모든 부문, 특히 미래 위험 요인으로 작동할 지도 모르는 사항까지 파악할 수 있는 핵심요인이 될 것이다.

ESG는 투자의사 결정에 필요한 비재무적 지표이기에, 책임투자는 ESG 경영의 핵심적 전제조건이 된다. 하지만 'ESG 경영'을 '매출 경영', 'ROE 경영', '재무적 이익 경영'과 대등하게 취급한다는 것은 무리가 있다. ESG 경영이라는 말을 통해 친환경 사업 등을 위한 지배주주의 경영권 확보만을 강조하고 주주, 노동자 등 이해관계자를 경시할 우려에 대한 경각심이 포함돼야 하기 때문이다.

일례로, ESG 중 G에 해당하는 지배구조의 문제는 이미 과거 금융위기에서 지배구조실패를 이미 겪은 바 있다. 또한, 환경 관련 이슈에서 비롯된 탄소배출 문제 역시 기업에는 커다란 비용요인이다. 그리고 주주는 투자기업의 탄소배출이 미래 위험요인으로 작용할 수 있음을 인식하고, 이에 대한 평가를 기업에 요구할 수밖에 없다. 사회적 요인 역시 무시할 수 없다. 특히 소셜 네트워크의 발달로 특정 기업의 일탈 하나가 주가의 등락에 큰 영향을 미치고, 궁극적으로 투자자, 주주의 이익을 침해하는 결과가 되는 상황을 우리는 자주 경험하고 있다.

물론 투자자는 기업을 투자하는 데 있어서 표면적으로 나타나는 재무적인 지표와 같은 직접적 기업 가치 판단(Quantity)을 우선으로 한다. 하지만 비재무적 요인이 기업의 리스크를 크게 좌우하고 있음을 투자자들은 인식하고 있는 이상, 이에 대해 관찰하고 관련된 정보를 얻고 자 노력하는 것은 당연한 일이다. 기업에 내재한 비재무적 요인(Quality)들을 파악하고자 하는 데 있어서 ESG가 가장 적절한 평가 지표로 작용하는 것이다. 기업에 대한 정보가 많아지고, 정 보통신기술이 발전해 나가면서 기업의 성장 가능성과 위험 역시 고전적 재무제표로 파악하기 어려워지고 있는 것이 현실이다.

실제 기업의 지속가능성 혹은 그 기업의 본질적인 가치를 평가하기 위해서는 이제 ESG 요 소가 핵심으로 작용하게 됐다. 그리고 투자자들 역시 이를 분명하게 인지하고 있다. 국민연금 에서 ESG에 주목하는 이유도 이 때문이다. 국민연금은 투자자로서 기업을 파악할 수 있는 많 은 정보를 ESG가 담고 있다고 생각하고 있다. 국민연금이 ESG를 반영한다고 해서, 마치 사회 적 투자나 선한 투자를 추구하기 위한 것으로 보기에는 무리가 있다는 의미다. 국민연금은 투 자 대상에 대해서 가능한 확보 가능한 모든 정보를 수집해 기업의 지속가능성을 파악하고 투 자자로서 장기 수익성을 안정되게 확보하고자 노력하는 것이다.

그렇지만 국민연금은 기금운용에 있어 핵심 가치로 삼고 있는 기준이 분명하게 존재하고 있다. 그것이'수탁자책임'이다. 국민연금의 기금운용은 가입자의 노후소득 보장과 이를 유지하 기 위한 수단으로 작동하는 것이다. 그러므로 국민연금의 ESG 활동은 수탁자책임을 수행하는 과정에서 접근한다는 점을 분명히 해야 할 필요가 있다. 그리고 국민연금은 ESG를 수탁자책 임을 이행하기 위한 수단으로 인식하면서 운용 철학의 흔들림을 통제할 수 있게 됐다. 국민연 금과 같은 공적연금의 경우 한 세대를 운용 기간으로 하는 장기성 기금으로 지속성 있는 투자 가 수탁자책임의 기본이 되기에 이 과정에 ESG를 국민연금의 수탁자책임과 지속가능성에 부 합하는 나름 좋은 수단으로 여길 수 있는 것이다.

3. 국민연금기금의 ESG 적용

1) 국민연금의 ESG 접근 방향

ESG와 한국 기업

기본적으로 국민연금의 기금운용에 있어서 ESG 경영 및 책임투자는 기업의 경영과 투자 행위에 있어서 가장 보편적이고 기본적으로 당연하게 작동된다면, 굳이 이런 별도의 투자 섹터처럼 구분할 필요가 없다. 해외의 경우 책임투자나 ESG가 별도의 투자 영역으로 구분하기보다는 운용자산 전체가 이의 기준에 합당하도록 운용되고 있다.

국민연금이 ESG 위주 투자를 한다고 해서 기금 본연의 역할에 충실하다고 할 수는 없다. 국민연금의 환경, 사회, 지배구조에 대한 역할은 지극히 당연한 필수 사항이며, 이에 더해 가입자의 이익과 국민연금 제도의 지속성을 담보해야 하는 본질적 역할이 있기 때문이다.

오히려 국민연금이 ESG에 집중되는 투자가 자칫 그 본연의 역할을 경시하고 더 나아가 ESG에 대한 본질적 의미보다는 외형적 실적에 매몰될 가능성에 대해 걱정하게 된다. 우선, 국민연금은 전 국민이 가입자인 공적연금으로서 이 자체가 가지는 사회적 책무가 존재한다. 이는 ESG보다는 수탁자책임에 더욱 가까운 의미일 것이다. 다른 일반 펀드에서 중시되는 ESG와는 다른 점이다. 기관투자자로서 국민연금기금이 ESG 투자를 중시하는 이론적 근거는 다음과 같다.

첫째, 과거 기관투자자들의 소극적 태도에 따른 리스크 관리 실패에 대한 반성이 기관투자자로서 역할을 더욱 중요하게 인식하게 했다. 2008년 글로벌 금융위기는 기업경영을 사실상 방치하다시피 했던 기관투자자들의 수탁자들에 대한 책임을 방기했다는 비난을 받았다.

둘째, 가입자들의 돈을 모아 운용하는 책임으로 적극적인 ESG 관리는 기업 가치의 향상과 수익자 이익을 확대할 수 있는 좋은 수단으로 여겨지고 있다. 이는 ESG에 충실한 기업일수록 수익성이 강화되는 경향이 있으며, 부정적인 외부효과가 감소하면서 장기적인 성장이 기대될 확률이 높다는 것에 따른 것이다.

셋째는 국민연금의 운용특성에 따른 것으로, 지수를 추종하는 운용(패시브 운용)이 증가하면서 출구전략의 어려움이 있다. 즉, 문제가 있는 기업의 경우 일반 투자자들의 경우 관련 주식을 매도하면 그만이다. 하지만 국민연금은 보유자산을 쉽게 매각하기 어렵다. 즉, 보유자산의 매각이 어려운 상황에서 보유 기업에 대한 내재 가치 상승을 위한 노력을 통해 기금의 이익을 최대한 보호하고자 한다. 이를 위해 경영감시 및 개선 요구 등을 기업과 지속적인 대화를 통해 달성하고자 노력한다. 이때 대화의 매개가 바로 ESG다.

ESG나 책임투자라는 간판으로 이에 대한 투자가 보편투자이기보다 마치 특정 부문의 투자 영역으로 인식되면서 마치 별도의 수혜 내지는 혜택인 듯이 면죄부의 역할을 하는 것에 대해 경계할 필요가 있다. 한 예로 SRI 펀드의 경우, 책임투자가 단지 SRI에 대한 투자로 실적이 표징되면서 투자가 형식화될 것에 대해서 다소 주의가 필요하다.

공공선을 강조하는 임팩트 투자 성격에서, 투자의사 결정에 중요한 영향을 미치는 비재무적 요소를 적극적으로 고려하는 ESG 통합 및 행동주의적 주주활동(Active Ownership)이 부상하고 있다. 이 과정에서 그동안 지배구조 일변도에서 점점 E와 S의 중요성을 인식하고, ESG 평가사의 평가결과에 단순 의존하기보다 주주권 행사 시 투자 대상기업의 ESG 현황을 직접 파악하며 재무적 영향을 미치는 표준화된 정량적 ESG 측정 요소를 요구하는 수준까지 이른 것이다.

하지만 아직 국내에는 해외 선진국에 비해, 기업경영에서 이해관계자를 고려하지 않아도 기업의 경영환경에 크게 영향을 받지 않는다는 인식이 강한 것으로 보인다. 이는 이해관계자의 권리 보호 및 구제 수단이 아직 국내법상으로 미흡하며, 손해배상의 범위 역시 기업 가치에 영향을 미치지 않기 때문이라 사료된다. 이런 기업들에 ESG는 단순한 홍보 수단에 불과할 것이다.

그렇기에 우리는 기업 및 투자자들에게 ESG를 요구하는 데 있어서 이해관계자에 대한 고려, 환경 및 사회부문의 강조는 오히려 주주의 이익을 경시하는 수단으로 작용하는 것은 아닌지 살펴볼 필요가 있다. 오히려 지속가능경영보고서의 화려한 문구나 표면적 수치에 현혹돼 ESG가 지향하는 본질적 가치를 흐리게 할 수 있음을 주의하고 있다. 실제로 기업의 ESG를 바라볼 때, 기업의 지배구조를 중심으로 ESG Controversy는 감소했는지, 비용 감소와 수익 증가, 주주가치 증대에 기여할 수 있도록 실질적인 ESG 목표를 설정하고 이행하고 있는지에 대한 판단에 집중하고자 하는 이유다.

ESG와 한국 기업

2) 국민연금 ESG 평가 지표

국민연금의 수탁자 책임은 기본 ESG에 내포된 기본 개념 외에도 사회보장제도로서의 국민연금의 지속가능성과 가입자의 이익을 보호하기 위한 노력을 포함한다. 공적연금이기에 전체 국민을 가입자로 하는 국민연금은 국가경제와 국민들의 후생을 침해하지 않도록 투자원칙을 정하고, 이를 수행한다. 이런 입장에서 그간 국민연금의 수탁자책임활동이 ESG를 도입한다고 해서 운용 기조가 획기적으로 바뀌지는 않을 것이다. 그리고 ESG 평가에 이를 반영하고자 노력한다.

국민연금은 글로벌 이니셔티브 및 평가사의 ESG 평가에서 공통적으로 보고되는 항목과 지표를 정리해 국민연금의 ESG 평가체계에 흡수하는 노력을 하고 있다. 기금은 투자대상의 환경 · 사회 · 지배구조 등 비재무적 요소를 체계적으로 분석하기 위해 고유의 ESG 평가체계를 마련한 것이다. 이를 참조해 기금은 투자대상의 환경 · 사회 · 지배구조 등 비재무적 요소를 체계적으로 분석하기 위해 고유의 ESG 평가체계를 마련해 정기적, 비정기적으로 수행하고 있다.

국민연금은 환경 부문에서 기후변화, 청정생산, 친환경 제품 개발을 주요 기준으로 관련 평가 항목을 가지고 있으며, 사회부문에서 인적자원관리 및 인권, 산업안전, 하도급 거래, 제품안전, 공정경쟁 및 사회발전을 중심으로 평가 지표를 구성하고 있다. 지배구조 측면에서는 주주의 권리, 이사회의 구성과 활동, 감사제도, 관계사 위험, 배당을 주요하게 바라보고 있다. 이런 지표들은 매년 새롭게 검증되며, 투자환경과 상황에 따라 끊임없이 개선되고 있다.

기금의 ESG 평가체계는 2020년 말 기준으로 환경, 사회, 기업 지배구조 영역에서 기업 가치에 영향을 미치는 13개 이슈의 52개 평가 지표로 구성돼 있다. 산업별 특성을 고려하기 위해 각 이슈에 대해 산업별 가중치를 달리 적용해 ESG 점수와 등급을 산출하는 방식을 따른다.

국민연금은 2015.12월부터 ESG 평가모형 개발 및 정기 평가 시행해 왔다. 당시 국회의 요구사항이었던 ISO26000 및 해외사례를 반영해 고용, 인권, 노동 관행, 이사보수 정책 적정성 등의 지표를 추가해 12개 항목 46개 지표를 중심으로 ESG 평가를 수행했다. 이후 정기적으로 평가모형을 개선해 왔다. 2016.11월 ESG 평가모형을 개선하면서 제품안전 등 신규항목 및 지

환경 (E)	기후변화	■ 온실가스관리시스템, 온실가스배출량, 에너지소비량
	청정생산	■ 청정생산관리시스템, 용수사용량, 화학물질사용량, 대기오염물질배출량, 폐기물 배출량
	친환경 제품개발	■ 친환경 제품개발 활동, 친환경 특허, 친환경제품 인증, 제품환경성 개선
사회 (S)	인적자원관리 및 인권	■ 급여, 복리후생비, 고용증감, 조직문화, 근속연수, 인권, 노동관행
	산업안전	■ 보건안전시스템, 보건안전시스템 인증, 산재다발사업장 지정
	하도급거래	■ 거래대상산정 프로세스, 공정거래자율준수 프로그램, 협력업체지원활동, 하도급 위반
	제품안전	■ 제품안전시스템, 제품안전시스템 인증, 제품관련 안전사고 발생
	공정경쟁 및 사회발전	■ 내부거래위원회 설치, 공정경쟁 저해행위, 정보보호시스템, 기부금
지배구조 (G)	주주의 권리	■ 경영권보호장치, 주주의견 수렴장치, 주주총회 공시시기
	이사회 구성과 활동	■ 대표이사와 이사회 의장분리, 이사회 구조의 독립성, 이사회의 사회의사 구성현황, 이사회활동, 보상위원회 설치 미 구성, 이사보수 정책 적정성
	감사제도	■ 감사위원회 사회이사 비율, 장기재직 감사(위원)비중, 감사용역비용 대비 비감사용역 비중
	관계사위험	■ 순자산 대비 관계사 우발채무 비중, 관계사 매출거래 비중, 관계사 매입거래 비중
	배당	■ 중간/분기배당 근거, 총주주수익률, 최근 3년 내 배당지급, 과소배당

〈표 1〉 국민연금 ESG 지표자료: 국민연금공단,   2020 국민연금기금 연차보고서, 2021.7.

표를 추가하고 지배구조 가중치를 조정, ESG 컨트러버셜 이슈와 관련한 중대성 평가를 신설해 13개 항목 52개 지표로 확대한 것이다.

2018년 6월부터 2020년 5월까지 각 ESG 평가 지표 점수부여 기준을 개선하는 질적 부문에 노력해 금융회사 관련 정의를 명시하고, 온실가스 목표관리제도 변경 및 상법 시행령 개정 등을 반영했다. 최근 ESG가 국내외적으로 관심이 집중되면서 ESG 평가체계 개선 연구용역 (2020년 10~12월)을 통해 2019년 12월 기금운용위원회에서 의결된 '책임투자 활성화 방안' 로드맵 이행을 위해 평가 지표 개선 등을 포함하는 ESG 평가체계 개선(안)을 마련하기에 이르렀다. 이런 일련의 ESG 평가의 개선은 지속적인 사항으로 ESG 관련 위험 수준 반영 및 수익 제고에 기여할 수 있는 지표의 지속 발굴을 하고 있으며, 각 평가 지표는 개별 기업에 대한 투자의사 결정, 주주권 행사 기준 등으로 직접 활용될 수 있는 사항으로 기금본부에서 결정한다.

국민연금의 ESG 평가는 국내 상장주식에 대해 매년 2회의 ESG 평가를 하고 있다. 기업 가치에 영향을 미칠 수 있는 ESG 관련 사건 사고 등 '컨트러버셜 이슈'를 모니터링하고 있으며,

해당 사안이 기업 가치 및 주주가치에 미칠 영향을 가늠하기 위해 '중대성 평가'를 수행한다. 기금은 이런 중대성 평가결과와 기금 보유 지분율 및 보유 비중 등을 종합적으로 고려해, ESG 평가결과를 조정하거나 주주 활동에 연계하는 방식으로 수행한다.

이미 ESG 투자는 기업의 재무적 성과와 긍정적인 상관관계를 가지고 있음은 증명된 사항이다. 뿐만 아니라 전 국민이 가입자 혹은 수급자인 공적연금으로서 국민연금은 ESG 경영에 따른 외부효과 및 시장 전체에 대한 영향과 함께 자본시장의 효율성도 함께 고려해야 하는 입장이다.

하지만 ESG 관점에서 중장기적 수익성을 바라보는 투자를 수행하는 방법은 여러 가지다. 통상 ESG 활동으로 떠올리는 투자배제는 수탁자책임 활동 혹은 ESG 활동에 있어서 가장 초보적이고 최종적인 행동일 뿐이다. 그냥 아니라고 생각하고 투자를 빼면 되는 단순한 행위다. 몇몇 환경 관련 단체나 시민사회 단체들은 국민연금이 과다 탄소배출 기업에 대해서나 사회적으로 문제가 있는 기업들에 대해서 투자를 중지하면, 기업들이 문제에 대한 경각심을 갖게 될 것이라는 기대를 하고 있다.

물론 국민연금은 보험료를 납부하는 가입자의 이익에 부합하기 위한 수탁자책임 활동으로 적극적인 기후변화나 사회문제 해결 등의 대응이 필요하기는 하다. 하지만, 국민연금의 입장에서 석탄산업에 대한 투자배제가 본래 목적인 탄소배출 감소를 위한 답이 될 수 있을지는 신중하게 접근해야 할 문제다. 하지만 탈석탄이나 투자배제 등이 탄소 중립과 기후변화에 대한 유일한 대응은 아니다. 본질은 어떻게 탄소배출을 효과적으로 줄여나가느냐의 문제이기 때문이다.

그렇기에 ESG 기반 투자 활동은 투자배제 외에도 보유 지분을 활용한 기업과의 대화 및 신기술 투자 강화 등 다양한 방법을 통해 수탁자책임의 목적을 달성할 수도 있다는 사실을 함께 고민하고 있다. 과다 탄소배출 기업에 대해 공적연금이 투자를 철회한다고 그 기업이 직접 어려움을 겪거나 탄소배출을 중단한다는 보장은 없다. 오히려 국민연금 대신 투자하게 될 기관이나 사람들은 탄소 절감 장치 등 설비투자로 초기 비용이 많이 들어가는 것보다는 단기적인

국민연금의 ESG 기반 책임투자 추진

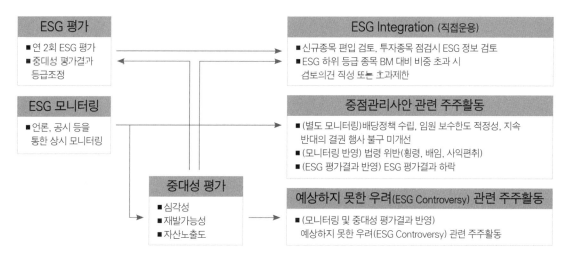

<그림 1> 국민연금 ESG 체계   자료: 국민연금공단, 2020 국민연금기금 연차보고서, 2021.7.

수익을 위한 근시안적 경영을 요구할 가능성이 더욱 높아질 것이다. 그들에게는 기업을 지속 가능성 보다는 높은 배당과 단기 매매차익이 우선이 될 것이다.

그러므로 오히려 이런 행위는 기업을 망치는 행위일 뿐만 아니라 사회적으로나 국가적으로 도 손해되는 행동이 될 것이다. 국민연금 본연의 수탁자책임과 ESG의 본질 목적에 충실하기 위해서는 매매전략 외에도 관여(Engagement)에 근거한 적극적인 주주권 행사가 효과적인 투자전략이 될 수도 있다는 것을 기본으로 한다. 그리고 적극적 주주권 행사의 바로미터로 볼 수 있는 창이 ESG이며, 국민연금 역시 국내 기업들의 ESG 정보를 취합해 이를 분석함으로써, 투자에 참조하는 이유가 된다. 그리고 점차 그 비중은 높아질 수 있으리라 생각한다.

하지만 이전에 아직 우리나라의 ESG 평가가 평가하는 기관마다, 그 운용사별로, 그리고 설정 기준에 따라 상이하게 나타나고 있어서 이에 대한 정리 혹은 기준의 일관성 확보가 요구된다. 물론 글로벌 차원에서도 다수의 글로벌 이니셔티브 및 유관기관별로 개별적인 ESG 정보 공개 기준을 제시하고 있는 실정이기도 하다. 국민연금에서는 국민연금 투자기업에 대한 ESG

평가 기준을 수립하고 있으며, 이를 많은 기업들이 인식할 수 있도록 노력을 기울이고 있다.

3) 기업지배구조에 대한 국민연금의 ESG 접근

우리나라의 ESG에 대한 관심은 특히 최근 1~2년 사이 폭발적이라고 할 만큼 늘어났다. 지금까지 국내에서 주로 ESG를 언급함에 있어서 많은 부문은 기존에 대기업의 불투명한 지배구조, 총수 일가의 범죄 등에서 비롯된 기업지배구조의 이슈를 중심으로 한다. 지속적 이슈 제기와 연구를 바탕으로 성장한 외국의 ESG 환경과 차이가 있다.

실제 우리나라의 경우 1997년 금융위기는 우리나라 대기업 지배구조의 개선 필요성을 알렸으며, 이후 기업지배구조 개선을 위한 제도 정비가 지난 20년간 이뤄져 왔다. 그러나 아직까지 국내 자본시장이 주주를 중심으로 한다는 의식은 뿌리내리지 못하고 있으며, 기업 경영 환경에 있어 소액주주를 포함한 비(非) 지배주주는 소외되고 있다. ESG 관점에서 이것이 우리나라의 가장 치명적인 코리아 디스카운트의 문제라고 생각한다.

최근 정부차원에서도 "공정경제 3법 " 이라 불리는 기업지배구조를 위한 제도의 개선 등 많은 노력을 경주하고 있으나, 주주의 권리를 확보하기 위한 것이나, 현재의 주주가치가 소외받는 문화에서 제도 개선의 가능성 및 제도 개선으로 인한 주주 권리 확보 가능성은 불확실한 상황이다. 그렇기에 국내 대부분의 기업에 투자를 하고 있는 공적연금인 국민연금의 경우 ESG 기반 투자를 통해 기업의 장기 지속성을 확보하는 것은 당연한 일이다.

특히 기업 지배구조 측면에서 건전한 기업지배구조는 기업 반부패의 기초가 된다는 것을 분명하게 인지한 것에 따른다. 의사결정 권한, 자본, 경영과실의 적절한 분배는 기업의 주주권에 대한 존중이 우선돼야 한다. 이사회의 기능 및 독립성 강화의 정당성이 강조되는 이유이기도 하다. 국민연금은 기금의 가치 보호를 위해 기업지배구조 측면에서 주로 주주권을 행사하며, 4개의 중점관리 사안을 설정하고 있다.

이런 중점관리 사안의 핵심에는 기업과 주주(투자자) 간의 대화가 있다. 특히 ESG 문화 내재화와 중요 ESG 요소에 대한 정량적 식별 · 관리가 가능한 경우, 이를 투자자에게 적극적으로 제시하고 대화해 투자자와 ESG · 기업 가치 제고에 관한 관점을 공유할 수 있도록 하는 기반을 마련하는 것이 목적 중 하나다. 물론 기업의 입장에서는 투자자와의 대화를 부담스러워하는 경향이 있으나, 투자자와의 대화 시 주주가치는 오히려 향상될 수 있음을 기대한다.

하지만 여전히 우리나라의 ESG 환경을 봤을 때 다른 부문보다 지배구조 부문에서 여전히 주주 중심주의는 뿌리내리지 못하고 있으며, 기업경영 환경에 있어 비(非) 지배주주는 소외되고 있음을 깊이 우려하고 있다. ESG 투자의 기초는 투자자와 기업과의 대화라는 점을 강조하기에, 기업과 주주의 대화가 ESG 활동의 시작이 될 것이다. 기업으로 하여금 소주 주주를 존중하면 대화할 수 있는 자세를 요구하는 것, 국민연금의 ESG에서 G를 강조하는 이유는 바로 이것이다.

4. 나가며

최근에서야 지속가능성을 확보하기 위해 ESG 개념이 본격적으로 통합됐다고는 하지만, E와 S 그리고 G는 각각 이미 아주 오래전부터 각자의 필요성과 역사를 가지고 발전해 왔던 개념이다. 각각의 개념은 모두 깊은 철학적 기반과 역사가 있다. 이 광범위한 ESG의 통합적 개념을 단기간에 정리해 규정화한다는 것은 매우 어려운 일이다. 단기간에 ESG가 경영의 핵심 키워드로 작용하게 되면서 와싱 논란이나 인증기구의 남발, 평가 기준의 격차 발생 등의 여러 부작용은 불가피하다.

그렇지만 각론 부문에서의 부작용이나 일부가 부족하다고 해서 ESG가 표방하는 의미와 그 본질적인 방향성을 의심하거나 평가 절하할 수도 없다. ESG의 기반이 토양에 스며드는 과정으로 이해되기를 희망한다. 물론 그 과정이 순조롭지만은 않을 것이다. 지난 수백 년간 재무정보를 중심으로 기업 가치를 평가한 것에 대한 익숙함에서 비재무 정보 위주의 가치 평가로의 전환이 불과 몇 년 사이에 쉽게 이뤄질 수 있다면 그것도 문제다. 지금은 묵묵하게 나아가면서 나타나는 문제점들을 고쳐나가도 늦지 않다.

ESG와 한국 기업

지난 몇 년간 우리는 글로벌 기준에서 수립된 환경, 사회, 지배구조의 기준들과 정보들을 통찰하고, 이를 우리만의 것으로 받아들이는 노력을 해왔다. 이에 ESG 공시 기준과 기관투자자들의 ESG 평가 및 활용에 대한 기준이 정비됐으며, 국내 산업 부문에 ESG 적용을 위한 안내서도 마련됐다. 실제 기관투자자는 타인의 자산을 운용하는 수탁자의 의무와 동시에 운용주식을 소유함으로써 발생하는 주주의 권리를 가진다는 관점에서 주주로서 투자 대상 회사의 가치를 높여 고객의 이익을 도모하는 책임이 있다고 믿는다.

그럼에도 아직 국내 많은 부문, 자산운용사 등 기관투자자들이 그 지위와 역할 등에 대한 수탁자책임 혹은 스튜어드십 코드 등 과거 선언했던 내용에 대한 실무 지침이나 기준 등을 마련되지 못했다는 점은 문제다. 2018년 7월 국민연금이 수탁자책임에 관한 원칙을 도입한 이후 많은 기관투자자들이 스튜어드십 코드에 참여할 것을 선언했지만 그 원칙이 어떻게 구현되고 있는지에 대해서 확인하기 어렵다는 아쉬움이 있다.

국민연금만으로는 부족하다. 여전히 국내 자본시장에서 많은 기관투자자, 특히 민간부문의 기관투자자들이 기업에 대한 투자에 있어서 수탁자책임 이행을 기준으로 한 주주권의 행사가 과연 바람직한지, 아니면 더 나아가 자본시장에서 금융기관들의 본연의 책임을 다하고 있는지에 대한 부문조차도 최근 많은 도전을 받고 있다.

또한, 최근 금융기관이나 기관투자자들이 그 본래의 수탁자에 대한 책임을 다해야 한다는 원칙보다는 형식적 ESG에 매몰될지도 모른다는 우려를 주고 있는 것도 사실이다. 기관투자자나 금융기관들에 ESG를 강조하기 전에 가입자에 대한 수탁자책임으로 돌아가자는 주장을 하는 이유이기도 하다. 그리고 이런 책무는 국민연금에만 국한되지 않는 보편적인 핵심 가치여야 할 것이다. 국민연금으로서도 각 위탁사들에게 의결권을 위임한 이후, 의결권 행사 내역을 점검하는 수준 이상의 역할을 기대하는 이유다.

결론적으로 기업의 ESG 성과를 위한 공적 연기금의 역할은, ESG가 선한 경영이 아니라 '투명한' 경영임을 함께 인식하고, 이해관계자를 고려한 기업의 경영에 주주로서의 책임과 권한을 행사하는 것이라고 믿는다. 기업의 지속가능성을 확보하고 ESG를 개선하는 과제는 결국 주주로서 회사에 대한 책임을 공유해 기업 가치를 함께 증대하는 것일 것이다. ESG는 단기적 성장에 따른 리스크를 감시하고, 주주와 동반할 수 있는 환경을 조성하고, 변화하는 시대의 리스크에 회사가 피해를 입지 않고 지속가능성을 도모해 장기적 기업 가치와 주주가치를 함께 창출하는 핵심지표로 작동해야 한다.

글 · 원종현

〈참고 문헌〉
국민연금공단. 2021.『2020 국민연금기금 연차보고서』. 전주:국민연금공단.
국민연금공단. 2020.『국민연금기금 수탁자책임 활동에 관한 지침』. 2020.5.
김화진,『ESG 투자 경영 의료』. 서울:더벨.
남재우. 2021. "공적연금의 바람직한 ESG 투자 확대를 위한 제언."『연금포럼』가을호 vol. 83. 8-19.
대한민국정부, 2021. "공정거래 3법 주요 내용 및 기대효과." 공정거래 3법 합동 브리핑자료. 금융위원회.
    2020.12.16.
원종현. 2021. "국민연금의 ESG에 대한 기대."『연금포럼』가을호 vol. 83. 5-7.
이인형. 2021.『ESG 평가체계 현황과 특성 분석』. 이슈 보고서 21-09. 서울:자본시장연구원.
홍희주 · 송민희,『해외 연기금의 책임투자 보고 사례 조사』. 전주:국민연금연구원.
GSIA, Global Sustainable Investment Riview 2020.
〈http://www.gsi-alliance.org/wp-content/uploads/2021/08/GSIR-20201.pdf〉

ESG와 임팩트 투자

도현명

임팩트스퀘어 대표, 임팩트 얼라이언스 이사
서울대 경영대학원 석사

ESG와 임팩트(Impact) 투자

최근, 대기업 영역에서 가장 뜨거운 주제 중 하나가 ESG이고, 스타트업(Start-Up) 영역에서 가장 핫한 주제는 임팩트 투자다. 이 글에서는 이 둘의 연결을 통해 어떤 혁신이 가능할지 알아보려 한다. 또한, 두 주제 모두 시장에서 명확하게 인식되지 않고 있으며 여전히 혼란이 남아 있다. 먼저 이 두 가지가 어떻게 연결되는지, 또 왜 이 이야기를 꺼냈는지 살펴보겠다.

필자가 창업한 '임팩트스퀘어'는 2010년 창업 이후 사회적 가치, 즉 환경과 같은 "이해관계자"와 관련된 가치들을 비즈니스의 짐이나 희생이 아니라 경쟁력으로 만들어가는 것에 집중하며 컨설팅과 투자 활동을 통해 함께 노력해 왔다. '임팩트스퀘어'의 관점에서는 대기업의 ESG나 스타트업의 사회적 연대 혹은 환경과 관련된 가치, 그리고 이에 투자하는 임팩트 투자는 서로 다르지 않으며, 같은 속성을 공유하고 있다.

뒤에서 다루겠지만 "사회적 가치가 어떻게 비즈니스의 경쟁력이 될 것인가"에 대한 고민을 공유하고 있기 때문이다. 따라서 최근, 이 두 가지 주제가 동시에 뜨겁게 달아오르는 것은 이상한 일이 아니다. 우연도 아니며 서로 긴밀하게 연결돼 있다. 국내에서는 관련 주제들을 분리해서 생각하는 경향이 있는데 이글의 주된 목적 중 하나는 이 둘의 통합과 그 가치를 확인하는 데에 있다.

필자는 온라인 게임 분야에서 일을 처음 시작했다. 그 당시 온라인 게임사업은 기존의 산업과 차이가 커서 대내외적으로 상당한 혼돈이 존재했다. 산업이 빠르게 성장하고 돈을 많이 버는 게임들이 속속 등장했다. 그런데 투자와 관련, 개발 초기에 도대체 어떤 요소를 보고 게임의 성공 가능성을 예측할 수 있는지도 여러 혼란 중 하나였다.

온라인 게임의 유비

좋은 개발자와 디자인 등이 판단의 열쇠일 수 있고 회사의 규모가 성공 여부의 기준이 될 수 있지만, 성공 여부를 초기에 분석하는 것은 블랙박스 취급을 받았다. 당시 온라인 게임은 2~3년 동안 개발이 이뤄지고 수백억 원이 투자되기도 했다. 그럼에도 대개의 경우 초기에 미래 가치를 추정할 수 없다는 것은 투자자들에게 매우 괴로운 일이 아닐 수 없었다. 이후 십여 년이 흐르면서 투자자들도 온라인 게임을 조금이나마 이해할 수 있게 됐고 최근엔 어느 정도 그 가치 추정과 투자의 맥락을 확인할 수 있었다.

필자는 2010년부터 임팩트 투자 분야에서 일하면서 현 상황이 이전 온라인 게임 분야의 상황과 유사하다는 생각을 많이 한다. ESG의 지금 상태는 2000년대 초중반의 게임산업과 크게 다르지 않다. 어떤 환경, 어떤 사회, 어떤 거버넌스 요인이 기업의 미래 가치에 영향을 준다는 어렴풋한 이해는 어느 정도 형성됐다. 다만 도대체 그것이 무엇인지, 어떻게 관리 가능한지 파악해가는 과정이라고 할 수 있다.

그러나 점차 더 많은 투자자와 전문가들이 임팩트 투자와 관련, 특정 지점들을 찾아내기 시작하는 상황에 놓여있다고 생각한다. 그렇다면 이제 해야 할 일은 구체적으로 무엇이 기업의 미래 가치에, 더 나아가 사회에 이로운 일인지, 그 메커니즘과 알고리즘을 바꾸고 만들어내는 것이다.

임팩트 투자와 ESG 투자의 비교

기본적으로 임팩트 투자와 ESG 투자는 동일한 지점을 지닌다. 가장 큰 차이가 나는 지점은, 임팩트 투자의 경우 주로 환경과 사회 또는 윤리적인 의사결정 구조에 더욱 초점을 맞춘다는 것이다. 새로운 획기적 탄소 저감 솔루션을 개발 중인 소셜벤처는 한 기업의 탄소 저감이 문제가 아니라 세계적인 기후변화와 수많은 탄소 배출기업에 대한 솔루션 개발이라는 점에서 가치가 있다.

ESG도 이런 점을 고려하고 긍정적 임팩트를 고민하지만, 본질적으로 리스크 관리, 즉 어떻게 하면 미래에 발생할 비용과 문제에 대한 방어와 안정성에 초점을 맞추고 있다. 그리고 전체 사업구조를 일시에 조정하는 것이 거의 불가능하기 때문에 우선순위를 고려해 ESG 요인들을 갖추도록 노력하게 된다. 따라서 임팩트 투자는 ESG 투자에 비해, 긍정적인 임팩트를 어떻게 사회와 기업 전반적으로 미치도록 할 것인가에 초점을 맞추고 있다.

소셜벤처 소개와 차별점

소셜벤처에 대한 투자는 1990년대부터 빠르게 성장했다. 2000년대의 정부, 재단들과 임팩트 투자자들의 노력이 이뤄졌고 최근엔 자리를 잡은 상태라고 평가할 수 있다. 소셜벤처 투자는 사업 초기 단계에서 투자하기 때문에 기업의 어떤 구체적 요인들이 미래 가치를 확대할 수 있는지에 대해 투자 기준이 명료하다. 하지만 대기업의 경우, 사업이 다양하고 조직이 방대해 성공과 실패의 요인을 정확하게 파악하기가 쉽지 않다.

그래서 소셜벤처의 사업을 분석하는 작업은 중요하다. 구체적이고 명료한 요인들을 기반으로 어떻게 ESG 요인들이 기업의 경쟁력에 기여하는 지를 확인할 수 있다. 그렇게 얻어진 함의와 이해도는 굉장히 중요한 정보를 지니고 있다. ESG 투자자들이 지금 활용하는 실용적인 프레임도 의미가 있지만 임팩트 투자자들이 어떻게 좋은 소셜벤처를 발굴하고 투자해왔고 성과를 얻어냈는지 등을 이해하는 것은 매우 유의미하다.

소셜벤처, 임팩트 프로젝트에 대한 임팩트 투자와 ESG 투자가 교차하는 부분은 두 개의 포인트로 나눠 설명할 수 있다.

임팩트 투자와 ESG 투자의 교차점

첫째는 앞서 언급했듯 가치 창출 메커니즘이 공유될 수 있다는 것이다. 과거에는 친환경은 곧 비용, 부담이었다. 따라서 규제에 순응하기 위해 어쩔 수 없이 맞춰가는 것이었으나, 이제는 그 환경과 관련 요인들의 미래를 예측하고 연구하고 기술을 개발하고 솔루션과 새로운 모델들을 제공함으로써 기업 가치를 늘릴 수 있다고 주장하게 됐다. 이런 수많은 사례가 ESG 투자와 임팩트 투자 모두에게 중요한 가치 창출 메커니즘이 될 것이다.

비즈니스가 세상을 바꾸고 바뀐 세상이 다시 비즈니스를 변화시킨다. 이제 어떤 요인이 큰 맥락을 움직이는 원인인지 해석할 수 있어야 한다. 과거에는 자산 수익률, 현금 흐름, 부채 비율 등이 기업경영에 어떤 영향을 주는지 충분히 이해했다면, 이제는 환경과 사회가 비즈니스에 직접 어떤 영향을 주는지 이해할 때가 됐다. 그리고 이런 이해에 근거해 임팩트 투자와 ESG 투자, 모두 동일한 관점에서 접근이 필요하다.

둘째는 대기업이 ESG를 수행하는 과정을 통해서 확인할 수 있다. 국내 수많은 기업은 다소 차이가 있지만, ESG를 위해 열심히 노력하고 있다. 다만 기존 조직체계의 동일한 의사결정권자가 이를 실행해야 한다는 점은 문제다. 또한, 기존 구성원들이, 기존 고유자산을 토대로 이를 실행하려 하니, 어려울 수밖에 없다. 돈과 구호는 쉽게 바뀌어도 사람과 문화가 갑자기 바뀌기는 어렵기 때문이다. 아인슈타인의 말처럼 "동일한 행동을 하면서 결과가 바뀌길 기대하는 것은 말이 되지 않는 짓"이다.

규모로도 그렇다. 시가총액이 20조 원인 기업이 2억 원 규모의 사회공헌으로 크게 바뀌려고 한다는 것이 어불성설 아니겠는가. 기업 가치가 변할 정도의 활동이라면 훨씬 더 오래되고, 규모가 있어야 하며, 치밀하게 전략적이어야 한다. 수십 년 된 기업에서 고작 2개월, 1년 만에 변화를 만들어내는 건 어려운 일이다. 기업들이 신사업을 준비할 때 오랜 기간, 높은 수준의 연구와 많은 전문가의 노력을 활용하듯 ESG도 그렇게 수행돼야 한다.

이 시점에서 제안하고 싶은 것은 임팩트 투자가 일어나고 있는 프로젝트들과 소셜벤처를

ESG와 한국 기업

눈여겨보자는 것이다. 이들이 기업의 고유자산에 부족한 점들을 채워주고, 아직은 갖춰지지 않는 인력의 전문성을 보완해줄 수 있는 중요한 오픈 이노베이션 파트너가 될 수 있다는 것이다. 이들은 벌써 수년 전부터 이 문제들을 해결하기 위해 본인들의 시간과 자원들을 활용해 왔다. 거대한 선박이 한 번 방향을 틀기 위해선 상당한 노력이 필요하다. 그런데 모터보트 같은 스타트업들은 순식간에 파도를 피하고 지향점을 위해서 경로를 바꿔왔으며, 그 결과들을 지금 보여주고 있다.

이 두 가지의 관점에서 ESG와 임팩트 투자는 또 다시 연결된다. 즉 투자의 관점에서, ESG 평가의 메커니즘을 공유할 수 있다는 점과 오픈 이노베이션 파트너로서 상호 간의 역할 공유가 가능하다는 점이다.

소셜 벤처들과의 연계 방안

이제 이 관점에서 소셜벤처들의 사례를 살펴봄으로써 대기업과 소셜벤처 간의 연계방식에 대한 이야기를 풀어보고자 한다.

기업들이 결국 ESG를 도입하는 것은 새로운 경쟁 전략에 대한 고민이다. 우리의 경쟁자는 우리만큼 빠르고 싸게 만들고, 우리만큼 영업을 잘하고, 아름답게 만든다. 그래서 경쟁자인 것이다. 물론 그 경쟁도 지속해서 필요하다. 그렇지만 경쟁에서 승리는 어렵기도 하거니와 상당한 비용을 소모한다. 따라서 새로운 경쟁의 축에서 고민해볼 필요가 있다.

비유하자면, 오랜 기간 함께 구슬치기를 해온 사람들은 서로의 장단점을 잘 알고 충분히 숙련돼서 매번 엎치락뒤치락하는 관계가 된다. 아무리 노력을 하고 집중을 해도 쉽게 이기는 일은 이제 불가능하다. 그때 조용히 갈고 닦은 딱지치기 실력을 꺼내어, 딱지치기라는 새로운 게임으로 전환하게 되면 그 부문에서는 좀 더 쉽게 승리가 가능해진다. 우리가 이렇게 계획하고 설계해서 도전한다면, ESG는 새로운 경쟁에서 승리를 안겨 줄 수 있다.

예컨대 탄소 저감이 기업의 산업 분야에서 미래에 도래할 중요한 게임이라는 확신이 있다면 그 부분을 선제적으로 도전해보는 것은 유의미하다. 그렇다면 게임의 규칙이 변경되고 새로운 방식의 경쟁으로 전환될 때 우리는 충분히 앞서 나갈 수 있다.

소셜벤처 사례 1: 에누마

최근 국내에서도 수많은 소셜벤처들이 빠르게 성장하고 있다.

그 첫 번째 사례로 에누마라는 기업을 소개하고자 한다. 엔씨소프트 출신의 부부는 속도가 느린 학습자에게도 적절한 수학 교육을 제공할 수 있을지 고민하면서 "토도매쓰"라는 앱을 개발했다. 온라인 게임 기획과 개발의 전문성을 기반으로 사용자의 점진적인 몰입도를 높이는 방법을 도입하고, 한국의 뛰어난 전문 수학 교육 콘텐츠를 활용해 만들어졌다. 해당 앱은 발달 장애인을 포함한 느린 학습자에게 큰 도움이 됐다.

사실 첫 출시 당시에는 해당 특성을 가진 인구 중 수학 교육을 원하고 또 지불 의사와 능력이 있는 경우가 많지 않으리라 판단하고 큰 기대를 하지 않았다. 그런데 놀랍게도 출시 이후 세계 여러 국가에서 교육 앱 1위라는 성과를 달성했다. 발달 장애인 중 해당 수요가 그렇게 많았던 것이 아니라 느린 학습자를 위해 만들었던 그 수학 교육 앱은 수학 학습에 어려움을 겪는 비장애인들에게도 쓸모가 있었다.

이를 유니버설 디자인이라고 한다. 가장 취약한 사람들을 위해서 어떤 서비스나 제품을 만들면 그 대상들에게는 물론이고 그보다 덜 취약한 사람들을 위해서도 쓸모 있다는 말이다. 예를 들어서 휠체어를 타는 장애인들을 위해 문턱을 없애면 걸음이 다소 불편한 노인, 유모차를 끄는 부모, 아장아장 걷는 아이들 모두에게 도움이 된다. 이는 대기업에도 시사하는 바가 크다.

현재 기업의 상품들이 돈이 많은 사람, 혹은 상품을 마음껏 이용하기 위한 건강한 사람들을 위해서 만들어지고 있다면, 보다 보편적 관점을 포용함으로써 보다 많은 고객을 위해 더욱 유용한 서비스를 제공할 수 있게 될 것이다. 에누마는 이 성공을 기반으로 수학 교육에 그치지 않고 학교에 가지 못하는 아이들, 학교의 교육 서비스에 충분히 적응하지 못하는 아이들을 위한 혁신적인 교육 서비스들을 지속해서 만들고 있다.

소셜벤처 사례 2: 수퍼빈

다음으로는 환경 분야의 사례들을 살펴보고자 한다. ESG에서도 가장 두드러지는 범주가 환경이다. 이와 함께 소셜벤처 분야에서도 환경이 가장 중요한 테마다. 대표적으로 수퍼빈이라는 소셜벤처가 있다. 우리나라는 페트가 재생되는 수준이 상대적으로 낮다. 재생이 어려운 이유가 페트 재생 기술이 부족하기 때문이 아니라 페트가 깨끗하게 선별되는 것이 매우 어렵기 때문이라는 문제의식에서 출발했다. 이를 해결하기 위해 "네프론"이라는 인공지능 수거선별 기계를 만들었다. 이 기계는 캔이나 페트를 넣으면 캔과 페트 또는 그 외의 것들을 구분, 순도 높은 페트를 모을 수 있도록 한다.

최근엔 페트가 지자체마다 폐기물 선별장에서 처리된다. 컨베이어벨트 위에 수많은 종류의 폐기물이 흘러가면 사람이 일일이 수작업으로 구분하는 과정과 유사하다. 이런 구조는 비용이 높고, 폐기물의 선별 순도를 높이는 데에도 어려움이 있었다. 심지어 부상이나 인명사고의 위험도 있다. 폐기물량은 계속 증가하는 반면, 선별장은 지역주민들의 반발로 증설되지 못했다. 이조차 늘 부족해 초과분은 민간업체에 처리비를 주고 맡긴다. 당연히 민간업체는 가장 싸고 간편한 방법으로 문제를 해결하고 환경에는 큰 신경을 쓰지 않는다.

이런 선별 과정의 복합적인 문제를 인공지능이 탑재된 기계가 대신하게 함으로써 돌파구를 찾았다. 자율주행차나 로봇에나 쓰일 것 같은 인공지능 같은 고도의 기술이 이런 잡일에까지 필요할까에 대해 의문이 있었을지 모른다. 하지만 이제 폐기물 영역까지 중요한 도구가 되고 있다. 사회적 가치가 쉽게 경쟁력이나 비즈니스 가치로 전환되지 않는다. 그 과정에는 기술, 모델, 브랜드, 혹은 구조든 어떤 형태의 혁신이 수반된다. 그렇게 사회를 바꾸고 환경을 바꾸면서 수익성도 만들어낼 수 있는 사례가 된다.

실제로 수퍼빈은 롯데케미칼과 협업을 통해, 플라스틱이 재생될 수 있는 생태계를 만들어 가고 있다. 투자도 늘고 협력사례도 확대되고 있다. 대기업의 ESG 오픈 이노베이션 파트너로서의 소셜벤처가 주목받는 시점에 이른 것이다.

소셜벤처 사례 3: 포이엔과 SK에너지 협력 사례

이해를 보다 높이기 위해 유사한 사례들을 더 살펴보자. 포이엔(4EN)은 커피 찌꺼기를 활용해 고형 연료를 만드는 소셜벤처다. 국내에서 이런 방식으로 탄소배출권을 처음으로 확보한 기업이기도 하다. SK에너지는 정유사로써 탄소배출권을 확보해야 하며 이를 넘어서 새로운 에너지 사업에 대해 고민하고 있었다. 대부분의 석유화학기업은 ESG 관련, 유사한 고민을 한다. SK 에너지는 좀 빨랐다. ESG가 확산되던 2020년 말보다 몇 년 일찍 시작했다. SK에너지는 탄소배출권 확보를 위해 포이엔과 협업을 시작했다.

그 결과 동남아시아에 있는 땅콩 껍질을 비롯한 다른 바이오매스를 고형 연료로 만들어 해당국 저소득 시민들에게 연료를 제공하고 대량의 탄소배출권을 확보하는 데 성공했다. 기업들이 스스로 탄소 저감 대책을 만드는 것은 당연하다. 그리고 위 사례처럼 내부의 조직뿐만 아니라 외부의 수많은 소셜벤처와 협업을 통해 효율적 방법을 찾아낼 수 있다.

소셜벤처 사례 4: 롯데케미칼 프로젝트 루프

한편, 롯데케미칼은 앞서 언급한 것처럼 페트에 대한 고민이 많았다. 국내 1위 페트 소재 생산자이기 때문이다. 페트를 생산하지 않을 수 없다. 당연히 답이 아니다. 대체 소재를 개발하는 건 필요하지만 오랜 시간이 걸린다. 그래서 "프로젝트 루프"라는 새로운 도전을 시작했다. 당시엔 고순도 페트 재생에 대한 국내 가치사슬이 전혀 없었다. 그래서 어떻게 하면 국내에서 페트를 재생할 수 있는지, 처음부터 새롭게 접근했다. 각각의 역량을 가진 여러 조직과 협업해 국내 최초로 페트 재생에 대한 가치사슬을 구축했다.

중견기업들, 중소기업들, 소셜벤처들과의 협업을 통해 결국 성공했다. 이 페트를 소재로 신발, 가방, 옷 등을 제조할 수 있게 됐고 롯데케미칼은 플라스틱 재생공장 설립 발표를 할 수 있었다. 사회적 책임. 사회 기여 등 도덕적 의무를 넘어 ESG를 사회의 큰 변화로 인정하고 기업의 역할을 찾는 것이 바로 ESG라고 할 수 있으며 이 과정에서 소셜벤처와 대기업의 협력은 매우 중요하다.

워싱의 위험

워싱에 대한 경고로 이야기를 마무리하고자 한다. 글로벌의 가장 큰 임팩트 투자자 네트워크인 글로벌 임팩트 인베스팅 네트워크(GIIN, Global Impact Investing Network)에서 향후 5년 가장 큰 도전으로 임팩트 워싱의 문제를 꼽았다. 워싱이란 사회적 가치가 없는 활동을 마치 가치가 있는 것처럼 보이도록 하는 것이다. 이를 해결할 수 있는 거의 유일한 방안은 사회적 가치를 적극적으로 측정하고 공개해 상호 검토하도록 하는 것이다. 때문에 GIIN의 해당 항목에서 나온 문제점 중 대여섯 개가 모두 사회적 가치 측정과 관련된 문제이기도 하다.

ESG 영역에서도 ESG 워싱에 대한 이야기가 주요하게 논의되고 있다. 결국 우리 사회가 진정한 사회적 가치를 만들고 있는 기업과 거짓말하는 기업을 분류할 수 있게 될 때 우리는 진짜 ESG 투자, 진짜 임팩트 투자를 통한 발전을 이룰 수 있다. 소셜벤처와 대기업의 협력이 더욱 활성화되려면 사회적으로 공유된 정보체계와 측정기제가 필요하다. 정보의 투명성이 상호 공유될 때 진정한 의미의 협력과 혁신이 일어날 것이기 때문이다.

결어

자원도 많고 역량이 뛰어난 대기업이 ESG를 위해 스스로 할 수 있는 일이 많다는 것은 자명하다. 그러나 더욱 빠르고, 저렴하게 ESG 활동을 실행하기 위해서는 소셜벤처와의 개방, 혁신을 협력하는 것을 반드시 고려할 필요가 있다. 서로 다른 이들이 협업했을 때, 그러나 목표와 방식이 유사할 때 최상의 결과를 만들어낼 수 있다. 그런 변화가 대기업과 소셜벤처의 협력을 통해 우리나라 기업과 사회발전에 중요한 계기를 만들어주길 기대한다.

글 · 도현명

기후위기는 ESG를 제대로 강화하면 막을 수 있어

유철호

르몽드코리아 기획위원

2021년 4월 22일(현지시각) 51번째 '지구의 날'에 미국이 주최한 기후정상 화상회의는 40여 개 주요국 정상이 모여서 2050년까지 탄소 중립을 달성한다는 목표를 재확인하고, 기후대응을 2030년으로 앞당기는 회의였다. 지구 평균기온 상승을 1.5℃로 제한해야 한다는 공감대 속에서 유럽연합은 2030년까지 1990년 대비 55% 온실가스 감축 목표 정책패키지인 'Fit for 55'를, 영국은 68% 감축을 약속했고, 전세계 탄소 배출량의 15%, 세계 2위국인 미국의 바이든 대통령은 2030년까지 온실가스 배출량을 2005년 수준보다 50~52% 감축한다는 새로운 감축 목표를 발표했다. 조 바이든 대통령은 기후정상회의에서 국제 공동대응을 촉구하면서도 국제정치 주도권을 가지고 자국의 이익을 지키고자 한 것이다. 일본은 2013년 대비 46% 감축 목표, 우리나라도 '2050년 탄소중립' 실현 목표를 재차 밝혔다. 하지만 탄소 배출량이 27%, 세계 1위국인 중국, 탄소 배출량 12%인 인도와 러시아의 입장은 달랐다. 미국의 적극적인 유도에도 불구하고 중국, 인도, 러시아는 진전된 새 목표를 제시하진 않았다. 오히려 시 주석은 "선진국이 개발도상국들이 저탄소로의 전환을 가속화 할 수 있도록 구체적인 노력을 기울여야 한다."라고 주장했고, 나렌드라 모디 인도 총리는 미국과 다른 선진국들이 저소득국의 석탄발전 등에 대한 대안을 마련하도록 약속한 수십억 달러의 자금을 집행을 요구했다. 푸틴 대통령은 "러시아는 다른 나라에 비해 지난 1990년보다 온실가스 배출을 더 많이 감축했다"고 주장한 뒤 미국이 역사적으로 최대 배출국이었다고도 언급하며 특정국이 아닌 유엔 주도의 협력을 강조했다.[1] 그러나 탄소배출국 1위 중국과 인도는 전 세계 배출량의 40%를 차지하고 있고, 러시아도 산업화 이후 역사적 누적 배출량이 전 세계 6.9%를 점유한 3위다. 중국, 인도, 러시아도 누

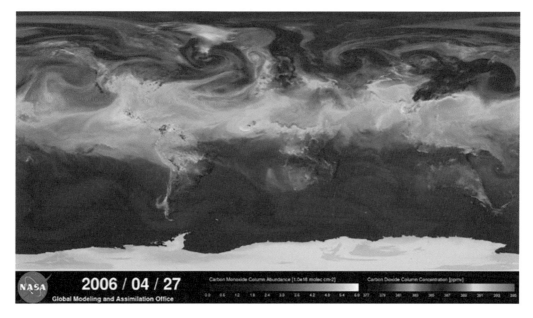

〈그림 1〉 2006년 1월부터 12월까지 전 세계를 여행하는 대기 중 이산화탄소 시뮬레이션, 북반구에 몰려있다.
NASA Goddard Space Flight Center의 Global Modeling and Assimilation Office의 과학자들이 만든
GEOS-5 컴퓨터 모델에 의해 제작된 'Nature Run', 동영상에서는 이산화탄소 사계절 변화도 볼 수 있다.

적배출량을 고려하면 미국만 탓할 입장은 못된다.

제26차 글래스고 당사국 총회의 파리기후협정이 갖는 의미

2021년 10월 31일부터 11월 13일까지 영국 글래스고에서 개최된 제26차 유엔 기후변화협약 당사국 총회(COP 26)가 파리기후협정의 이행을 본격적으로 알렸다. 2015년 이후 6년 만에 개최된 특별정상회의에 우리나라를 비롯한 120여 개국 정상이 참석해 최근 각국의 탄소중립 노력과 2020년 전후 각국의 기후변화 대응방안과 온실가스감축목표(NDC)를 재제출하는 등 파리협정의 1.5℃ 온도제한 목표를 위한 노력을 강조한 것이다. 이번 협상에서 글래스고 기후합의(Glasgow Climate Pact)를 도출했고, 국제 탄소시장메커니즘(파리협정 6조)의 세부 이

맺으며

행지침도 마련해 2015년 파리협정의 세부이행 규칙을 모두 완성했다. COP26 글래스고 기후합의에서는 처음으로 석탄발전의 축소를 직접 명시하는 문구가 포함됐다. 전통적인 기후협상 의제 이외에도 기후변화 대응을 위한 메탄서약, 산림훼손 방지 등 다수의 국제적인 합의가 도출됐다. 국제사회가 파리협정이 목표하는 '2050 탄소중립'을 연이어 공약하면서 지구온도 2℃ 이내와 1.5℃ 제한목표에 야망을 갖게 됐다.[2] 특히 탄소시장 매커니즘 이행지침은 배출권 시장의 탄소가격제(carbon pricing)가 탄력을 받으면서 자본시장의 지각변동이 일어났다. 투자를 위한 발판으로 지속가능성 및 기후관련 국제표준 공시가 촉진되고, 저탄소 순환경제 체제의 '넷 제로 전환(transition to net zero)'의 시대가 열렸다. 글로벌 자산소유주나 거대 자산운용사들은 투자기업에 기후변화, 수자원, 삼림훼손 등에 미치는 영향을 반영한 지속가능경영의 보고 수준을 높였고, 이와 관련 기업은 기후·환경 관련 혁신기술 개발, 재생에너지(RE100) 가입 등 ESG 경영활동이 열풍으로 확산됐다.

지구 온난화의 주범 이산화탄소 배출은 1750년경 서유럽이 산업화 시대에 진입하면서 석탄을 동력으로 하는 기계화로부터 시작됐다. 세계는 1850년에서 1960년 사이에 산업화와 지속적인 인구 증가를 경험했다. 특히 미국은 1930년대의 대공황 및 1945년 제2차 세계 대전의 종식과 같은 시기를 제외하고는 화석연료를 사용해 얻을 수 있는 온갖 혜택을 누렸다. 중국은 '세계의 공장'으로 경제가 성장함에 따라 배출량이 증가하면서 지금은 세계 1위다.

2021년 10월 5일(현지시간) 온실가스 분석 전문단체 카본 브리프(Carbon Brief)가 공개한 1850년부터 2021년까지의 전 세계 국가별 누적 이산화탄소 배출량은 산업화 이후 현재까지 이산화탄소 배출의 역사적 책임(historical responsibility)을 나타낸다. 이들 자료에 따르면 1850년부터 2021년까지 인간이 배출한 이산화탄소는 약 2조 5,000억t이다. 특히 미국과 중국의 누적 이산화탄소 배출량은 전 세계 총량의 31.7%를 차지한다. 미국은 누적 이산화탄소 배출량 5,091억 4,300만t으로 20.3%를 차지하며 압도적인 1위를 기록했다. 2위 중국은 2,844억 7,600만t으로 11.4%, 3위 러시아는 1,722억 3,400만t으로 6.9% 점유. 4위 브라질은 4.5%, 5위 인도네시아 4.1%, 6위 독일 3.5%, 7위는 인도 3.4%, 8위 영국 3%, 9위 일본 2.7%, 10위 캐나다는 2.6%로 조사됐다. 상위 10개국이 1850년부터 2021년간 배출한 누적 이산화탄소 배출량은 지구 전체의 62.4%에 이른다. 대한민국은 1% 미만으로 20위를 차지했다.[3]

카본 브리프 분석에는 처음으로 화석 연료 및 시멘트 생산과 함께 산림 파괴로 인한 배출량과 보지 사용에 따른 변화가 포함됐다. 이로 인해 브라질과 인도네시아는 10위권에 진입했다. 이산화탄소 누적 배출량은 수 세기 동안 대기 중에 남아 있으며 지구 기온 1.2°C상승과 밀접한 관련이 있다. 역사적 누적배출량은 개도국이 주장하는 기후 정의(climate justice)와 부(富)의 불균형을 뒷받침한다. 수 세기 동안 화석연료로 발전한 선진국들이 오염자 부담원칙(polluter pays principle)에 따라, 과거에 자신들의 풍요로움을 위해 배출한 온실가스는 그들이 감축 비용을 부담해야 기후정의 개념을 반영한 것이고 형평성에도 맞는 것이다.

글래스고 당사국총회(Cop26)를 주최한 영국의 보리스 존슨 총리는 2021년 9월 유엔연설에서 이 책임을 인정했다.[4] Cop26에 앞서 누적 배출량 상위 10개국 중 미국, 독일, 영국, 캐나다는 추가 배출량 감축을 약속했으나, 역사적 배출량과 경제 규모에 비하면 너무 적은 것이다. 러시아는 새로운 배출량을 서약만 했고, 중국과 인도는 추가 약속을 하지 않았고, 브라질, 인도네시아, 일본은 개선되지 않고 있다. 기후변화로 피해를 입고 있는 개도국과 최빈국에 신속한 책임을 져야 한다. 기후정의(climate justice)가 실현돼야만 전 세계 인류의 공감과 지지를 얻을 수 있다. 잔여 탄소배출 총량(Carbon budget)의 분배, 감축과 적응 문제는 선진국들이 책임지고 나서 평등하게 나누면 될 일이다. 이는 기후변화 문제가 비가역성(irreversibility) 영역이라 더욱더 필요하다. 그럼에도 불구하고 올해 3월 21일부터 4월 4일까지 화상회의로 개최한 제56차 IPCC 총회에서 제3실무그룹의 'IPCC 제6차 평가보고서'(IPCC AR6 WG III)를 심의하며, 주요 쟁점은 탄소가격제와 온실가스 배출 시나리오를 비롯한 지역별 온실가스 배출량 산정기간이 이슈였다. 선진국들은 명확한 인벤토리 데이터가 존재하는 1990년부터 역사적인 온실가스배출량(Historical GHG Emissions)[5]을 산정기간으로 정해야 한다고 주장했고, 개도국은 1850년 선진국의 산업화 이후부터 누적 온실가스 배출량의 책임으로 맞섰다. 당사국들은 미래세대에게 부끄러움과 책임감을 가져야 한다.

선진국들이 주장하는 1990-2018년 온실가스 누적 배출량은 상위 10개국이 66.3%를 차지

선진국들이 주장하는 명확한 인벤토리 데이터 근거 중 하나인 기후워치(CLIMATE WATCH) 데이터베이스(DB)[6]로 산정한 '역사적인 온실가스 배출량'(Historical GHG Emissions) 자료에 따르면 1990년부터 2018년까지 28년간 배출한 누적 온실가스 배출량은 상위 10개국이 지구 전체의 66.30%에 이른다. 반면에 가장 적게 배출한 100개국은 다 합쳐도 전체 배출량의 3% 미만이다. 인류 전체가 온실가스 배출에 책임질 일이 아닌 것이다. 전세계 배출량의 거의 4분의 3이 에너지 부문이고, 농업이 그 뒤를 잇는다. 에너지 부문에서 가장 큰 섹터는 전기 및 열 생산이며, 그 다음이 운송 및 제조다. 토지이용, 이용변경 및 임업(LULUCF)은 배출량의 원천이자 흡수원이며 순 제로(Net-zero)를 달성하기 위한 핵심이다. 지난 28년간 온실가스 연간 배출량은 1990년 326.45억 톤부터 계속 상승해 2018년 489.39억 톤까지 도달했고, 2018년 세계 총 누적배출량은 약 1조 1516.90억 톤이다. 산정 방법이 바뀌면 미국은 1731.75억 톤으로 중국의 1997.29억 톤 보다 낮아져 1, 2위 순위가 바뀐다. 중국이 맞서는 이유다. 미국과 중국의 누적 배출량 합계는 모든 국가 총량의 32.38%를 차지한다.

1990년부터 2018년까지 누적 온실가스 배출량에서는 중국이 세계 1위로 올라섰다. 총량 1,997억 2,976만t(17.34%)도 미국을 제친 것이다. 2위 미국은 1,731억 7,547만t(15.03%)이고, 3위 유럽연합(27개국) 1,091억 5,202만t(9.48%), 4위는 인도 583억 6,433만t(5.07%), 5위 러시아 545억 9,429만t(4.74%), 6위 브라질 499억 5,766만t(4.34%), 7위 인도네시아 415억 9,215만t(3.61%), 8위 일본 343억 415만t(2.98%), 9위 독일 267억 7,769만t(2.33%), 10위 캐나다 237억 7,822만t(2.06%)도 산정됐다. 1850년부터 2021년까지 배출한 전 세계 누적 이산화탄소 배출량 약 2조 5,000억 톤(62.4%)보다 적은 약 1조 1516.90억 톤(66.3%)이나, 비율은 약간 높다.

11위는 영국 182억 8,925만t(1.59%), 12위 호주 175억 2,273만t(1.52%), 13위 멕시코 161억 2,355만t(1.40%), 14위는 이란 159억 5,869만t(1.39%), 15위는 콩고민주공화국 146억

0868만t(1.27%), 대한민국은 총배출량 141억 813만t(1.22%)로 16위를 자리매김했다.[7] 1992년 유엔기후변화협약(UNFCCC)과 교토의정서 협상부터 지속적으로 제기됐던 산정문제가 30년이 지난 지금까지도 쟁점화가 되고 있다. 그런다고 이미 배출한 온실가스는 없어지지 않는다.

국제에너지기구(IEA)가 발표한 최근 3년간(2018-2020) 온실가스 배출량 상위 국가

국제에너지기구(International Energy Agency, IEA)가 발표한 연료연소로 인한 전 세계 온실가스 배출량은 2018년 343억 톤CO_2eq로 정점을 찍은 후부터 2019년 342억 톤CO_2eq로 비교적 일정하게 유지됐다. 2020년은 COVID-19 대유행으로 에너지 수요가 감소해 전 세계 CO_2 배출량이 전례 없이 5.8% 감소한 것으로 나타났다. 2020년 잠정 데이터[8]에서 온실가스 배출량은 모든 국가의 하락을 나타내고 있다. 미국과 독일이 전년 대비 각각 9.7%, 9.1% 감소해 선두를 달리고, 브라질(-6.2%), 러시아 연방(-5.2%), 일본(-3.0%)에서도 감소했다. 그러나 세계 1위 배출량 중국만은 계속 상승패턴을 유지했다. 2019년에는 전년 99억 톤 대비 1.7% 증가해 마침내 100억 톤에 도달했다. 반대로 미국의 배출량은 2019년에 전년 50억 톤 대비 3.4% 감소한 48억 톤으로 2위를 유지했다. 중국이 미국의 2배가 넘는 온실가스 배출량으로 전 세계의 29.2%를 차지한 것이다. 3위 유럽연합(EU)은 전년 28억 톤 대비 4.9% 감소한 27억 톤, 4위 인도의 배출량은 2019년 24억 톤으로 전년과 같았다.[9])

세계 온실가스 배출량의 71%를 차지한 화석연료 100대 기업과 투자한 자본들도 책임져야

전 세계 1만 여개 상장기업의 기후변화, 물, 산림자원 등 기후·환경 관련 정보공개를 통해 연구·분석·평가하는 '탄소공개프로젝트(Carbon Disclose Project, CDP)'[10]가 환경단체 기후책임연구소(Climate Accountability Institute, CAI)와 공동으로 펴낸 '2017 주요 이산화탄소리포트(CDP Carbon Majors Report 2017)'는 화석 연료 생산업체에서 발생하는 과거, 현재, 미래의 산업적 이산화탄소와 메탄 배출을 나타낸다. 1850년 산업혁명 이후 화석연료 산업은 지구 온난화에 기여하는 온실가스 배출량을 28년 만에 두 배로 늘렸다. 237년 동안 8,200억 톤이 배출된 것에 비해 1988년부터 2015년까지, 불과 28년 만에 8,330억 톤을 배출한 것이다.[11]

1988년 이후, 전 세계 산업에서 발생하는 온실가스의 51%는 겨우 25개의 화석연료 생산기업(국영 포함)에서 나온다. 데이터베이스에 따르면 유엔 기후변화 대응 프로젝트가 시작된 1988년 이후 2015년까지 지난 30년 동안 산업 활동으로 인한 온실가스 배출량의 71%에 해당하는 화석연료를 100개 기업이 생산 및 공급했다. 세계 10대 화석연료 생산회사가 기후 오염원(Climate Polluters) 전체의 35.82%를 차지하고 있고, 이어서 20위까지가 11.4%, 30위까지 배출량을 합치면 전 세계의 54.22%를 차지한다. 국제통화기금(IMF)이 발간한 '화석연료 적정가격 평가보고서'에 따르면 2020년 화석연료 산업에 5.9조 달러의 보조금이 지원된 것으로 나타났다[12]. 지구 온난화를 유발한 기후오염원에 막대한 보조금까지 지원하고 있다. 여기에 투자해 거대 부자가 된 자산가와 자본들도 책임을 같이 지도록 촉구해야 한다.

온실가스 51%는 25개 기업이, 71%는 100대 기업이 쏟아내

지난 30년간 화석연료 산업은 1850년 산업혁명 탄생부터 1988년까지 237년 동안 지구 온난화를 만든 온실가스를 불과 28년 만에 배출했다. 1988년부터 2015년까지 8,330억 톤을 배출한 것이다. 8,330억 톤의 누적 배출 총량은 전 세계 누적 배출량의 31.7%를 차지하는 미국 5,091억 4,300만 톤과 중국 2,844억 7,600만 톤의 누적 배출량 합계 7,936억 1,900만 톤보다도 많다.

하지만 1988년부터 2015년까지 글로벌 산업 온실가스의 절반 이상을 배출한 기업 및 국영 생산자는 25개에 불과하다. 이들을 포함한 온실가스 71%를 배출한 100개 기업과 이들 기업 소유주나 투자자에게도 온실가스 감축 비용과 책임을 물어야 한다.

1위 중국 China(Coal) 14.32% 2위 사우디아라비아 Saudi Arabian Oil Company(Aramco)

4.50% 3위 러시아 Gazprom OAO 3.91% 4위 이란 National Iranian Oil Co 2.28% 5위 미국 ExxonMobil Corp 1.98% 6위 인도 Coal India 1.87% 7위 멕시코 Petroleos Mexicanos (Pemex) 1.87% 8위 러시아 Russia (Coal) 1.86% 9위 영국-네덜란드 Royal Dutch Shell PLC 1.67% 10위 중국 China National Petroleum Corp(CNPC) 1.56% 등으로 상위 10개 회사가 글로벌 산업 온실가스 누적 배출량 전체의 35.82%를 차지한다. 이어서 11위 영국 BP PLC 1.5% 12위 미국 Chevron Corp 1.3% 13위 베네수엘라 Petroleos de Venezuela SA(PDVSA) 1.2% 14위 아랍 에미레이트 Abu Dhabi National Oil Co 1.2% 15위 폴란드 Poland Coal 1.2% 16위 미국 Peabody Energy Corp 1.2% 17위 알제리 국영석유회사 Sonatrach SPA 1.0% 18위 쿠웨이트 Kuwait Petroleum Corp 1.0% 19위 프랑스 정유회사 Total S.A. 0.9% 20위 호주 광업회사 BHP Billiton Ltd 0.9% 등 상위 11위부터 20위까지 10개회사가 온실가스 누적 배출량의 11.4%를 차지한다. 21위 미국 석유탐사 및 생산 ConocoPhillips 0.9% 22위 브라질 정유회사 Petroleo Brasileiro SA 0.8% 23위 러시아 Lukoil OAO 0.7% 24위 브라질 Rio Tinto 0.7% 25위 나이지리아 국영석유공사 Nigerian National Petroleum Corp 0.7% 등 5개 기업은 3.8%다. 이상과 같이 글로벌 산업 온실가스 누적배출량의 51%는 불과 25개 기업이 차지하고 있다. 26위 말레이시아 국유 석유가스회사 Petroliam Nasional Berhad (Petronas) 0.7% 27위 러시아 Rosneft OAO 0.7% 28위 미국 Arch Coal Inc. 0.6% 29위 이라크 국영석유 Iraq National Oil Co 0.6% 30위 Eni SpA 0.6 % 등 21위부터 30위까지 온실가스 누적 배출량은 전체의 7.0%를 차지한다. 상위 30개 화석연료 기업이 누적배출량 전체의 54.22%를 차지하고 있다.[13] 글로벌 산업 온실가스의 누적배출량 100개 기업이 감축 목표 주요 대상이고, ESG 투자 및 경영활동을 신속하게 실천해 나가야 하는 이유다.

최상위 1% 부유층, 온실가스 배출량을 97% 줄여야

국제구호개발기구 옥스팜이 2021년 11월 유럽환경정책연구소(IEEP) 및 스톡홀름환경연구소(SEI)와 공동으로 '2030년 탄소 불평등 보고서'[14]를 발표했다. 파리기후협정에서 채택한 지구 평균기온 1.5도 상승제한 목표를 달성하려면 2030년까지 세계 인구 1인당 연간 이산화탄소 배출량을 평균 2.3톤으로 줄여야 한다. 이는 현재의 절반 수준으로, 최상위 1% 부유층은 이 기준에 도달하려면 현재 배출량의 97%를 줄여야 한다. 보고서는 2030년에 세계에서 가장 부유한 1%가 세계 1인당 소비 배출량보다 30배 높은 배출량을 가질 것으로 예상되며, 세계 인구의 가장 가난한 소득 하위층 50%는 그 수준보다 몇 배 낮게 유지될 것으로 예상했다. 2030년까지 가장 부유한 1%는 파리 협약이 체결됐을 때보다 전 세계 배출량의 훨씬 더 큰 기준의 30배, 상위 10%는 9배가 넘는 탄소를 배출할 것이라고 분석했다. 파리협정의 긍정적 효과로는 중위소득 40%는 2015년부터 2030년까지 1인당 배출량을 9% 줄이고 있으며, 이는 1인당 배출량 증가율이 가장 높았던 중국과 남아프리카공화국 등 중위소득 국가 시민들의 변화 때문이라고 밝혔다. 반면에 1990년 세계 총 탄소 배출량의 13%를 차지한 상위 1% 부자들은 2015년 15%에 이어 2030년에는 16%까지 늘어날 것으로 분석됐다. 상위 10%의 총 배출량만으로도 나머지 90%의 배출량과 상관없이 2030년에는 1.5도 상승 제한 목표를 초과할 것으로 추정된다고 밝혔다. 보고서는 "세계 탄소 불평등 지형이 변하고 있다. 세계에서 가장 부유한 1%와 중위소득 국가 10%의 배출량은 시민들과 연관돼 있다"면서, 곧 2030년까지 상위 1% 배출량의 23%는 중국 인민에 의한 것으로, 미국 시민 19%보다 많을 것으로 추정했다. 인도 시민도 상위 1% 배출량의 11%나 차지할 것으로 보인다.[15] 옥스팜은 2022년 1월 '죽음을 부르는 불평등' 보고서를 통해 "코로나19로 전 세계 99%의 소득은 줄었지만 10대 부자의 부(富)는 2배로 불었다."면서 기후변화로 인한 불평등의 위험에 대해서도 경고했다.[16]

우리나라는 자산총액 상위 10개 그룹과 한국전력이 국가 온실가스 배출량의 64%를 차지

녹색연합이 2021. 10월 국가 온실가스 종합관리시스템(NGMS)에 공개된 온실가스 배출량 자료를 토대로 그룹사 차원에서 온실가스 배출량 정보를 분석한 자료에 의하면 "공정거래위원회가 지정한 대기업 집단 가운데 자산총액 상위 10개 그룹과 한국전력공사(계열사 포함)의 온실가스 배출량이 국가 전체 배출량의 64%를 차지했다"고 밝혔다. 기업집단별 온실가스 배출량은 5개 발전자회사를 포함한 한국전력공사의 배출량이 27.97%로 가장 높았다.

대기업 집단에서는 포스코가 13.16%였고, 현대자동차 4.92%, SK 4.37%, GS 3.20%, 삼성 2.93%, LG 2.53%, 한화 1.90%, 현대중공업 1.44%, 롯데 1.33%, 농협 0.04% 순이었다. 대기업 집단 중 배출 비중이 높은 배출기업의 업종은 주로 철강, 정유, 석유화학, 반도체 등이었다.[17]

한편, 탄소정보공개 프로젝트(CDP)는 'The A List 2021'의 CDP 보고서는 온실가스 배출 및 에너지 관리, 배출목표 및 계획, 탄소배출 비용, 저탄소 기술개발, 물 부족 대응, 기후변화 거버넌스 등 6개 항목을 종합 분석했으며, 우리나라는 2020년 CDP 평가 기후변화정보 부문에서 탄소 경영활동 A 등급을 받은 기업은 기아 · 삼성전기 · 신한금융그룹 · 하나금융그룹 · 현대건설 · 현대글로비스 · 효성첨단소재 · LG디스플레이 · LG유플러스 · DL이앤씨 등이다.[18] 한편, 2020년 온실가스 잠정 배출량은 6억 4,860만t으로, 전년 잠정치 대비 7.3%, 최 정점을 기록했던 2018년 7억 2,760만t 대비 10.9% 감소한 것으로 추정됐다.[19]

기후 위기 최상의 전략은 전쟁을 막아서 평화와 군축으로 온실가스를 감축하는 것

미군은 2050년까지 순 제로를 목표로 하고 있지만, 탄소 발자국이 약 140개국 배출량보다 더 크다. 비평가들은 급진적인 변화가 필요하다고 말한다. 그러나 비폭력 충돌조차도 다른 배출을 유발한다. 2019년 6월 브라운 대학 왓슨연구소의 '전쟁 비용(Costs of War)' 프로젝트 공동 책임자인 네타 C. 크로포드 (Neta C. Crawford)는 "미국이 아시아와 태평양에서의 입지를 늘리기 위해 행동할 때, 중국인들에게 미국의 존재를 경고하고, 더 많은 무기를 만들어 대응해 더 많은 배출량을 생산한다."고 말했다. 크로포드는 미군 훈련이 비상사태 자체와 그것이 야기할 불안정을 줄이는 데 도움이 돼야 한다고 제안했다. "기후 변화로 인한 전쟁을 준비하는

것 보다 훨씬 더 나은 전략은 기후 변화로 인한 전쟁을 막는 것"이라고 했다.[20]

러시아와 우크라이나 전쟁, 대만 해협 등 분쟁 지역에서 펼쳐지는 군사훈련으로 강대국의 군사 활동은 엄청난 양의 온실가스와 환경 오염물질을 배출하고 있다. 미국 정부 회계는 국방부의 온실 가스 배출량에 대한 수치를 생략한다. 그리고는 대량으로 연료를 소비한다. 2019년 보고서에 따르면 국방부는 가장 큰 에너지 소비부처 일뿐만 아니라 세계에서 가장 큰 석유기관 소비자이며, 최대의 온실 가스 배출 부처다. 2001년과 2017년 사이에 국방부는 12.1억 미터톤의 온실가스를 배출했는데, 이는 연간 2억 57백만 대 승용차의 한 해 배출량과 맞먹는다. 올해는 핀란드의 총 석유 소비량보다 많이 배출할 것으로 예상된다.[21]

2019년 회계 미국 국방비 700억 달러가 넘는 금액은 러시아와 중국의 군사비 지출을 합친 것보다 훨씬 많다. 옥스퍼드의 한 연구그룹은 지구 온난화를 완화하고, 이에 적응하는데 쓰이는 전 세계의 총 지출이 전 세계 군비 지출보다 결정적으로 적다고 밝혔다. 평화와 군축이 온실가스 배출도 줄이는 것이다.

러시아 우크라이나 전쟁은 화석연료 유혹을 불러와 청정에너지 전환은 기로에 서다

지난 2월 24일 러시아가 우크라이나를 침공한 이후 서유럽 국가들은 치솟은 에너지 가격과 러시아 화석 연료에 대한 과도한 의존으로 기후위기 완화 노력을 이탈시킬 위협적인 기로에 처해있다. 우크라이나 전쟁 상황이 청정에너지로의 광범위한 전환을 촉발시키는 불꽃이 될 것인지, 아니면 기후위기에 가장 책임이 있는 선진국들이 단기적인 국익 때문에 화석연료 유혹에 빠져 다시 투자하는 순간이 될지 유럽의 '2050 탄소중립' 실현은 중대한 시험대에 서있다.

미국과 유럽 연합(EU)은 이미 블라디미르 푸틴 대통령의 가장 큰 수입원인 석탄, 석유 및 천연 가스 수출을 무력화시키기 위해 모스크바에 대해 점점 더 가혹한 제재를 시행했다. 그러나 러시아·우크라이나 전쟁은 세계 지정학을 빠르게 복잡하게 만들었고, 최근 석유·가스 공급부족과 가격 상승으로 급증하는 인플레이션은 주요 정치적 부채를 만들었다. 현재 러시아의 화석 연료에서 유럽을 떼어내는 것과 제재를 통한 러시아의 약화와 푸틴 정권 내부 분열은 성취하기가 점점 더 어려워지고 있다. 5월 초 러시아 석유 금지를 포함해 크렘린에 대한 새로운 제재를 가하려는 EU의 노력은 값싼 러시아 에너지 수입으로 상당한 이익을 얻은 EU의 27개 회원국의 하나인 헝가리 반대에 의해 막혔다. 그러나 EU의 집행부인 유럽 집행위원회(European Commission)는 5월 18일 헝가리의 반대에도 불구하고 적어도 일부는 러시아 에너지를 포기하고 재생가능 에너지로 대체할 계획을 추진할 것이라고 발표했다.

러시아 석유에 대한 금지는 여전히 지연되고 있지만, EU는 여전히 8월까지 모든 석탄 수입을 중단할 계획이며 연말까지 러시아 천연 가스에 대한 수요를 3분의 1까지 줄일 것이라고 말했다. 위원회는 또한 새로운 태양열, 풍력 및 기타 탄소가 없는 에너지원의 건설을 간소화해 EU의 석유, 천연가스 및 석탄의 주요 공급처인 러시아의 수천억 달러 수입을 박탈하고, EU 기후정책을 강화하는 것을 목표로 하는 'REPowerEU'라는 새로운 300억 유로($315 Million) 지출 패키지[22]를 도입했다.

러시아의 루블화 요구에 독일과 이탈리아는 동의하고, 폴란드, 불가리아 및 핀란드는 거부

지난 5월 21일(현지시간) 독일과 이탈리아는 유럽 연합(EU)과의 논의 후 모스크바에 대한 제재를 위반하지 않고 러시아 가스를 계속 구매하기 위해 루블 계좌를 개설할 수 있다고 말했다고 소식통은 전했다. 러시아 국영은행 Gazprom bank 계좌 개설이 EU의 대러시아 제재 위반 사항이 아니며, 이에 따라 자국의 에너지 기업들이 러시아産 가스를 구매하기 위해 러시아가 제시한 지정 은행에 유로화와 루블화 환전계좌를 개설할 수 있다고 밝혔다. 폴란드, 불가리아 및 핀란드는 가즈프롬 뱅크의 루블 계좌를 통해 가스 비용 지불을 거부하고 있으며, 공급이 중단된 상태다.[23] 특히 핀란드는 5월 21일 이후 러시아로부터 전력·가스 공급이 모두 중단됐다. 이는 핀란드가 가즈프롬(Gazprom)에 천연가스 요금 루블화 결제 요구를 거부하고, NATO 가입 의사 타진에 따른 것이다. 러시아는 핀란드가 가스대금 루블화 지불을 불이행하자가스 공급을 차단했고, 핀란드 국영 가스회사 Gasum은 핀란드와 에스토니아를 연결하는 가스관(Baltic connector)을 통해 러시아産 물량을 대체할 예정이라 밝혔다. 가즈프롬은 2021년 핀란드에 1.49억 입방미터의 천연가스를 공급했으며, 이는 핀란드 가스 소비량의 약 3분의 2에 해당하고, 천연 가스는 핀란드 에너지 소비의 약 8%를 차지한다.[24] 5월 26일 영국은 가정부문의 에너지 부담을 경감하기 위한 150억 파운드 규모의 긴급 지원 방안을 발표했다. 주요 재원 중 하나로는 에너지 가격 급등으로 초과 이익을 얻고 있는 에너지 기업들을 대상으로 징수하는 50억 파운드의 세수효과가 기대되는 '횡재세(windfall tax)'가 제시됐다.[25]

다보스포럼(WEF)에서 러시아 우크라이나 전쟁으로 인한 청정에너지로의 전환 차질 우려

지난 5월 22일부터 26일까지 스위스 다보스에서 열린 세계경제포럼(World Economic Forum, WEF)에서 세계 각국의 지도자와 기업 경영진들은 러시아의 우크라이나 침공으로 50년 만의 최악의 에너지 위기가 촉발됨에 따라 화석연료 신규 투자가 탄력을 받으면서 청정에너지로의 전환에 부정적인 영향을 미칠 것으로 우려했다. 주요 인사들은 러시아産 에너지에 대한 의존도를 낮추기 위한 서유럽의 노력이 석탄과 석유, 가스와 같은 화석연료 에너지에 대한 신규 단기 투자로 이어질 것으로 보고 있다. 일부 인사들은 현재의 에너지 위기가 일부 석유·가스 생산자들이 장기 화석연료 프로젝트에 투자할 수 있는 발판이 될 수 있으며, 그렇게 되면 2050 탄소중립 목표를 달성하기는 더욱 어려워질 것이라고 우려의 목소리를 높였다.

국제에너지기구(International Energy Agency, IEA) 사무총장 파티 비롤(Fatih Birol) 박사는 에너지 안보를 제공하고 즉각적인 비상사태를 해소해야 하는 것은 맞지만, 그렇다고 해서 대규모 화석연료 투자로 연결해서는 안 된다고 지적했다. 존 케리(John Kerry) 미국 기후특사도 러시아·우크라이나 전쟁으로 현실적인 단기 대책이 필요한 것은 맞지만, 전쟁을 이유로 대규모 인프라 건설을 계획하는 것은 위험하다고 밝혔다.[26] 특히 이번 위기는 석유와 가스, 석탄 가격이 동시에 급등했다는 점에서 1970년대 석유파동과 같은 과거 충격과는 차이를 보이는데, 이는 코로나19 바이러스 확산 방지를 위한 봉쇄조치가 해제되면서 에너지 수요가 급등한 가운데 러시아·우크라이나 전쟁으로 상황이 더욱 악화된 때문이다. 이미 일부 유럽 국가는 러시아産 에너지에 대한 의존도를 줄이기 위해 LNG 수입터미널 추가 건설 계획을 수립한 동시에 단기적으로 석탄화력 가동을 확대하기로 결정했다. 그러나 다른 한편에서는 이번 에너지 위기로 인해 오히려 풍력과 태양광, 원자력과 같은 저탄소 에너지 대안의 도입 속도가 더욱 빨라질 것으로 예상하고 있다. EU는 이미 러시아産 화석연료에 대한 의존도를 낮추고 재생에너지로의 전환을 가속화하기 위해 2,100억 유로를 투입하겠다는 계획을 공개했는데, 알록 샤르마(Alok Sharma) 제26차 기후변화협약 당사국 총회(COP26) 의장은 이번 위기로 청정에너지로의 전환이 상당히 빨라질 것이라고 언급했다.[27]

러시아는 인도, 중국, 터키를 포함한 아시아와 중동에서의 구매 증가로 손실 대부분 상쇄

최근 국제 에너지기구(International Energy Agency, IEA)는 서방의 러시아 제재에도 불구하고, 러시아가 여전히 석유 판매로 매월 약 200억 달러를 벌고 있음을 보여주는 보고서를 발표했다. 실제로 러시아 석유 수출은 4월에 증가했으며, 유가 급등으로 인해 작년 전월에 비해 50% 더 많은 매출을 올렸다고 보고서는 전했다. 이는 서구 국가의 감소가 인도, 중국, 터키를 포함한 아시아와 중동에서의 구매 증가로 대부분 상쇄됐기 때문이라고 IEA의 연구원들은 결론 지었다. 러시아의 석유 수출을 추적한 우크라이나 환경 단체들은 러시아 석유 수입의 흐름을 막기 위해 "신속하게 행동해야 한다."고 말만하는 유럽 국가들을 비난했다.

전쟁이 발발한지 두 달 동안 유럽 연합은 520억 달러 상당의 러시아 연료를 수입했다고 단체들은 전했다. 독일이 가장 큰 단일 구매자이며 네덜란드, 이탈리아, 폴란드, 터키 및 프랑스가 그 뒤를 잇고 있다. 미국조차도 우크라이나 전쟁의 영향으로 재생 가능 에너지원으로 빠르게 전환하기 위한 주요 환경 목표 차질이 예상된다. 유럽으로의 선적을 늘리기 위해 국내 석유 및 가스 시추를 가속화하기로 동의한 것이며, 이는 2030년까지 미국 행정부의 온실감축 목표

맺으며

를 위태롭게 한다.[28]

기후위기는 기업의 이익만을 추구한 투자자를 비롯한 이해관계자들을 깨어나게 하다

인간 중심의 자유주의(liberalism) 사상은 자유 시장경제(free market economy)의 자본주의로 발전하며, 화석연료를 본격적으로 사용하는 산업혁명으로 대량생산 체제를 구축했다. 자본주의(Capitalism)는 선진국 국민들의 삶의 질을 향상시키고, 물질의 풍요로움을 가져다줬다. 하지만 기후위기는 자본주의 발전과 산업화의 온실가스 누적배출량과 궤를 같이한다.

자본주의 기업의 목적은 이익 추구이고, 기업은 자본주의를 수단으로 목적 달성을 추구했다. 기업은 경영 혁신과 창조적 기술 및 대량소비 체제로 발전을 거듭하면서 급속한 세계화가 진행됐고, 금융자본은 시장경제의 든든한 버팀목으로 작동하면서 세계경제는 꽃을 피었다.

그러나 우리의 삶을 지배하는 자본주의와 자유 시장경제 구조는 탈규제 자본주의와 신자유주의 득세로 성장한 글로벌 기업들과 자본가들이 지구 환경파괴, 기후위기, 지역 불평등, 빈부격차 등 많은 문제를 일으켰는데도 기술성장과 효율성, 금융자본을 앞세워 부(富)를 집중화하며 글로벌 시장에서 경제 권력으로 우뚝 섰다. 지구가 그들만의 세상이 된 것이다.

정부는 자유 시장개입의 역할을 조정하면서 자본주의체제와 시장경제 변신을 꽤해 왔다. 하지만 정부는 지정학적 지배와 에너지 안보 욕구를 채워주는 거대기업과 결탁해, 이들 기업의 화석에너지 쟁취 사업에도 앞장섰다. 결국 거대 기업의 탐욕과 자본가들의 투기에 인간의 망각이 작동하며 글로벌 금융위기를 불러왔고, 지금은 이들이 저지른 환경파괴와 기후위기를 고스란히 떠안으며 '하나뿐인 지구'의 위기를 모두가 해결해야 할 처지가 된 것이다.

세계의 수많은 과학자와 기후변화 연구기관들은 끊임없이 지구환경 파괴의 위험을 정부와 화석에너지 기업에 보냈으나, 정부는 석유왕, 석탄 왕들의 엄청난 로비와 사이비 과학자들의 손에 놀아나다가 결국 기후 위기를 맞이하고서야 부랴부랴 대책 마련에 나선 것이다.

글로벌 거대기업은 더 이상 기후위기를 외면할 수 없게 됐고, 투자자들도 기업의 지속가능성에 방점을 찍자, 주주자본주의는 쇠퇴하고, 이해관계자 자본주의가 급부상하게 됐다.

　기업의 사회적 책임(corporate social responsibility, CSR)이 폭넓게 강조되기 시작한 것이다. 투자자들은 이해관계자들을 포함하는 기업의 사회적 책임을 실현하기 위해 지배주주와 CEO의 단기 이익만을 극대화하는 투자 방식에서 벗어나 지속가능성을 추구하는 장기투자를 통해 투자기업에 환경, 인권 등 비재무적 가치와 이해관계자를 고려하는 ESG의 지속가능경영 활동을 요구했다. 사회적 책임투자(socially responsible investment, SRI)에 비재무적 이익을 반영한 ESG 투자가 대세로 등장했다. ESG는 자본주의 시장경제에서 주주자본주의 기업의 단기 이익 극대화로 발생하는 환경(E), 사회(S) 및 거버넌스(G) 문제들을 장기적 투자의 '자본주의의 힘(The Power of Capitalism)'으로 해결하고자 하는 것이다.

　주주를 비롯한 이해관계자들은 ESG 경영자에게 환경파괴와 기후위기 문제를 우선 대응하고, 투자 자본의 효율성과 창조적 혁신, 기업 가치 제고 및 지속가능한 투자 수익까지 요구한다. 세계적인 연·기금 등 기관투자자, 자산운용사 등 투자자들이 ESG투자를 주도하는 방식이다. 1992년 유엔기후협약, 1997년 도쿄의정서, 2015년 파리기후협정 체결 등 30여년 동반 발전해왔던 기업의 지속가능성 이슈가 기후위기를 맞고, 코로나 팬데믹을 겪으면서 ESG 투자체제로 전환한 것이다. 투자자들이 기후위기 리스크를 자본주의 체제의 ESG 프레임 워크로 해결하고자 한다. 이에 대해 기후정의 NGO들은 "거대기업들이 '돈의 탐욕'으로 저지른 자본주의와 시장경제 폐해 때문에 더 이상 이들을 믿을 수 없다."면서 자본주의 체제전환과 지구환경파괴에 적극 저항하는 멸종저항(Extinction Rebellion, XR) 운동까지 펼치고 있다.[29]

환경단체 NGO들은 정부와 기업에 대해 기후위기 소송 및 캠페인 등으로 책임추궁에 나서

　프랑스 파리행정법원이 2021년 2월 3일(현지시간) 정부가 기후위기에 제대로 대응하지 않아 발생한 생태적 피해를 책임져야 한다고 판결했다. 소송을 낸 환경단체들에는 정신적 피해를 인정해 상징적 의미로 1유로씩을 배상하라고 명령했다. '세기의 사안'(L' Affaire du siècle)

이라 불리는 이번 소송은 '우리 모두의 일'이 그린피스 프랑스, 옥스팜 프랑스, 자연과 인간을 위한 재단 등 4개 비정부기구(NGO)와 공동으로 2018년 12월 정부를 상대로 제기한 기후 소송이다. 재판부는 프랑스 정부가 온실가스 감축 목표를 달성하지 못한 책임이 인정된다고 판단했다. 230만 명이 온라인 서명에 참여한 역사적 소송 결과는 전 세계적으로 진행 중인 기후 소송 및 시민단체 캠페인에 많은 영향을 주고 있다.[30]

네덜란드 헤이그지방법원은 2021년 5월 26일 '지구의 벗'(Friends of the Earth) 네덜란드 지부를 포함한 7개 환경단체들과 1만 7,300명의 공동원고들이 세계적 석유회사 로얄더치쉘 (Royal Dutch Shell)을 상대로 낸 기후위기 소송에서 2035년까지 30%를 감축하겠다는 로얄더치쉘의 탄소 배출 감축계획이 "충분하게 구체적이지 못해 앞으로 감축 의무를 위반할 수 있는 상황에 임박했다"고 지적하며 2030년까지 탄소 배출량을 2019년 대비 45% 감축하라고 판결했다. 2018년 4월 NGO '지구의 벗이 네덜란드에서 제기한 소송에서 나온 1심 판결이다. 판결문에 따르면, "기후변화로 인해 인권(human rights)과 생명권(the right to life)을 침해하는 결과가 초래됐고, 이는 기업의 이익보다 앞선다."며 "로얄더치쉘은 '주의 의무'(Duty of Care)를 위반했다"고 했다. 2020년 회사 전체 탄소 배출량의 95%를 차지하는 공급망 및 고객 배출량(Scope 3)에 대한 책임을 물은 것이다. 로얄더치쉘은 판결 직후 "전기차 배터리, 수소, 재생에너지, 바이오 연료 등 저탄소 에너지에 이미 수십억 달러를 투자 중"이라고 밝혔다.[31]

2021년 1월 '로얄더치쉘'(Royal Dutch Shell pic)은 회사명을 '쉘'(Shell pic)로 변경했다. 또한 쉘(Shell pic)은 기후변화 대처(Tackling climate change) 목표로 2030년까지 절대 배출량을 2016년 수준과 비교해 운영시설과 구매 에너지에서 발생하는 모든 배출량을 포함해 50%를 줄이는 목표를 새로 설정했다.[32] 2022년 4월 20일 현재 쉘의 온실가스 배출량은 2007년에서 2021년 사이에 2,200만 톤을 감축했다. BP, 엑손모빌, 쉐브론 등의 기업들도 소송을 당한 상태다. 필리핀에서는 지난 5월 화석연료 회사의 기후 책임을 인권 영역으로 옮기는 국가인권위원회(Commission on Human Rights)의 획기적인 보고서가 나왔다.

2013년 바르샤바 제19차 당사국총회 수석 기후 협상가인 산뇨(Saño)는 2015년 그린피스 동남아시아와 협력하면서 필리핀 인권위원회에 세계 최대의 화석연료 회사들이 기후변화에 기여한 탓에 "인권을 훼손, 침해, 남용 또는 침해할 책임이 있다"고 선언할 것을 청원하며 사람들에게 책임을 묻고자 했다. 화석 연료 회사의 역할에 무게를 둔 최초의 국가 인권단체로서 위원회는 기업이 인권법에 따라 의무를 가지며 소홀히 하면 책임을 질 수 있다고 결정했다.[61] 위원회는 기업이나 정부가 조사 결과에 따라 행동하도록 강요할 권한이 없지만 법률 전문가들은 보고서가 다른 사례에 광범위한 영향을 미친다고 말했다.

미국 컬럼비아대 로스쿨 산하 사빈기후변화법률센터(Sabin Center for Climate Change Law)의 미국 기후변화 소송 데이터베이스(DB)[33]에 따르면, 미국 법원에 접수된 기후변화 구제 소송은 5월 10일 현재 1,423건이며, 미국 외 국가에서는 564건이다. 우리나라는 2000년 3월 한국 청소년 기후 행동 청소년들이 정부가 기후 위기 대응을 하지 않아 기본권을 침해받고 있다며 헌법재판소에 헌법소원을 청구했다. 우리나라는 NGO에서 원고적격을 인정하는 환경단체 소송제도가 아직 도입되지 못하고 있다.

'지구 온난화 1.5도 특별보고서'[34]는 2018년 10월1일부터 6일까지 인천 송도에서 열린 제48차 기후변화에 관한 정부간 협의체(IPCC) 총회에서 195개 회원국 만장일치로 승인됐다. 보고서는 2015년 파리협정 채택 시 합의한 지구 온도상승 한도를 2℃로 정하고, 나아가 1.5℃로 제한 목표를 더 낮추도록 한 과학적 근거 마련을 위해 유엔 기후변화협약(UNFCC) 당사국 총회가 IPCC에 공식적으로 요청해 진행된 것이다. 이 보고서는 2100년까지 지구의 평균온도 상승 폭을 1.5℃ 이하로 억제할 필요성을 확인하고 2030년까지 이산화탄소 배출량을 지금의 절반 이하로 낮추고 2050년까지는 전지구 CO_2 총배출량이 '0'(net zero 2050)이 돼야 한다는 내용이다.

특별보고서 내용에 따르면 "현재 산업화 이전(1850-1900) 수준 대비 전 지구 평균온도는 약 1.℃(0.8~1.2℃)의 온난화를 유발했으며, 2006~2015년 전지구 평균온도는 0.87℃ 상승했고, 최근의 온도 상승 추세는 10년 당 0.2℃(0.1~0.3℃)로 추정된다."고 했다. 현재 속도로 지구 온난화가 지속되면 2030~2052년 사이 1.5℃를 초과하게 되고, 2100년까지 전지구 평균온도 1.5℃ 상승 제한을 위한 잔여탄소배출총량(carbon budget)은 4,200~5,800억CO_2톤으로 전망했다. IPCC는 국가별 감축목표(National Determined Contribution, NDC)를 이행하더라도 2030년 연간 온실가스 배출량은 520-580억CO_2톤에 이르러, 1.5℃ 달성에 필요한 배출량(250-350억CO_2톤)을 크게 초과해, 2100년 지구 온도는 산업화 이전 대비 3℃로 상승할 것으로 예상하고 있다. 따라서 1.5℃ 제한 방법은 "2030년까지 2010년 대비 CO_2 배출량을 최소 45% 감축해야 하고, 2050년까지는 1,000억-1조CO_2톤의 이산화탄소흡수(CDR)[35]가 필요하며 에어로졸, 메탄(CH_4) 등 CO_2 이외의 배출량도 함께 감축 필요가 있다."고 강조했다.

1.5℃로 제한하는 '탄소중립'은 전지구 생물다양성과 생태계의 기후영향 위험을 감소시켜

2050년까지 지구 평균온도 상승을 1.5℃로 제한하는 '2050 탄소중립'은 2℃ 상승보다 일부 지역에서 기후변화 위험이 예방 가능하며, 해수면 상승도 10㎝가 더 낮아진다. 특히 북극해 해빙이 녹아서 사라질 확률은 100년에 한 번 발생할 것으로 예측돼 복원이 가능하지만 1.5℃를 초과하면 남극 해빙 및 그린란드 빙상이 손실되고, 2℃가 상승하면 완전 소멸 빈도가 10년에 한 번 발생해 복원하는 데 어려움이 있다. 또한 지구 온난화 피해는 일반적으로 해양보다 육지에서 더 크게 나타나는데, 대부분의 거주 지역에서 평균온도가 상승하며 극한 고온이 발생하고, 일부 지역에서는 호우 및 가뭄이 빈번하게 나타날 것으로 예상되며 빈곤계층과 사회적 약자에게 더 큰 피해를 끼쳐 '죽음을 부르는 불평등'[36]이 심화될 것으로 예상하고 있다. 지구온도가 2℃로 상승하면 고유생태계 및 인간계에 매우 높은 위험을 불러온다. 물 부족 인구는 2℃에서 최대 50%가 증가하고 기후 영향으로 인한 빈곤 취약 인구는 2050년까지 최대 수억 명이 증가한다. 2100년까지 1.5℃만 상승하게 된다면 2℃가 상승하는 것에 비해 해수면이 낮아져 인구 천만 명이 해수면 상승의 위험에서 벗어나고, 생물다양성과 생태계의 기후 영향 위험이 줄어든다. 빙하 소멸, 해양생태계·연안 자원·어업 피해 등 해양 온도상승에 의한 피해가 완화되면, 건강·생계·식량과 물 부족 및 사막화도 감소한다. 또한 기후변화에 취약한 빈곤 인

구와 기후난민 수억 명은 줄어들고, 경제 성장의 리스크도 낮아지는 효과를 가져온다.[37]

IPCC '지구 온난화 1.5도 특별보고서'에서 1.5℃ 달성의 4가지 경로별 특성을 제시

파리협정 제2조 목적(Purpose) 1항(a)에서 전지구적 평균기온의 상승을 산업화 이전 수준 대비 2℃보다 상당히 낮은(well below 2°C) 수준으로 유지하며, 동시에 1.5℃로 제한하도록 노력(pursue efforts to limit)할 것을 규정한 것은 1992년에 채택된 유엔 기후변화협약(UNFCCC)의 제2조에서 기후시스템에 위험한 인위적 간섭을 방지할 수 있는 수준으로 온실가스의 대기 중의 농도를 안정화해야 한다는 추상적인 원칙을 정한 이후, 23년 만에 구체적인 온도목표를 명시한 것이다. '지구 온난화 1.5도 특별보고서'는 지구 온도 상승목표를 1.5℃로 제한했을 때와 2℃로 했을 때 벌어질 수 있는 기후변화의 영향에 대해서 분명한 차이를 강조하고 있다.

기후위기를 해결하고자 하는 '2030 국가온실가스감축목표(NDC)와 '2050 탄소중립' 실현을 위한 1.5°C 달성의 4가지 경로(Pathways)를 접한 투자자들은 투자기업에 지속가능성에 영향을 미치는 기후대응, 환경, 에너지 및 디지털 전환, 기술 혁신, 넷 제로 추진전략 등을 담은 지속가능 경영보고서를 본격적으로 요구했다. 한편, 2018년 10월 '지구 온난화 1.5도 특별보고서' 발표 당시에 경로별 특성을 근거로 1.5℃ 달성의 전환기 과정에서 문재인 정부의 탈 원전 정책은 중단하고, 원자력 발전을 계속해야만 '2050 탄소중립'이 가능하다는 의견이 있었으나 주목을 받지 못했다. 〈표1〉의 4가지 경로별 특성을 보면, 원자력 발전은 2050 탄소중립 이행과정에서 필수적 요소임에도 대안 없이 외면한 것에 대해서는 두고두고 논란거리가 될 것이다.

기후변화의 가속화를 보여주는 세계기상기구(WMO) '2015~2019년 글로벌 기후보고서'

2019년 9월 23일(현지시간), 세계기상기구(World Meteorological Organization, WMO)가

경로구분(연도)		P1		P2		P3		P4	
CO2 배출량(2010년 대비 변화율(%)		2030	2050	2030	2050	2030	2050	2030	2050
최종 에너지수요(2010년 대비변화율)		−15	−32	−5	2	17	21	39	44
전력중 재생에너지비중 변화율(%)		60	77	58	81	48	63	25	70
1차 에너지 공급량 (2010년 대비 변화율(%)	석탄	−78	−97	−61	−77	−75	−73	−59	−97
	석유	−37	−98	−13	−50	−3	−81	86	−32
	가스	−25	−74	−20	−53	33	21	37	−48
	원자력	59	150	83	98	98	501	106	468
	바이오패스	−11	−16	0	49	36	121	−1	418
	재생에너지 (바이오패스 제외)	430	832	470	1327	315	878	110	1137
2100년누적탄소포집 · 저장(GtCO2)		0	0	348	151	687	414	1218	1191

〈표 1〉 1.5℃ 달성의 4가지 경로별 특성
· P1 : 사회 · 경제 · 기술 전반의 혁신으로 에너지 수요가 감소, 탄소포집 · 저장 불필요
· P2 : 에너지 · 인간 · 경제 등의 지속가능성에 초점, 저탄소 기술 혁신 · 효율적인 토지관리 등을 수반
· P3 : 전통적 방식의 사회적 · 기술적 개발로 에너지 및 생산방식 변화 등에 중점
※ P1~P3 : 일시적인 온도 초과 상승이 없거나 낮은(0.1℃미만) 1.5℃ 달성 시나리오
· P4 : 일시적인 온도 초과 상승이 있는 1.5℃ 달성 시나리오, 많은 탄소포집 · 저장(CCS) 필요
출처: 지구온난화 1.5℃의 SPM(Summary for Policy Makers) 주요 내용 (2018.10. / 기상청 기후정책과)

발표한 '2015~2019년 세계 기후 보고서(The Global Climate in 2015-2019)'는 2015~2019 년 동안 해수면 상승, 얼음 손실, 극한 날씨와 같은 기후변화의 징후와 영향이 증가했으며 이 기간이 기록상 가장 따뜻한 5년이 될 것이라 했다. 또한 대기 중 온실가스 농도도 가파르게 증 가해 산업화 이전보다 지구 평균기온이 1.1°C, 이전에 비해 0.2°C 상승해 다음 세대까지 온난 화 추세를 고정한다고 했다. 대기 중 이산화탄소(CO_2) 수준과 기타 주요 온실 가스도 지속적 으로 증가해 이전보다 거의 20% 높은 CO_2 성장률을 기록했다. 지난 5년간의 CO_2는 수 세기 동안 대기와 바다에 더 오래 남아 있게 된다. 2019년도 일부 온실 가스 관측 지역의 예비 데이

터에 따르면 전 세계 CO_2 농도는 2019년 말까지 410ppm에 도달하거나 심지어 초과할 것으로 예상하고 있다.[38] 기후변화의 가속화가 다음 세대까지 영향을 미치는 것을 증명했다.

우리나라도 2018년 CO_2 연평균 농도가 415.2ppm으로, 2017년 대비 3.0ppm 증가한 것으로 나타났으며, 최근 10년 동안 연평균 CO_2 농도 증기량도 2.4ppm/yr으로 전 지구(2.3ppm/yr)보다 높게 나타났다. 그리고 이와 같은 온실가스 감축 실패로 기후변화 영향이 더욱 악화돼 빙하 감소, 해수면 상승, 폭염, 한파 등이 발생해 지구적 차원의 생존기반이 위험에 처해 있으며, 지속가능성이 현저히 약화돼 있다.[39] 유엔기후정상회의 과학자문단 공동의장인 WMO 사무총장 페테리 탈라스(Petteri Taalas)는 "기후변화의 원인과 영향은 둔화되기보다는 증가하고 있다"고 말했다. 그리고 그는 "해수면 상승이 가속화됐고 우리는 남극과 그린란드 빙상의 급격한 감소가 미래의 상승을 악화시킬 것"을 우려한다. 2019년 3월, 엄청난 강도의 사이클론인 '이다이(Idai)'가 모잠비크를 강타했고, 9월에는 카리브해(海)에서 역사상 가장 강력한 허리케인 '도리안(Dorian)'이 발생해 바하마를 초토화시켰다. 2011년 가뭄으로 재앙을 맞았던 소말리아에 2019년 다시 최악의 가뭄이 찾아왔다. 기후 위기는 대재앙(Disaster Strikes)을 초래했다.

최근 세계적응위원회(Global Adaptation Commission) 보고서는 "가장 강력한 적응 방법은 조기 경보서비스에 투자하고, 영향 기반 예측에 특별한 주의를 기울이는 것이다."고 했다.[40]

1.5℃ 제한의 에너지 대전환 시나리오와
지속가능발전목표(SDGs)의 상충효과는 상호보완

지구 평균온도 상승을 1.5℃로 제한하기 위해서는 에너지 대전환이 필요하다. 주요 감축수단은 에너지 수요 감소, 전력의 저탄소화 및 에너지 소비의 전력화 등이 있다. 에너지 부문은 2050년까지 전력의 70~85%를 재생에너지로 공급하며, 석탄 등 화석연료 사용의 비중은 대폭 축소시켜 거의 제로에 가깝게 해야 한다. 산업부문에서는 신기술과 효율화를 통해 이산화탄소 배출량을 2050년까지 2010년 대비 75~90%를 감축해야 하고, 수송부문도 저탄소 에너지원 비중이 2050년까지 35~65%로 상승시키는 것이 필요하다. 1.5℃ 달성을 위한 21세기 온실가스 한계감축비용은 2℃에 비해 3~4배가 높을 것으로 보인다. 2015~2050년 동안 에너지부문의 투자규모 증대는 연간 9,000억 달러, 저탄소 기술과 에너지효율에 대한 투자는 5배가 증가하며, 시스템 전환을 위해서는 2016~2035년 동안 연간 총투자가 2.4조 달러에 이를 것으로 추정된다. 이는 세계 GDP의 2.5%에 해당하는 액수로, 공공·민간 투자의 방향도 달라질 것이다. 한편, IPCC 1.5℃ 달성을 위한 부문 시스템별 완화 옵션들과 지속가능발전목표(SDGs)들 간에는 시너지 및 상충(trade-off) 효과는 상호 보완적으로 선택해 집행할 수 있다.[41]

국제에너지기구(IEA)는 '2050 넷 제로' 달성을 위한 에너지 부문 로드맵을 제시

2021년 5월 18일 국제에너지기구(IEA)는 '2050년 넷제로- 글로벌 에너지부문의 로드맵(Net Zero by 2050 – A Road map for the Global Energy Sector)을 제시했다.

'2050 Net Zero' 달성을 위한 에너지 부문(전기·열 생산, 산업, 수송, 건물, 기타)의 정책 로드맵을 제시했다. IEA의 Net Zero는 2050년 에너지 부문의 이산화탄소(CO_2) 순 배출을 '0'으로 하는 것으로, '2050 탄소중립'을 의미한다. 지구 평균온도 상승을 1.5도 이내로 억제하기 위해 에너지 부문에 대한 글로벌 Net Zero 경로를 제시한 것이다. 이에 따르면, 2025년에는 탄소배출저감 장치가 없는 석탄발전소 건설 금지, 2030년까지 태양광발전 630GW, 풍력발전 390GW 등 신규용량 1,020GW를 추가, 2035년에는 신규 내연기관차 판매 종료, 선진국은 전력부문 넷 제로 달성, 2040년 석탄 및 화석연료 발전소 퇴출, 글로벌 전력부문 Net Zero 달성, 2045년에는 난방수요의 50%를 히트펌프가 충당 2050년에는 신재생 에너지의 비율을 70%로 할 필요가 있다고 분석했다.[42] IPCC와 IEA가 제시한 에너지 부문의 변환에 대해 탄소 포집 및 저장(Carbon capture and storage, CCS), 이산화탄소 제거기술 도입, 생물 에너지 사용, 에너지 효율성 제고, 수소의 사용 확대 등을 추진해야 한다는 점에서는 일치된 의견이다.

'2050 Net Zero' 달성에 필요한 기후 재원 마련에는 글로벌 자본시장이 중심축 역할

기후변화협약 당사국들은 파리협정(Paris Agrement)과 이행규칙(Paris Rulebook)의 채택하면서 재원에 관한 사항으로 협정 제2소에 저 배출과 기후 회복적(climate resilient) 발전과 일관된 재정을 조성할 것을 규정했다. 그리고 제9조는 선진국의 개도국에 대한 재정지원(Finance)으로 선진국들은 다양한 재원·수단·경로를 통해 기후재원을 조성해야 한다고 했다. 이와 관련한 쟁점은 선진국은 감축(Mitigation)[43]과 투명성을 중시했고, 반면에 개도국은 재정, 기술, 능력형성(Capacity building)의 지원과 적응(Adaptation)[44] 부문을 강조했다.

'2030 1.5℃ 온도제한 목표 도달' 및 '2050 Net Zero' 달성을 위한 기후 재정(climate finance)의 필요성을 강조한 것이다. 그러나 선진국들은 추진 경로와 일치하는 일관되는 재정 흐름(Finance flows)을 만드는 노력에는 상당히 미흡했다. 파리협정에서 기후재원을 강조한 것은 자본주의의 국제 경제체제에서 기후금융(climate finance)은 보조금, 투자, 대출, 출연 등을 통해 다른 산업의 탄소중립을 견인하는 공급주체이기 때문이고, 중심축 역할을 할 수 있다. 금융부문의 고유 기능을 기후위기 대응에 효과적으로 활용할 수 있도록 기후금융 시스템을 활성화하는 것이 기후위기 대응 노력의 핵심이라 할 수 있다. 그러나 감축과 적응에 일치하는 일관된 재정 흐름(Finance flows)은 상당한 불균형을 보여주고 있어, 개도국의 불만을 사고 있다.

2030년까지 1.5℃ 온도제한 목표도달에 연간 최소 4조 3,500억 달러(590%) 증가가 필요

에너지 시스템, 건물, 산업, 운송 및 기타 감축(mitigation)과 적응(adaptation) 솔루션에 대한 기후 재정 (climate finance) 요구를 탐구하고 시나리오를 분석하고 집계한 기후정책이니셔티브(Climate Policy Initiative, CPI)의 'Global Landscape of Climate Finance 2021'[45] 자료에 따르면 기후금융은 "지난 10년 동안 꾸준히 증가해 2019/2020년 총 6,320억 달러에 도달했다.

맺으며

2019/2020년 기후금융 총 6,320억 달러는 파리협정 이전인 2013/2014년 3,650억 달러에 비하면 173%나 증가했지만, 지구 온난화를 1.5도로 제한하기에는 부족하고, 기후 목표를 달성하기 위해서는 2030년까지 최소 연간 4조 3,500억 달러(590%)까지 증가해야 한다. IEA(2021)는 산업화 이전 대비 1.5°C 이내 제한을 하려면 2030년까지 에너지 전환에 필요한 기후금융 수요를 전 세계적으로 연간 5조 달러, 2040년부터 2050년까지는 연간 6조 달러로 추정하고 있다.[46]

기후금융의 문제점은 선진국들이 우선시하는 감축 금융이 5,710억 달러로, 기후금융 전체 총 6,320억 달러의 90.35%를 차지하고, 정작 개도국이 필요로 하는 적응재정은 계속 뒤처지고 있다는 것이다. 적응재정은 300억 달러에서 53% 증가했지만, 비율은 7.28%, 460억 달러에 불과하다. 이마저도 대부분을 공공부문에서 제공한다. 민간부문에서 적응금융이 여전히 많이 부족한 것은 기후금융 프로젝트의 불확실성으로 인해 민간 금융의 자발적인 투자를 유도하기 힘든 특성을 반영한 것이다.

유엔환경계획(UNEP)의 적응 격차 보고서(UNEP's Adaptation Gap Report 2021)는 개도국의 연간 적응 비용이 2030년까지 1,550억~3,300억 달러에 이를 것으로 추정하고 있다. 민간자본은 주로 태양광 PV 및 육상 풍력 부문에서 모든 감축 투자의 91% 이상을 유치했다. 저탄소 운송은 평균 23% 증가해 가장 빠르게 성장하고 있고, 도로 운송(배터리 전기 자동차 및 충전기)에 대한 투자가 48%를 차지했으며, 이는 다년간의 정부 보조금 정책과 감소 기술 비용을 기반으로 투자한 것이다.[47] 민간자본은 돈이 되는 곳에만 투자했고, 공공부문도 선진국은 감축에 주력했고, 적응 재정은 불평등한 현실을 보여주고 있다.

2019/2020년 전 세계 공공 및 민간 금융의 기후금융 재정 흐름(Finance flows) 조달액 6,320억 달러는 공공부문이 51%, 3,210달러를 차지했다. 개발금융기관(DFIs)은 약 70%의 공공금융 대부분을 계속 제공했다. 민간부문은 나머지 3,100억 달러를 차지해 2017/2018년 평균보다 13% 증가했으며 상업금융기관과 기업이 전체의 약 80%를 기여했다. 기후금융 보조금은 6%(360억 달러)이며, 정부가 보조금의 주요 원천이다. 예년처럼 2019/2020

년 기후금융 대부분은 부채로 조달됐으며 시장금리 부채는 전체의 88%를 차지했다. 양허성 (concessional), 저비용 프로젝트 부채의 거의 100%가 공공기관에서 제공됐다. 자본 투자는 기후금융의 33%(미화 2,060억 달러) 수준이며, 이는 2017/2018년의 1,670억 달러에서 한 단계 증가한 것이다.

사용 용도에서는 감축 금융(mitigation finance)이 5,710억 달러로, 기후금융 전체의 90.35%이며 압도적이다. 적응금융(adaptation finance)은 460억 달러로, 7.28%이며 지난 2년에 비해 약 53% 증가했지만, 개도국이 걱정하는 부분이다. 이중용도(dual uses) 프로젝트는 2.37%를 차지했다. 거의 모든 적응재정은 공공주체(98%)로부터 자금지원을 받았으며 주로 물과 폐수 및 기타부문 간 프로젝트로 흘러갔다. 이중용도 금융은 주로 기타 및 교차 부문 프로젝트로 흘러갔고, 전체의 86%는 공공부문이 맡았다. 감축 자금은 재생 가능한 연료 생산, 전력 및 열 생성 자산, 송배전 네트워크에 대한 투자와 정책, 국가 예산 및 역량 구축에 대한 지원을 포함하는 에너지 시스템에 사용됐다. 민간이 감축 자금의 대부분(54%)을 제공했으며, 특히 재생에너지 비중이 높다. 2019/2020년도 기후금융 총 6,320억 달러가 6개의 서브 섹터 (Sub-sector)에서 최종 사용된 자금의 흐름이다. 물과 폐수(3%), 기반시설 및 산업(6%), 기타 교차 부문(8%), 토지 이용(2%), 수송(28%) 및 에너지 시스템(53%) 등으로 사용됐다.[48]

국가별 감축목표(NDC)와 글로벌 거대기업의 탄소중립 목표는 온실가스 감축 범위, 추진 일정 등 대응 전략 등에서 다소 차이가 나지만, 상호 지향점은 같다고 볼 수 있다. 국가나 거대기업은 탄소중립 이행과정에서 중장기 기후금융의 고유기능이 필요하다. 선진국들은 장기 투자가 가능한 직접 예산, 연·기금 등의 공적 금융으로 민간부문 자본시장이 탄소배출을 줄이는 감축기술 개발 등 혁신기술 프로젝트를 견인하는 ESG 경영활동을 지원할 수 있다. 금융 회사는 대출 혹은 투자 등의 방법으로 대상기업의 직접배출(Scope 1), 간접배출(Scope 2) 및 기타 간접배출(Scope 3)의 감축[49]까지 영향을 미칠 수가 있다. 하지만 우리나라의 경우 대기업이 하청업체와 3차 벤더까지 온실가스 감축 등 환경(E), 인권과 차별 등 사회(S), 여성 임원 할당, 거버넌스(G) 등의 관련 자료를 요구하는 것은 현행 대·중소기업 상생협력 촉진에 관한 법률 등 동반성장과 충돌하는 경우가 있어 제도 정비와 상호 이해가 시급하다는 목소리는 경청해야 한다.

기후금융(climate finance)은 전지구적 기후 위기 대응에 필요한 온실가스 감축과 탈탄소화 등 '탄소중립'을 이루는 데 큰 역할을 한다. 이런 장기적 투자 성과에 대해 투자기관은 주주, 고객, 지역 사회, 평가기관 등 이해관계자들의 공감을 얻게 되고 주주들에게도 지속가능한 장기적인 수익을 제공할 수 있게 된다. 따라서 기후금융(climate finance)은 기후 위기에 대응하는 이해관계자 자본주의(Stakeholder Capitalism)의 가장 중요한 수단이라고 할 수가 있다.

기후금융의 장기투자 질적 지표를 비롯한 물리적 위험과 전환위험에 대한 포트폴리오

저탄소경제 전환 과정에서 혁신기술을 개발하는 스타트업은 자본시장에서 민간부문의 중·장기 투자를 유인하고, 투자자는 기후 위기 리스크를 사업 기회로 만들어 장기적인 투자성과를 만들 수가 있다. 또한 금융투자는 ESG 금융이 순환 경제의 구조의 마중물이 될 수 있는 것이다.

하지만 탄소중립을 만드는 주요 수단인 기후금융이 가지는 속성은 장기투자의 질적 지표를 비롯한 물리적 위험(physical risk)과 전환위험(transition risk)을 안고 있다. 물리적 위험은 이상 고온, 홍수, 가뭄, 산불 등 급성 위험(Acute Risk)과 해수면 상승 등 만성 위험(Chronic Risk)이 있다. 이에 따라 담보주택의 멸실, 자본을 투자한 교량 및 건물 파손 등은 담보가치 하락으로 이어져서 모기지(Mortgage Backed Securities, MBS) 대출이 위험에 노출되고, 투자금 회수 문제가 발생하며, 차입자의 원리금 대출 상환 능력도 떨어진다.[50]

또한 저탄소 경제로 전환과정에서 화석연료 감축으로 발생하는 석탄 화력발전소, 화석연료 기업의 좌초자산(Stranded Asset)이 급속하게 증가해 금융회사에 직·간접적 위험을 초래한다. 이는 재무적 지표를 통해 단기 투자의 투명성과 신뢰성을 담보로 하는 전통적 자본시장에 익숙한 투자자에게는 낯선 투자 방법이고, 비재무적 가치를 반영하는 ESG 트렌드를 이용해 평가만 잘 받는 그린워싱(green washing)[51]에 대한 리스크도 있다. 금융 고유의 자원배분 기능으로 탄소중립을 견인하는 자본시장이 기후변화로 인한 '불확실한 위험(The green swan)'에 대처하고, 금융 위기에 대응하며 투자자 보호를 위해 기후변화 위험 시나리오에 따른 스트레스 테스트를 통해 위험 노출 규모와 포트폴리오를 조정힐 수 있도록 하며, 투자기업에 대해서는 '지속가능경영보고서'등 ESG관련 다양한 정보공시 장치를 만드는 이유다.

탄소가격제(carbon pricing)의 배출권거래제(ETS) 실시로
온실가스 감축 노력을 확산

파리기후협정 발효로 온실가스 감축 노력이 국제사회 전반으로 확산됨에 따라 각국 정부는 기업과 같은 배출주체에게 온실가스 배출비용을 부담시키는 규제수단으로 시장 매커니즘을 활용한 탄소가격제(carbon pricing)를 도입하고 있다. 탄소가격제는 배출권거래제(ETS), 탄소세, 상쇄 매커니즘 등의 유형으로 실시하며 2020년 4월 기준 프랑스, 일본 스웨덴 등 25개 국가에서 국가단위의 탄소세, 캐나다 내(內) 5개 지역단위의 탄소세가 도입됐고, 총 28건의 배출권거래제가 실시되고 있으며 이는 전 세계 온실가스 배출량의 약 58%에 해당한다.[52]

유럽연합은 세계 최초의 온실가스 탄소시장이면서, 최대의 배출권거래제인 EU ETS(Emissions Trading System)을 도입해 2016년을 기준으로 역내 온실가스 배출의 약 45%를 규제하고 있다. EU ETS는 2010년부터 2030년까지 총 4단계로 구성된 이행계획을 개정하고, 발전소, 에너지 집약산업, 항공 부문 등을 주요 감축대상으로 설정했다. 2021년 7월 14일 EU 집행위원회는 2030년 온실가스 배출감축 목표를 1990년 대비 55% 줄이는 목표 달성을 위한 'Fit for 55' 패키지를 발표했다. 이는 자동차 온실가스 배출기준, 신재생 에너지 및 에너지효율 목표 등 기존 10가지 정책을 개편하고, 탄소국경조정메커니즘(CBAM)과 저소득 가계 에너지 비용지원을 위한 사회적 기금 도입 등의 내용이다. 주요 교역상대국들이 통상 분야와 관련해 탄소국경조정제도(CBAM)에 대해 WTO 협정 위반 등의 우려를 표명하고, 집행위 내부적으로도 완전한 지지를 받지 못하는 상황에서 집행위가 WTO 협정을 위반하지 않고 정책 목표에 도달할 수 있는 형태의 제도 디자인에 성공할 수 있을지 여부가 주목되고 있다. WTO를 8년간 이끌어온 파스칼 라미(Pascal Lamy) 전(前) 사무총장은 CBAM 성공적 도입을 위해서는 "CBAM이 부유한 국가 간 클럽으로 변질, 경제적으로 취약한 국가에 불이익이 되지 않음을 보장해야 한다."고 말하면서 또한 "EU와 유사한 탄소 가격제도를 가진 국가들을 CBAM 대상에서 면제하는 것에 대해 WTO 협정에 위반될 수 있다."면서 외교, 대화 및 디자인의 중요성을 강조했다.[53]

EU ETS에는 소득수준이 다양한 다수 국가들(31개국)이 참여하고 있고, 여타 배출권 거래제(2~3년)와는 달리 비교적 긴 이행 기간(4~9년)을 설정했으며, 규제분야 또한 다양하다. 소득과 기술 수준이 상이한 국가들을 포괄한 거대지역을 대상으로 배출권 거래제를 통해 온실가스 감축이 가능함을 보여주고, 탄소가격제의 이해 관계자와 EU ETS 강화를 위해 향후 10년 동안 더 나은 탄소 누출 목표와 연관된 저탄소 혁신과 에너지 부문 현대화 자금을 지원하는 일련의 입법 제안을 채택한 것이다. EU가 선도적으로 국제 규범을 형성해나가고 있다.

중국의 온실가스 총배출량은 급격한 경제 성장 과정에서 꾸준히 증가하나, 속도는 점차 둔화되고 있으며 정부주도형 관리체계 하에서 감축노력을 지속해왔다. 2011년부터 총 7개의 성시(선전, 상하이, 베이징, 광둥, 텐진, 후베이, 충칭)를 선정해 시범사업을 진행 중인 배출권 거래제는 총량거래(cap and trade) 방식이며, 주로 이산화탄소에 국한해 운영되고 있다. 이런 경험을 바탕으로 정부는 배출권 거래제를 전국 단위로 확대할 것임을 발표했는데, 실현될 경우 세계 최대 규모의 단일시장이 출현할 것으로 전망된다. 또한 환경보호세법 제정을 통해서는 2018년부터 환경오염을 유발한 행위에 대해 월 단위의 조세를 부과하고자 했다. 중국은 다양한 규제수단들을 도입하고 있으나 선진국들에 비해 다소 보수적인 자세를 취하고 있다.

미국은 2009년부터 미국 북동부 지역의 11개 주(州)가 공동 추진하는 지역온실가스이니셔티브(RGGI: The Regional Greenhouse Gas Initiative)는 25MW 이상 규모의 발전소를 대상으로 하며, 도입 이후 RGGI 배출량은 50% 이상 감소했다.[54]

지속가능경영 및 넷 제로 달성의 다양한 가이드라인,
'글로벌 이니셔티브(initiatives)'

기업의 비재무적 경영활동을 반영하는 지속가능보고서(Sustainability Report) 다양한 이니셔티브(initiative)는 대부분 영국과 미국의 비영리 단체들이 만들었다. 1997년 유엔환경프로그램(UNEP)의 지원으로 미국의 NGO세레스(Ceres)와 텔레스(Tellus) 연구소가 공동으로 설립한 GRI(Global Reporting Initiative)[55]는 2000년 최초로 제정한 GRI 가이드라인(G1)부터 수차례 개정을 통해 2016년 경제, 사회, 환경 분야의 주제별 영향을 보고하는 'GRI Standards'를 제시했다. 2002년 '탄소정보공개프로젝트'(CDP: Carbon Disclosure Project)[56]는 기후변화, 수자원, 산림 등에서 각각 환경에 미치는 영향력이 큰 기업을 주로 공개한다. 2007년 영국의 '기후공시 기준위원회'(CDSB: Climate Disclosure Standards Board)[57]는 기업의 기존 재무보고에 기후변화 관련 정보를 통합하는 방법을 협의하고 실행방안을 제시했다. 2011년 미국 증권거래위원회(SEC)에 제출할 기업의 비재무 평가지표를 개발하기 위해 설립한 '지속가능회계기준위원회'(SASB: Sustainability Accounting Standards Board)[58]는 ESG와 관련된 데이터를 회계보고 기준에 대응하도록 공개, 보고할 수 있는 지속가능보고서의 가이드라인을 제시하고 있다. 또한 2015년에 G20 재무장관과 중앙은행 총재 협의체인 금융안정위원회(FSB: Financial Stability Board)가 기후관련 재무정보의 보고를 개선하는 기후관련 재무공개태스크포스(TCFD: Task Force on Climate-related Financial Disclosures)[59] 기후관련 권고안(TCFD Recommendation)을 만들었다. 권고안은 투자자, 대출 기관 및 보험 인수자를 지원하기 위해 공개하는 정보 유형에 대한 권장 사항을 개발하기 위해 기후 변화와 관련된 특정 위험 집합을 적절하게 평가하고 가격을 책정하기 위해 TCFD를 만든 것이다. 2022년 5월 기준 TCFD를 공개적으로 지지를 선언한 글로벌 금융회사(상업은행, 투자은행, 자산운용사, 연기금)는 전세계 95개국 3,400개 기관이 가입하고 있다. 2017년 설립한 클라이밋 액션 100+(Climate Action 100+)[60]는 투자자 중심의 이니셔티브다. CA100+는 UN 책임투자원칙(PRI)을 바탕으로 온실가스 배출기업의 지배구조 개선, 탄소 배출 억제, 기후변화 관련 금융 공시 강화를 목적으로 하고 있다. 설립 파트너 기관은 아시아기후변화투자그룹(AIGCC), 세레스(Ceres), 기후변화에 대한 기관투자 그룹(IIGCC), 유엔 책임투자원칙(PRI) 등으로 구성돼 있다. 2015년 파리협정 목표에 부합하는 과학기반 온실가스 배출 감축목표를 설정하기 위한 지침과 방법론을 제공해 기업의 기후행동을 강화하려는 목적으로 설립된 과학기반감축목표(Science Based Targets Initiative, SBTi)[61]는 세계자연기금(WWF)과 탄소정보공개프로젝트(CDP), 유엔글로벌콤팩트(UNGC), 세계자원연구소(WRI)로 구성됐다. 한편, 2010년 10월 발간한 사회적 책임 가이던스 ISO 26000[62]은 기업의 사회적 책임(Corporate Social Responsibility, CSR)을 통합한 포괄적인 국제표준이다. 유엔은 2000년-2015년 시행한 밀레니엄개발목표(MDGs)를 종료했고, 2016년-2030년까지 시행하는 지속가능발전목표(SDGs : Sustainable Development Goals)[92]는 17대 목표와 169개의 세부목표를 제시했다. 이에 주요국은 다양한 이니셔티브를 반영한 비재무적 정보공시를 의무화하고, 지속가능보고서 발간을 위한 지속가능성 정보공시 가이던스를 발표했고, 각국 증권거래소는 상장사를 대상으로 ESG 공시의무를 상장 기준으로 규정했다. 2021. 7. 19. 글로벌지속가능투자연합(GSIA: Global Sustainable Investment Alliance)의 'GSIR 2020(The Global Sustainable Investment Review 2020)[63]'의 발표에 따르면 글로벌 기관투자자의 '지속가능투자자산' 규모는 확산세가 유지되고 있다.

투자 기업에 대해 기후위기 리스크와 기회에 대한 지속가능한 ESG 정보공시를 요구

올해 1월 경 미화 10조 달러를 운영하는 세계 최대자산운용사 블랙록(BlackRock)의 래리 핑크(Larry Fink) 회장은 '자본주의의 힘(The Power of Capitalism)' 제목의 '2022년 CEO 연례서한(CEO Larry Fink's annual letter)'을 주주들에게 보내면서, "저는 고객으로부터 자산운용을 위임받은 신의성실 의무를 지닌 투자자로서 지난 10년 동안 고객이 투자한 기업의 CEO 또는 이사회 의장이신 귀하께 서한을 통해 저희 고객의 재무적 목표인 지속가능한 장기 수익

창출과 직결된다고 믿는 주요 테마들을 강조해왔다."라면서 자본주의와 지속가능성에 대해 "기후변화 리스크가 곧 투자 리스크"임을 다시 강조했다. 지난 2년여의 짧은 기간 동안 자본시장에는 지각변동이 일어난 사실을 전하면서, "지속가능성 투자규모가 4조 달러에 달한다."고 했다. 또한 "저희가 지속가능성에 초점을 맞추는 것은 환경론자이기 때문이 아니라 자본가이기 때문이고, 고객들에 대한 신의성실의 의무를 지키기 때문"이라고 하면서 Fink는 "올해 블랙록은 넷 제로 전환(transition to net zero)에 초점을 계속할 것이라고 했다. 그리하여 이런 목표달성을 위한 기후관련 재무정보공개태스크포스(Task Force on Climate- related Financial Disclosure, TCFD)에 의거한 지속가능경영보고서를 요청하는 것"이라 했다.[64] 세계금융자산은 총 400조 달러에 이른다. 폭발적으로 증가한 자금 가용성은 다양한 금융기관을 자금조달 창구로 만들었다. 이는 더 이상 은행만이 자금조달 관문이 아니라는 것을 의미하고, ESG 기업의 대응전략이 다양해진 것이다. 세계 최대자산운용사 블랙록(BlackRock)의 래리 핑크 회장이 투자회사에 보낸 연례 서한은 ESG경영활동을 촉진하는 기폭제가 됐다. 지속가능투자 확대를 위해서는 일정 기준 이상의 기업에 비재무정보공개 등 의무를 부여하고, 금융기관은 이들 기업에 투자할 때 투자기업 비재무정보의 그린워싱(green washing)[65]을 모니터링 하는 기능도 요구하고 있다. 이런 문제가 2020년 EU지역의 지속가능투자자산 감소의 요인 중 하나로 파악되고 있다. 이와 관련 다양한 이니셔티브들은 국제적으로 통용되는 통일된 단일 기준의 지속가능성 공시기준의 국제표준화의 필요성에 공감해 단일화를 추진 중이다.

ESG 공시 관련 통일된 단일 국제표준이 유력한 지속가능성 공시 관련 논의 동향

2020년 2월에서 9월까지, 국제회계기준재단(IFRSF: International Financial Reporting Standards Foundation)은 기존 재무제표 외에 지속가능한 투자를 위해 관련 정보의 표준화가 필요하다는 공통 인식을 바탕으로 GRI, CDP, CDSB, SASB 등 다수의 글로벌 이니셔티브와 통합 및 지속가능성 공시와 관련한 국제표준화 논의를 계속해왔다.

맺으며

IFRS재단은 이들과 협력의향서를 체결하거나 협력 선포를 통해 2021년 3월 국제지속가능성기준위원회(ISSB) 설립계획을 발표했고, G20(Group of 20), FSB(금융안정위원회), IOSCO(국제증권관리위원회), WEF(Davos Forum) 등의 공식지지를 받아 2021년 11월 제26차 당사국 총회(COP26)에서 공식 출범했다. IFRS 재단은 다양한 지속가능성 관련 사안 중 최우선 과제로 기후(climate)를 선정했다. 지난 3월 31일 발표한 'IFRS S1' 일반 요구사항(General Sustainability-related Disclosures)과 'IFRS S2' 기후관련공시(Climate- related Disclosures) 기준 초안(exposure draft)을 만들었다.[66]

'IFRS S1 일반 요구사항'과 'IFRS S2 기후관련 공시' 공개초안 목적 및 주요 내용

IFRS 지속가능성 공시기준을 만든 배경은 글로벌 자본시장 투자자들이 기업가치 평가시 지속가능성 관련 위험 및 기회 요인을 분석할 수 있도록 투자기업에 지속가능성 관련 사안에 대한 고품질의 정보를 요구하고 있다. 따라서 투자자, 채권자 등 재무보고의 주요 이용자가 기업가치 평가관련 재무정보를 기업이 공시할 수 있도록 지원하고자 공시기준을 만드는 것이다.

그리하여 ISSB는 투자자의 정보 요구를 충족하기 위한 '지속가능성 공시의 포괄적인 글로벌 기준선'(global baseline)이며, 광범위한 이해관계자들을 위한 국가별 요구사항들과 양립할 수 있는 기준을 제정하기 위해 먼저 두 가지 기준에 대한 공개초안을 발표했다.

'IFRS S1 일반 요구사항'의 목적은 일반목적 재무보고의 주요 정보이용자가 기업의 자본과 순 부채를 합한 기업의 총 가치를 단기 · 중기 · 장기에 걸친 미래 현금흐름의 금액, 시기 및 불확실성에 대한 기대와 이런 현금흐름에 귀속되는 가치를 반영한 기업 가치를 평가하고 투자의사를 결정할 때 유용한 '유의적인 지속가능성 관련 위험과 기회'에 관한 중요한 정보(material information)만 'IFRS 지속가능성 공시기준'에 따라 기업이 공시하도록 요구한 것이다. 지속가능성 관련 재무정보 공시 전반에 대한 핵심 요소(core content)는 TCFD 권고안을 기반으로 설정해 지속가능성 관련 재무정보에 대한 포괄적인 기준선(baseline)을 마련했다. 기업이 투자자의 의사결정에 유용한 지속가능성 관련 위험 및 기회에 대한 정보를 공시하도록 목적, 보고 실체, 빈도, 위치 등 전반적 요구사항을 제시했다.

'IFRS S2 기후 관련 공시 적용 범위는 기업이 노출된 기후변화로 인한 물리적 위험, 저탄소 경제로의 전환과 연관된 위험 등 위험 및 이용 가능한 기회와 기업이 기후 관련 위험 및 기회를 감독 및 관리하기 위해 활용하는 지배구조 과정, 통제 및 절차에 대한 정보 등 구체적인 요구사항(산업 전반 지표, 68개 산업별 지표 등)을 공시 기준으로 제시하고 있다.[67]

올해 말경 일반 및 기후 공시 분야를 최종 확정하고, 이어서 수자원, 산림 등 다른 환경(E) 분야와 사회(S) 및 지배구조(G) 분야도 순차적으로 공시 기준 작업을 진행해 나갈 예정이다. ISSB의 공시기준은 앞으로 글로벌 자본시장에서 국제적으로 통일된 단일 공시기준이 될 것이라는 의견이 지배적이며, 우리나라 자본시장과 산업에도 큰 영향을 미칠 것으로 예상된다. 금융위원회와 한국회계기준원이 ISSB 공개 초안에 대해 대한민국의 공식 의견을 제출하기에 앞서 다양한 이해관계자들로부터 7월 말까지 의견을 수렴하고 있다.

투자자 및 금융기관들도 기후변화를 막기 위한 국제사회의 노력에 적극 동참했다

1992년 리우데자네이루 지구정상회의(Earth Summit)를 계기로 '환경과 지속가능발전에 대한 은행의 UNEP선언을 발표하면서 지속가능한 금융을 목적으로 하는 UNEP 금융이니셔티브(Finance Initiative, UNEP FI)가 설립됐고, 이후 보험, 자산운용사, 연기금이 통합하면서, 창립 파트너인 UN 글로벌 콤팩트와 UNEP 금융 이니셔티브를 통해 UN과의 강력한 연결을 통해 2006년 유엔의 책임투자원칙(Principles for Responsible Investment, PRI) 6가지[68]를 발표했다. UN PRI는 121조 달러(14경 3,869조 원) 자산을 운용하는 4,000곳 이상의 가입자로 구성됐다. 서명한 기관은 자산소유자(Asset Owner), 자산소유자에게 위탁 운용하는 자산운용기관(Asset Manager), 상품과 서비스를 제공하는 금융서비스(Service Provider)로 구성돼 있다. 지난 글래스고 제26차 당사국총회(COP26)를 계기로 전 세계 금융회사들은 넷 제로(Net Zero)

달성과 ESG 투자에 보다 활발하게 동참하는 모습이다.

은행, 자산운용, 연기금 등 금융부문별로 탄소중립을 위한 글로벌 네트워크를 결성

450개 이상의 금융기관들이 참여한 글래스고 파이낸셜 얼라이언스(GFANZ)는 130조 달러의 금융 자산을 조성했다. 맥킨지(McKinsey) 분석에 따르면 재생 가능 에너지와 지속가능한 성장으로의 전환에 자금을 지원하려면 개발도상국에서 100조 달러 이상의 자본 지출이 필요할 수 있으며 그중 3분의 2가 소요될 수 있다고 한다. ESG에 필요한 자본이 형성되기 시작했다. 글래스고 파이낸셜 얼라이언스 (GFANZ)는 450개 이상의 기관을 모아 130조 달러의 금융 자산(전 세계 총계의 40%)을 대표해 포트폴리오를 순 제로(Net Zero) 목표와 일치시킬 것을 약속했다. 금융기관이 COP26에서 입증된 바와 같이 노력을 주도하고 있다.[69]

은행, 자산운용, 연기금 등 금융부문별로 탄소중립을 위한 글로벌 네트워크를 결성해 공동으로 넷제로 전략을 택하는 흐름이 신속하게 만들어졌다. 은행부문은 NZBA(Net-Zero Banking Alliance)을 결성하고 2050년까지 포트폴리오의 넷 제로를 선언했다. 글로벌 은행 자산의 43%(66조 달러)에 해당하는 전 세계 98개 은행들과 골드만삭스, 모건스탠리, BOA 등 투자은행이 모두 참여하고 있으며 우리나라도 주요 시중은행이 참여하고 있다.[70]

전 세계 43개 자산소유자(Asset Owner)들이 참여하고 있으며, 캘리포니아 주정부 공무원과 교육공무원, 지방 공공 기관 공무원 170만 명에게 은퇴연금과 의료보장 혜택을 제공하는 미국 최대 연·기금 캘퍼스(CalPERS), 호주 건축·건설업 퇴직연금 CBUS 등 글로벌 연기금이 참여하는 연기금 등 자산소유자도 NZAOA(Net-Zero Asset Owner Alliance)를 결성했다. 연기금들은 넷 제로를 수탁자책임의 일환으로 보고 2050년까지 포트폴리오 넷 제로를 달성하겠다는 것이다. 자산운용회사도 NGAM(Net Zero Asset Managers initiative)을 결성했다. 2050년까지 넷제로를 달성하는 투자포트폴리오를 구성하겠다는 것으로 최초 결성 43개 자산운용사(AUM 11.9조 달러)들은 2035년까지 포트폴리오의 35%를 넷제로 포트폴리오로 구성하겠다고 선언했다.

국제사회는 지난 50여 년간 지구 온난화를 막기 위한 노력을 지속했다.

국제사회는 1972년 6월 5일(세계환경의 날), 스톡홀름 유엔인간환경회의에서 '인간 환경선언 및 국제연합 국제행동계획'을 재택했다. 그리고 1972년 12월, 제27차 UN총회 결의에 따라 1973년, 유엔환경계획(UNEP)가 설립됐다. 1992년 6월 리우데자네이루 유엔환경개발회의(UNCED)에서 온실가스의 인위적 반출을 규제하기 위한 협약으로 유엔기후변화협약(UNFCCC)을 채택했고, 1997년 12월 교토 제3차 당사국총회(COP3)에서 선진국의 온실가스 감축의무를 규정하고, 기후변화협약의 실질적 이행을 위한 교토의정서(Kyoto Protocol)를 채택했다. 2015년 12월 파리 제21차 기후변화협약 당사국총회(COP21)에서는 4년간의 기나긴 협상 끝에 196개 당사국이 참여하는 지구적 차원의 역사적인 파리협정(Paris Agrement)을 채택했다. 2018년 12월 폴란드 카토비체(Katowice) 기후협약 당사국 총회(COP24)에서는 파리협정 이행규칙(Paris Rulebook)까지 만들었다. 2021년 10월 31일부터 11월 13일까지 영국 글래스고에서 개최된 제26차 유엔기후변화협약 당사국 총회(COP 26)에서는 각국의 탄소중립 노력과 2020년 전후 각국의 기후변화 대응방안과 온실가스감축목표(NDC)를 재제출하는 등 파리협정의 1.5℃ 온도제한 목표를 위한 노력을 했다. 글래스고 기후합의(Glasgow Climate Pact)를 도출했고, 국제 탄소시장메커니즘(파리협정 6조)의 세부 이행지침도 마련해 2015년 파리협정의 세부이행 규칙을 모두 완성해 파리협정 이행이 본격적으로 된 것이다.

신흥안보 개념의 ESG강화해야 범지구적 기후위기 막을 수 있어

오늘날 세계는 국제사회가 기나긴 시간동안 온실가스 감축 노력을 했으나 실패로 돌아가 기후위기를 맞이한 상태다. 지구적 차원의 생존 기반이 위험에 처해 있으며, 지속가능성도 현저하게 약화됐고, 기후변화는 가속화돼 전 세계 곳곳에서 기후재앙으로 나타나고 있다.

COVID-19 전염병으로 지치고, 매일 수천 명의 사망자가 발생하는 상황에서 러시아의 우크라이나 침공은 광범위한 사회적, 경제적 결과로 인도주의적 비극을 촉발시켰다. 이 전쟁으로 인한 난민 위기는 전 세계 수천만 명의 사람들이 참여하는 더 넓은 난민 위기로 파장을 일으킨다. 에너지와 식량 비용 상승으로 인한 경제적, 인도주의적 영향도 마찬가지로 심화되고 있다.

이런 혼란이 발생하는 맥락에서도 전 지구적 인류에게 항상 존재하는 리스크가 기후 위기다. 이를 효과적인 완화를 위해서는 저탄소 경제로의 세계적 전환이 필요 불가결한 것이다.

기후 위기는 가장 취약한 사람들에게 불균형하게 영향을 미친다. 위기와 혼란은 가난한 나라, 소외되고 취약한 인구 부문, 특히 취약하고 갈등의 영향을 받는 지역에서 더 깊어졌다. 소득, 부(富), 사회적 이동성, 건강, 서비스 접근 및 학습 기회 측면에서 불평등은 심화되고 대물림 되고 있다. 선진국에서 전염병을 회복하기 위해 펼친 무차별 정부 부양책은 저소득 국가들에는 국제 금융기관의 개발 지원 및 긴급 대출에 의존해 주권국가의 부채 취약성을 증가시켰다. 부유한 국가의 경기 부양책은 수요를 확대해 전염병과 우크라이나 전쟁으로 파괴된 글로벌 공급망에 더 많은 압력을 가하고 있다. 이런 역동성은 국제 원자재 가격 상승과 소비자 인플레이션을 초래했으며, 이는 저소득 국가들에 또 다시 가장 큰 타격을 안겨 줬다.

세계 정치, 경제, 사회 및 산업 내의 네트워크의 범위는 부분적으로만 볼 수 있다. 혼란 속에서 숨겨진 상호 의존성이 나타날 수 있으며 예기치 않게 영향을 가속화 할 수 있다. 글로벌 공급망 중단은 생산, 가용성 및 가격에 더 빨리 영향을 미친다. 우크라이나 전쟁은 중동과 북아프리카의 저소득 국가의 식량 안보를 위협한다. 상호 연결성이 시스템을 더욱 취약하게 만든다.

선진국들에는 긍정적인 발전 사업은 디지털 경제로의 가속화된 전환과 탄소 배출을 줄이기 위한 '탄소중립' 압력으로 개도국이나 최빈국에는 다양한 어려움으로 나타날 수 있다.

앞으로 인류는 가속화된 기후변화와 환경파괴로 COVID-19와 같은 감염병 바이러스와 공존하게 된다. 감염병과 기후위기 상관관계는 글로벌 차원에서 발생하는 문제이며 국가의 영토를 넘어서는 전지구적 협력으로 대응해야 하는 일이다. 이런 문제 해결에는 글로벌 거버넌스의 ESG 투자 강화와 경영활동이 필요하며 국제협력과 규범 형성을 강조하는 국제정치와 맞닿아 있다. 범지구적 상호연계성을 보이는 기후위기(Climate Crisis)는 초국적이고 지구적인 위험을 이해하는 신흥안보(emerging security)[71] 개념의 ESG를 강화해야 막을 수 있다.

강대국의 힘의 논리에서 의해 발생된 전쟁이나 선진국들의 풍요로움을 위해 태운 화석연료가 기후 위기로 나타난 시금, 이로 인헤 자원 부족이나 난민 위기에 노출된 개도국이나 최빈국 인구들은 최대 피해자다. '하나뿐인 지구'에서 이들과 같이 사는 인류는 이들을 외면해서는 안 된다. 이들의 주거지, 식량 및 수자원, 공중보건, 사회 및 기술 인프라를 개선하기 위한 선진국들의 집단적 노력을 강화할 수 있는 ESG 투자 및 경영활동을 신속하게 펼쳐야 한다.

글 · 유철호

1 https://news.v.daum.net/v/20210423061214102?s=print_news 아시아경제 뉴욕=백종민 특파원 2021. 04. 23.

2 외교부 보도자료, 제26차 유엔기후변화협약 당사국총회(COP26) 폐막, 2011. 11. 14.

3 카본브리프(Carbon Brief), historical responsibility(1850- 2021), https://www.carbonbrief.org/ analysis-which-countries-are-historically-responsible-for-climate-change/

4 영국 가디언, Damian Carrington Environment editor, '배출량이 큰 오염 국가의 역사적인 기후 책임을 드러낸다.' 2021년 10월 5일 기사 https://www.theguardian.com/environment/2021/oct/05/historical-climate-emissions-big-polluting-nations

5 역사적인 온실가스배출량(1990-2019), 검색일 2022. 4. 10. https://www.climatewatchdata.org/ghg-emissions?end_year=2019&start_year=1990

6 기후워치(CLIMATE WATCH) 데이터베이스(DB), 검색일 2022. 4. 10. https://www.wri.org/data/climate-watch-historical-emissions-data-countries-us-states-unfccc

7 https://www.climatewatchdata.org/countries/KOR?end_year=2018&start_year=1990 (검색일 2022. 4. 10.)

8 'Global Energy Review 2021'의 2020년 전세계 온실가스 배출량 검색일 2022. 5. 5.https://www.iea.org/reports/global-energy-review-2021/co2-emissions

9 국제에너지기구(IEA) 글로벌 온실가스 배출량, 검색일 2022. 5. 5.https://www.iea.org/reports/greenhouse-gas-emissions-from-energy-overview/global-ghg-emissions

10 CDP 탄소공개프로젝트(Carbon Disclose Project, CDP)의 탄소메이저 DB는 환경단체 기후 책임 연구소(CAI)가 배출량이 회사 또는 '탄소 메이저'와 연결된 것을 보여주기 위해 2013년 설립되었다. https://www.cdp.net/en/info/about-us

11 CDP Carbon Majors Report 2017. https://cdn.cdp.net/cdp-production/cms/reports/documents/000/002/327/original/Carbon-Majors-Report-2017.pdf?1501833772

12 한겨레, IMF "세계 화석연료에 매분 130억원 보조금 지원", 이근영, 2021. 10. 07.

12 탄소 메이저 데이터베이스(The Carbon Majors Database), 검색일 : 2022. 5. 5. https://cdn.cdp.net/cdp-production/cms/reports/documents/

13 탄소 메이저 데이터베이스(The Carbon Majors Database), Table 1. Top 25 Oil and Gas companies ranked by cumulative oil and gas related emissions, 1988-2015

14 OXFAM MEDIA BRIEFING, '2020년 탄소 불평등 보고서', 탄소 불평등에 직면하다 https://www.oxfam.or.kr/wp-content/uploads/2020/09/

15 한겨레, "1.5도 목표 달성하려면 1% 부자들 탄소 배출 97% 줄여야", 이근영, 2021. 11. 15.

16 옥스팜은 2022년 1월 '죽음을 부르는 불평등' 보고서 https://www.oxfam.or.kr/wp-content/uploads/2022/01/ pdf

17 한경경제, 녹색연합 "11개 대기업 집단, 국내 온실가스 배출량 64% 차지" 2021.10.26.

18 The A List 2021, https://www.cdp.net/en/companies/companies-scores

19 환경부 보도자료, 2018년 대비 10.9% 감소한 6억 5천만톤 수준 배출추정, 2021.06.08.

20 UNEP, Hassan Partow, Programme Manager, 검색일 : 2022. 5. 14. https://www.unep.org/people/hassan-partow

21 한겨레, "온실가스 배출 최대 주범은 미 국방부", 조일준. 2019. 06. 13.

22 유럽 집행위원회(European Commission) 'REPowerEU' \$315 billion 지출 패키지 https://abcnews.go.com/Business/wireStory/eu-rushes-300-billion-roadmap-ditch-russian-energy-84803108

23 독일과 이탈리아는 브뤼셀에서 고개를 끄덕인 후 러시아 가스 지불을 승인했다. https://www.euractiv.com/section/energy/news/germany-and-italy-approved-russian-gas-payments-after-nod-from-brussels/

24 러시아, 핀란드에 내한 가스 공급 중단 검색일 : 2022. 6. 1 https://www.euractiv.com/section/energy/news/russia-halts-gas-supplies-to-finland/

25 북해 석유 및 가스 생산자들은 Sunak의 £ 5bn 횡재세에 반격했다. 검색일 : 2022. 6. 1 https://www.ft.com/content/9a4b6272-86da-436f-a8c0-fb697d18c303

26 디지털 비즈온, '다보스포럼 2022에 남긴 의미는', 이호선. 2022. 06. 06.

27 경향신문, EU "러시아 에너지 탈피하자", 박효재. 2022. 05. 19.

28 뉴스트리 KOREA, 기후위기가 낳은 '우크라이나 전쟁', 이재은. 2022. 02. 28.

29 한겨레, '악동'의 저항 "기후위기 막으려면 불복종 필요" 김민제. 2021. 10. 28.

30 GREEN PEACE, L'Affaire du Siècle(세기의 사건), 검색일 2022. 5. 10. https://www.greenpeace.fr/laffaire-du-siecle-victoire-confirmee/

31 환경운동연합, [국제연대] 초국적 석유기업 쉘(Shell), 법정에 서다! 2020. 12. 3.

32 쉘(Shell) 홈페이지, 'Our climate target' 검색일 2022. 5. 10. https://www.shell.com/energy-and-innovation/the-energy-future/our-climate-target.html#iframe=L3dlYmFwcHMvY2xpbWF0ZV9hbWJpdGlvbi8

33 GREEN PEACE, East Asia. 기후 정의의 승리! 탄소 배출 기업들은 책임을 피할 수 없다. https://www.greenpeace.org/korea/update/12047/blog-ce-climate-justice/

34 사빈기후변화법률센터, 기후 변화 소송 데이터베이스, 검색일 : 2022. 5. 10. http://climatecasechart.com/

35 기상청, 「지구온난화 1.5℃ SPM 주요내용」 2018. 10.

36 IPCC FAQ Chapter 4. 이산화탄소 제거(Carbon Dioxide Removal, CDR) 및 네거티브 배출은 대기 중의 CO_2를 제거하는 과정을 말한다. 이 과정은 이산화탄소를 비롯한 광범위한 온실가스 제거로 언급되기도 한다. CDR은 2가지 유형이 있다. 대기에서 탄소를 제거하는 기존의 자연 순환과정을 강화하는 것(예, 나무, 토양, 녹지 등 탄소 흡수원 확대)와 화학적 과정을 통해 직접 대기 중의 온실가스를 포집해 분리하여 저장하는 것이다. https://www.ipcc.ch/sr15/faq/faq-chapter-4/?fbclid=IwAR1q6UOnccL8Zc5do_fe6_JLJUm7OLy7dcvo7Lec7A9LLp73AZU7OxYkC_E, 검색일: 2022. 4. 10.

37 KEITI 한국환경산업기술원, 「IPCC 지구온난화 1.5℃ 특별보고서는 우리에게 무엇을 이야기 하는가?」 지속가능경영원 노재성

38 WMO, '2015~2019 전 지구 기후보고서(The Global Climate in 2015-2019)' https://public.wmo.int/en/media/press-release/global-climate-2015-2019-climate-change-accelerates 검색일 : 2022. 5. 21.

39 2020 아시아 미래포럼, 보도자료, 세계기상기구 "최근 5년 역사상 가장 더워…대재앙 우려" 2019. 10. 08. 재인용

40 연합뉴스, 2040년까지 지구 1.5도↑, 9~12년 빨라져…"온난화는 인간 탓" 고은지. 2021. 08. 09.

41 COVID-19_ THE GREAT UPHEAR UP by Klaus Schwab PDF 독일어 무료 다운로드, 한글 번역본,

https://www.presseteam-austria.at/ko/

42 IEA, 'Net Zero by 2050', https://www.iea.org/reports/net-zero-by-2050 검색 2050. 5. 28. 2021. 6. 14. 에너지경제연구원(21-12호), IEA가 제시하는 2050 탄소중립 달성의 필수조건, 국제에너지기구(IEA) 는 '2050년 넷제로- 글로벌 에너지부문의 로드맵 해설, 인용 정리 https://www.keei.re.kr/web_keei/d_ results.nsf/0/AF57657C22FE58AD492586F1002554EB/$file/WEMI2112.pdf,

43 국토연구원, 국토정책 Brief(No. 551호), 신(新)기후변화체제에 대비한 국토·도시 분야의 전략 및 과제, 왕 광익, 노경식. 2016. 2. 1.

44 환경부(국제협력관실), 기후변화협약 제6차 당사국총회(Ⅰ) 결과 및 국제기구, 당사국 대표연설문 (2000.11.13~11.25, 네덜란드 헤이그), 개도국 참석자 발언 정리. 2000. 12. https://me.go.kr/home/file/ readHtml.do?fileId=1420&fileSeq=2

45 기후정책이니셔티브(Climate Policy Initiative, CPI), 검색일 2022. 5. 18. https://www. climatepolicyinitiative.org/publication/global-landscape-of-climate-finance-2021/

46 자본시장연구원, 자본시장포커스(2022-02호), 2050 탄소중립을 위한 자본시장의 변화와 발전 과제, 송홍 선. 2022. 01. 17.

47 유엔환경계획(UNEP)의 2020년 적응 격차 보고서(Adaptation Gap Report 2020), 요약본 https:// wedocs.unep.org/bitstream/handle/20.500.11822/34726/AGR_en.pdf?sequence=35

48 기후정책 이니셔티브(CPI, Climate Policy Initiative)는 에너지 시스템, 건물, 산업, 운송 및 기타 완 화 및 적응 솔루션에 대한 기후금융 요구를 탐구하는 시나리오를 분석하고 집계한다. https://www. climatepolicyinitiative.org/publication/global-landscape-of-climate-finance-2021/

49 환경부 그린캠퍼스, 온실가스 인벤토리 구축, 검색일 2022. 5. 18. https://www.gihoo.or.kr/ greencampus/intro/viewIntro05.do

50 자본시장연구원, 자본시장 포커스, 2022. 5. 30, SEC의 상장기업 기후 공시 의무화 방안(2022-11호), 홍지 연

51 Fidelity INTERNATIONAL, 그린워싱(Greenwashing)의 의미와 대응방법 https://www.fidelity.co.kr/ insight-and-learning/learn-about-investing/esg-investing/what-is-greenwashing

52 KIEP 대외경제정책연구원 연구보고서 17-31, 온실가스 감축을 위한 국제사회의 탄소가격제 도입과 경제영 향 분석 2017년 12월 27일 발행

53 한국무역협회 브뤼셀지부 / KBA Europe / 무역통상정보, 해외시장 뉴스, https://www.kita.net/ cmmrcInfo/cmmrcNews/overseasMrktNews/overseasMrktNewsDetail.do?nIndex=1812508&type=0 https://ec.europa.eu/clima/eu-action/eu-emissions-trading-system-eu-ets/revision- phase-4-2021-2030_en

54 지역온실가스 이니셔티브(RGGI, Regional Greenhouse Gas Initiative)는 미국에서 시행된 탄소배출권시 장의 자본투자지역이니셔티브이며, 코네티컷, 델라웨어, 메인, 메릴랜드, 매사추세츠, 뉴햄프셔, 뉴저지, 뉴 욕, 로드아일랜드, 버몬트 및 버지니아 주 등 북동부 지역에서 11개 주(州) 간의 협력적 노력으로 전력 부문 의 배출량 시장을 말한다. https://www.rggi.org/sites/default/files/Uploads/Fact%20Sheets/RGGI_101_ Factsheet.pdf

55 https://www.globalreporting.org/

56 https://www.cdp.net/en/data

57 https://www.ifrs.org/sustainability/climate-disclosure-standards-board/

58 https://www.sasb.org/

59 https://www.fsb-tcfd.org/

60 https://www.climateaction100.org/

61 https://www.wri.org/initiatives/science-based-targets

62 http://www.gsi alliance.org/wp-content/uploads/2021/08/GSIR-20201 pdf#:

63 블랙록의 래리핑크 회장 연례서한, 검색일 : 2022. 5. 21. https://www.blackrock.com/kr/larry-fink-ceo-letter

64 참여연대, 월간 참여사회, [특집] 그린워싱 구별법과 규제방안, 지현영

65 2022년 3월 IFRS 공개초안, IFRS S2 기후관련 공시[초안] 2022년 7월 29일까지 의견수렴 https://www.ifrs.org/content/dam/ifrs/project/climate-related-disclosures/korean/korean-issb-s2-exposure-draft.pdf

66 2022년 3월 IFRS 공개초안, IFRS S2 기후관련 공시[초안] P. 29, 적용범위 3.

67 유엔책임투자원칙(PRI) https://www.unpri.org/ , 검색일 : 2022. 5. 21.

68 'Net-Zero'는 인위적 배출량이 인위적 흡수량과 균형을 이루는 상태, 보통 탄소중립과 같은 의미로 사용되나 차이점은 'Net-Zero'는 모든 온실가스를 대상으로 하고, 자신이 배출한 온실가스만큼 직접 감축해야 한다. 반면에 탄소중립은 이산화탄소만을 대상으로 하고, 탄소배출권을 사거나 재생에너지 생산을 지원해 배출분을 상쇄하는 경우도 허용한다. 하지만 전 세계 차원에서는 같은 의미이다.

69 Results for: South Korea, Net Zero Banking Alliance, 하나금융그룹, IBK, JB금융그룹, KB금융그룹, 신한금융그룹 등이 가입했다. 검색일 : 2022. 6. 4. https://www.unepfi.org/net-zero-banking/members/

70 김상배, 2016 "신흥안보와 메타 거버넌스: 새로운 안보 패러다임의 이론적 이해" 한국정치학회보, 50집 1호 2016 봄, 75-104